Precisamos falar sobre abuso

PRECISAMOS FALAR SOBRE ABUSO

CONVERSAS E MEMÓRIAS SOBRE A CULTURA DO ESTUPRO

Editado por Roxane Gay

Tradução: Fal Azevedo

GLOBOLIVROS

Copyright © 2020 Editora Globo S.A. para a presente edição
Copyright © 2018 Roxane Gay

Todos os direitos reservados. Nenhuma parte desta edição pode ser utilizada ou reproduzida — em qualquer meio ou forma, seja mecânico ou eletrônico, fotocópia, gravação etc. — nem apropriada ou estocada em sistema de banco de dados sem a expressa autorização da editora.

Texto fixado conforme as regras do Acordo Ortográfico da Língua Portuguesa (Decreto Legislativo nº 54, de 1995).

Título original: *Not That Bad: Dispatches from Rape Culture*

Editora responsável: Amanda Orlando
Assistente editorial: Isis Batista
Preparação de texto: Erika Nogueira
Revisão: Rachel Rimas, Thamiris Leiroza e Mariana Donner
Diagramação: Equatorium Design
Capa: Renata Zucchini

1ª edição, 2021

CIP-BRASIL. CATALOGAÇÃO-NA-FONTE
SINDICATO NACIONAL DOS EDITORES DE LIVROS, RJ

P932
        Precisamos falar sobre abuso : conversas e memórias sobre a cultura do estupro / editado por Roxane Gay ; tradução Fal Azevedo. - 1. ed. - Rio de Janeiro : Globo Livros, 2021.
        296 p. ; 23 cm.

        Tradução de: Not that bad
        ISBN 9786586047479

        1. Estupro - Aspectos psicológicos. 2. Estupro - Aspectos sociológicos. 3. Violência sexual. 4. Vítimas de estupro. I. Gay, Roxane. II. Azevedo, Fal.

20-68366   CDD: 362.883
                                     CDU: 343.541

Meri Gleice Rodrigues de Souza - Bibliotecária CRB-7/6439

Direitos exclusivos de edição em língua portuguesa para o Brasil adquiridos por Editora Globo S.A.
Rua Marquês de Pombal, 25 — 20230-240 — Rio de Janeiro — RJ
www.globolivros.com.br

*Para toda pessoa que foi ferida pela cultura
do estupro e que, apesar disso, sobreviveu.*

Sumário

Apresentação, Ana Paula Araújo 9

Introdução, Roxane Gay 11

Fragmentos, Aubrey Hirsch 15
Slaughterhouse Island, Jill Christman 25
E a verdade é: eu não tenho história, Claire Schwartz 39
A mamãe peituda mais sortuda do Brooklyn, Lynn Melnick 51
Espectador: minha família, meu estuprador e luto on-line,
   Brandon Taylor 59
O sol, Emma Smith-Stevens 67
Sessenta e três dias, AJ McKenna 75
Apenas a solitária, Lisa Mecham 83
O que eu disse a mim mesma, Vanessa Mártir 91
Inércia, Ally Sheedy 97
As maneiras como nos ensinam a ser uma garota, xTx 105
Floccinaucinihilipilificação, So Mayer 117
O Destruidor de Vidas, Nora Salem 129
Todas as mulheres cheias de raiva, Lyz Lenz 139
Boas garotas, Amy Jo Burns 149
Máxima resistência: a lei e a mulher queer ou como assisti a uma aula

e ouvi meus colegas homens debaterem a definição de força e consentimento, V. L. Seek 157

Corpos contra fronteiras, Michelle Chen 167

Limpar de vez a mancha, Gabrielle Union 179

O que nós não dissemos, Liz Rosema 183

Eu disse sim, Anthony Frame 189

Eu devia saber, Samhita Mukhopadhyay 201

Não tão alto: encontros silenciosos com a cultura do estupro,
Miriam Zoila Pérez 207

Por que eu parei, Zoë Medeiros 213

Foto perfeita, Sharisse Tracey 219

Sair de baixo, Stacey May Fowles 233

Colhendo o que a cultura do estupro planta: ao vivo dos campos de abate do crescer mulher nos Estados Unidos, Elisabeth Fairfield Stokes 245

Ondas de luz invisíveis, Meredith Talusan 255

Voltando para casa, Nicole Boyce 261

Por que eu não disse não, Elissa Bassist 273

COLABORADORES 287

AGRADECIMENTOS 295

Apresentação

"É SÓ ESQUECER E SEGUIR EM FRENTE". "É assim mesmo". "Não foi tão ruim assim". Frases como essas, repetidas a tantas vítimas de violência sexual, são mais uma crueldade que se soma a um trauma já enorme. Esse tipo de comportamento apenas ressalta como o impacto da violência sexual ainda é muitas vezes visto como algo menor na sociedade como um todo, incluindo as vítimas, seus familiares, seu círculo de amigos e até mesmo os agressores. Sim, os próprios estupradores negam a gravidade de seus atos e dificilmente se enxergam como tal. Do outro lado, as mulheres que sofreram abusos se sentem culpadas, se impõem o silêncio e a vergonha, enquanto repetem para si próprias que podia ter sido pior, numa tentativa de minimizar o que aconteceu.

Por isso é tão importante falar sobre abuso. Para que se possa entender a gravidade e tratar das sequelas, explícitas ou não, que se perpetuam pela vida afora. Para que as vítimas não sofram uma segunda violência, que vem quando são julgadas por si próprias e pelos outros. Ou quando são obrigadas a relembrar a agressão que sofreram para autoridades que muitas vezes duvidam de sua palavra. Para que o conceito de consentimento fique cada vez mais claro para homens e mulheres. Para que o crime sexual deixe de ser imputado à vitima. Para que a vergonha, a culpa e o julgamento recaiam unicamente sobre o criminoso, como deve ser.

Neste livro, Roxane Gay reúne reflexões precisas sobre a dor, o medo, a dificuldade de encontrar acolhimento e sobre como comportamentos socialmente cobrados especialmente das mulheres criam uma cultura de tolerância à violência sexual e de opressão contra quem sofre essa violência.

Há cinco anos percorri esse mesmo caminho. Para meu livro *Abuso: A cultura do estupro no Brasil*, entrevistei dezenas de vitimas e agressores de diversos cantos do país. Minha conclusão foi a de que, em menor ou maior grau, a violência sexual está presente na vida de todos nós, homens e mulheres, independentemente de raça, classe social, nível de escolaridade ou local de residência. Conclusão essa a que chegam os autores aqui reunidos, vindos de esferas e lugares completamente diferentes dos que eu visitei, mas que contam histórias muito semelhantes.

Após o lançamento de *Abuso*, muitas pessoas me relataram que leram meu livro fazendo muitas pausas para refletir e absorver o peso dos casos ali narrados. Foi exatamente assim que li esta coletânea, composta por textos que misturam memórias, ficção, jornalismo, poesia, história em quadrinhos. Alguns escritos por homens, o que traz um ponto de vista raro. Enquanto as vítimas do sexo feminino têm cada vez mais conseguido contar suas histórias, entre os homens, o tabu é ainda maior.

Tenho certeza de que você vai se identificar com vários sentimentos expostos pelos autores. Para mim, cada artigo reforçou minha convicção de que temos que parar de evitar o assunto.

Precisamos falar sobre abuso. Precisamos repetir à exaustão que a culpa nunca é da vítima. E que, sim, é pior do que parece.

ANA PAULA ARAÚJO é jornalista, apresentadora do *Bom Dia Brasil* e autora de *Abuso: A cultura do estupro no Brasil*.

Introdução

Quando eu tinha doze anos, fui vítima de um estupro coletivo no bosque atrás da minha vizinhança, cometido por um grupo de meninos com intenções perigosas de homens cruéis. Foi uma experiência terrível, do tipo que muda a vida de uma pessoa. Antes dela, eu era ingênua, protegida. Acreditava que as pessoas eram inerentemente boas e que os mansos herdariam a Terra. Eu tinha fé e acreditava em Deus. E depois, não mais. Eu estava alquebrada. Transformada. Nunca saberei quem eu teria sido se não tivesse me tornado a garota do bosque.

Quando fiquei mais velha, conheci inúmeras mulheres que tinham enfrentado todo tipo de violência, assédio, agressão sexual e estupro. Escutei suas histórias dolorosas e comecei a pensar: "O que aconteceu comigo foi ruim, mas não assim *tão* ruim". A maioria das minhas cicatrizes tinha desaparecido. Eu havia aprendido a conviver com meu trauma. Aqueles garotos mataram a menina que eu era, mas não me mataram por inteiro. Não tinham colocado uma arma na minha cabeça ou uma faca na minha garganta e ameaçado minha vida. Eu sobrevivi. Ensinei a mim mesma a ser grata por ter sobrevivido, mesmo que a sobrevivência não parecesse muito.

Era confortador, talvez, dizer a mim mesma que o que tinha acontecido comigo "não era assim tão ruim". Convencer a mim mesma de que ter sido vítima de um estupro coletivo não era "assim tão ruim" me permitiu transformar meu trauma em algo mais manejável, em algo que eu pudesse carregar comigo, em vez de permitir que a magnitude do fato me destruísse.

Mas, a longo prazo, diminuir minha experiência me feriu mais do que me ajudou. Criei uma medida irreal para o que era aceitável em como eu era tratada nos relacionamentos, em amizades, em encontros aleatórios com estranhos. Se eu tivesse um vergalhão para medir como merecia ser tratada, ele estaria enterrado muito fundo na terra. Se ter sofrido um estupro coletivo não era assim tão ruim, então não era assim tão ruim ser empurrada ou ter meu braço agarrado com força a ponto de me deixar com cinco hematomas em forma de impressões digitais ou ouvir assovios por ter seios grandes, ou ter a mão de alguém dentro da minha calcinha ou escutar que deveria ser grata por receber afeto, porque eu não era boa o suficiente e assim por diante. Tudo era terrível, mas nada era assim tão ruim. A lista das maneiras que me permiti ser maltratada cresceu a ponto de se tornar algo que eu não conseguia mais suportar, de modo algum.

Acreditar na ideia de que *não era assim tão ruim* me fez ser extremamente dura comigo mesma por não "superar aquilo" rápido o bastante à medida que os anos passavam e eu ainda carregar tantas mágoas, tantas memórias. Acreditar nessa ideia me deixou entorpecida em relação a más experiências que não eram tão ruins quanto as piores histórias que eu tinha ouvido. Por anos, fomentei expectativas não realistas a respeito dos tipos de experiências dignas de sofrimento, até que muito pouco era digno de sofrimento. As superfícies da minha empatia ficaram calejadas.

Não sei quando isso mudou, quando comecei a perceber que todos os encontros que as pessoas têm com violência sexual são, de fato, muito ruins. Não tive uma grande epifania. Finalmente me reconciliei o bastante com meu próprio passado para perceber que o que tinha sofrido foi muito ruim, que o que qualquer pessoa tiver sofrido é muito ruim. Finalmente conheci pessoas suficientes, a maioria mulheres, que também acreditavam que as coisas terríveis pelas quais tinham passado não foram assim tão ruins, quando estava claro que, sim, tinham sido. Vi o efeito da empatia calejada em pessoas que tinham todo o direito de assumir suas feridas abertamente e odiei o que vi.

Quando surgiu a ideia desta antologia, eu queria reunir uma coleção de ensaios sobre a cultura do estupro — algumas reportagens, alguns ensaios pessoais —, escritos que falassem sobre a ideia da cultura do estupro, sobre o que significa viver em um mundo no qual a expressão "cultura do estupro" existe. Eu estava interessada no discurso em torno da cultura do estupro, porque a expressão é usada com frequência, mas raramente as pessoas de fato compreendem o que isso significa. Como é viver em uma cultura na qual parece que é uma questão de *quando*, não de *se*, uma mulher irá se deparar com algum tipo de violência sexual? Como os homens transitam nessa cultura, sendo eles indiferentes a ela ou trabalhando para acabar ou contribuir com ela em maior ou menor escala?

Esta antologia se transformou em algo muito diferente do que eu tinha pretendido a princípio. Quando comecei a receber originais, fiquei impressionada com a quantidade de testemunhos. Havia centenas e centenas de histórias de pessoas pertencentes a todo espectro de gênero dando voz à violência sexual que tinham sofrido ou contando como tinham sido afetadas por relacionamentos íntimos com pessoas que tinham passado por violência sexual. Percebi que minhas intenções originais para esta antologia tinham que dar espaço para o que o livro precisava tão claramente ser — um lugar para as pessoas darem voz a suas experiências, um lugar para as pessoas dizerem o quanto tudo isso foi ruim, um espaço para as pessoas identificarem as formas como foram marcadas pela cultura do estupro.

No momento em que escrevo, alguma coisa nessa cultura profundamente fraturada está mudando, espero. Mais pessoas estão começando a perceber exatamente como as coisas são ruins. Harvey Weinstein caiu em desgraça, denunciado por várias mulheres como um perpetrador de violência sexual. Seus crimes foram expostos. Suas vítimas, pelo menos em certa medida, foram vingadas. Mulheres e homens estão expondo abusadores, ou coisa pior, em editoras, no jornalismo, no mundo da tecnologia. Mulheres e homens estão dizendo: "Isso é de fato assim tão ruim". Pela primeira vez, autores de violência sexual estão enfrentando as consequências de seus atos. Homens poderosos estão perdendo seus empregos e seu acesso às circunstâncias em que podiam explorar os vulneráveis.

Esse é um momento, espero, que se transformará em um movimento. Estes ensaios, com sorte, contribuirão com esse movimento de modo significativo. As narrativas compartilhadas aqui são vozes que importam e exigem ser ouvidas.

FRAGMENTOS

Aubrey Hirsch

ELE DIZ:

— Você não devia sair mostrando essas coisas por aí assim.

Você está no refeitório do *campus* com seu amigo James. Acabou de tirar uma pílula anticoncepcional cor de ferrugem de seu invólucro azul emborrachado.

Você diz:

— Não estou mostrando. Só estou tomando uma.

Ele diz:

— Você devia tomá-las no seu quarto. Sozinha. Em particular.

— Preciso tomá-las com comida — você explica —, senão fico com dor de estômago.

Tem sido assim desde que começou a tomá-las, aos quinze anos. Isso foi bem antes de você começar a fazer sexo de verdade e, mesmo quando faz, tem tanto medo de ficar grávida por acidente que não deixa um homem gozar dentro de você até que esteja casada.

Você toma pílulas porque sua menstruação é um monstro aterrorizante. Os hormônios galopam por suas veias. Você acorda no meio da noite se contorcendo; seu estômago revira, seus intestinos sofrem espasmos. As pílulas ajudam. Mas você não gosta de tomá-las todos os dias. Até o cheiro do invólucro azul emborrachado a deixa um pouco embrulhada, quando você, muito ciosa do seu dever, tira-o de sua bolsa na mesma hora todas as tardes para sedar o monstro interior.

Ele diz:

— Ainda assim, não devia deixar todo mundo ver. Você não quer que algum cara a veja tomando pílula e pense que pode tirar vantagem de você e que não vai acontecer nada.

Você coloca a pílula na língua e o invólucro de volta na bolsa. James a observa levar o copo de água aos lábios. Você engole. De uma vez.

Se a cultura do estupro tivesse um sinal, seria uma daquelas camisetas com setas que apontam para o pênis.

Se a cultura do estupro tivesse sua própria culinária, seria toda esta merda que você tem que engolir.

Se a cultura do estupro fosse o centro da cidade, cheiraria a desodorante masculino e àqueles absorventes internos que fazem sua vagina cheirar a sabão de lavar roupas.

Se a cultura do estupro tivesse um idioma oficial, seriam as piadas de vestiários e uma risada de constrangimento. A "cultura do estupro" fala em todas as línguas.

Se a cultura do estupro fosse um esporte nacional, seria… bem… alguma coisa com bolas, certamente.

Você bebe muito nas festas porque é a faculdade e você está sempre bebendo muito. A festa é terrivelmente genérica, com *beer pong*[*] e música alta. Todo mundo está bebendo cerveja cheia de espuma em copos descartáveis. Você acha que pode até haver luz negra em algum lugar.

Daniel sabe que você não bebe cerveja, então ele lhe traz uma garrafa de vodca barata, que você mistura com um suco de laranja ainda mais barato.

---

[*] Nesse jogo, deve-se acertar uma bolinha dentro de copos de cerveja colocados sobre uma mesa de ping-pong. (N. T.)

Você circula por um tempo, conversando com um grupo de pessoas, depois com outro. Um cara na cozinha — um jogador de beisebol — bota o pênis para fora para mostrar para todo mundo como é grande. É, de fato, muito grande.

A última coisa da qual se lembra é se deitar no sofá. "Só para descansar a vista um pouquinho", você pensa, "só por um minuto."

Quando acorda, está em uma cama, em um quarto no andar de cima, que nunca tinha visto. Daniel está ao seu lado na cama. Você está vestida, mas sem seus sapatos.

— Ei! — diz você, pressionando as têmporas. Talvez, se apertar com força o bastante, a dor passe.

— Você caiu no sono — responde ele, antes mesmo de você perguntar. — Eu a trouxe aqui para cima.

— Você me carregou? — você pergunta.

— Sim. Eu não queria deixá-la lá embaixo com todos aqueles caras, desmaiada no sofá, como uma isca ou algo do tipo.

— Você tirou meus sapatos?

— Sim. Para você poder dormir.

Sua boca está seca. Tudo está borrado. Você esfrega os olhos e respira fundo para conseguir agradecer a Daniel, quando ele diz:

— Tirei suas lentes de contato também.

Você não sabe para onde vai sua gratidão, mas, de repente, ela se vai.

Não vale a pena contar essas histórias. Não há nenhum arco dramático nelas, nenhum clímax. Não há nada em jogo, na verdade. Você imagina sua ouvinte inclinando-se: "E então, o que aconteceu?". E você tem que responder: "Nada. Essa é a história".

"Ah", diz sua ouvinte, os lábios formando uma linha dura.

Essas são pequenas coisas que aconteceram, ou coisas nas quais você pensa. Não são tão tensas, você sabe disso. Não há perigo real. Não há um desfecho.

Ainda assim, permanecem com você. Você pensa nelas mesmo depois de terminarem, às vezes por muito tempo. Às vezes por muito, muito tempo. É assim que você sabe que são importantes de alguma forma. É por isso que você consegue lembrar o cheiro dessa festa, mesmo muitos anos depois de o cheiro da colônia de seu avô ter desaparecido da sua memória.

Quando, mais tarde, você se tornar professora de redação, acabará se deparando com histórias sobre estupros.

A primeira é, intencionalmente, sobre um. É o trabalho sobre ficção de um aluno em um curso de composição que você está ministrando. Na história, o herói encontra sua professora de inglês, franzina e morena, sozinha em uma igreja. Ele saca uma arma de ouro 24 quilates, com uma coronha de pérolas, coloca-a na cabeça da professora e estupra a mulher, curvando-a sobre as costas de um banco. Quando ele termina, sai dirigindo um conversível e deixa uma bolsa de dinheiro na delegacia para que não seja preso.

Você é a professora de inglês franzina e morena. Você só tem 22 anos, apenas alguns anos a mais do que aquele estudante que agora está sentado em sua sala com o boné cobrindo os olhos. Você é muito tímida para repreendê-lo por essa ameaça misógina de merda. E se você estiver errada? E se ele reclamar com seu chefe? E se ele lhe der uma nota baixa nas suas avaliações de desempenho como professora? Em vez disso, você critica a história, o que não é difícil: é uma história horrível.

— O herói não desperta carisma e o fim é horrível. — Você diz tudo isso ao estudante, enquanto ele sorri maliciosamente ao seu lado. — E olhe aqui — diz você —, um erro de tempo verbal; aqui uma vírgula desnecessária.

Na segunda história de estupro, o herói conhece uma garota em uma festa. Ela é bonita, está bêbada, com os olhos vidrados e um pouco atordoada. Quando ela não está mais conseguindo andar, o herói, que não tinha bebido nada, carrega-a para fora, para a praia. Ele tira suas roupas e faz sexo com ela, enquanto ela geme baixinho. Então, ele a veste de novo e se deita ao seu lado na areia.

— O tom está um pouco confuso — diz você ao estudante. — Parece quase romântico. É para sentirmos simpatia pelo personagem, mesmo que ele a tenha estuprado?

O estudante recua, surpreso.

— Ele não estuprou a garota. Eles transaram.

Você aponta todas as evidências de que ele de fato estuprou a garota. Ela está claramente muito bêbada. Não consegue andar sozinha. Não toma qualquer decisão, apenas fica lá deitada enquanto tudo acontece.

O estudante a interrompe.

— Essa história é, tipo, baseada na primeira vez que eu e minha namorada ficamos.

Não tinha lhe ocorrido que o estudante poderia não ter percebido que estava escrevendo uma história de estupro.

— Tudo que posso dizer é que várias pessoas vão ler isso como um estupro — você comenta.

— Mas não é — diz ele, quase sem convicção, como se estivesse tentando convencer mais a si mesmo do que a você. — Não foi.

A terceira história surge em uma aula de escrita criativa de não ficção. A narradora fica muito bêbada em uma festa. Ela beija um cara, e outro a beija. Ela foge e esbarra em um conhecido, que mal reconhece, envolta pela névoa de cerveja barata. Ele é agressivo, enquanto coloca o pênis dentro dela e ela gagueja:

— Espera, espera.

Você começa a oficina pedindo que seus estudantes façam um rápido resumo do texto. Alguém se oferece:

— É sobre uma garota que vai a uma festa, fica bêbada e acaba ficando com um bando de caras.

Interessante.

— Alguém tem alguma coisa para acrescentar ou uma leitura diferente? — Os estudantes balançam a cabeça. — Bem, acho que essa primeira parte é um gancho, e a segunda talvez um mal-entendido, mas leio essa parte muito claramente como sendo uma agressão sexual — diz você.

Todos os estudantes abaixam os olhos, relendo a última parte. Alguns deles inclinam a cabeça, dizendo: "Hum…". O ensaio nunca usa a palavra "estupro", mas diz "errado", "bêbada", "passando mal", "tonta" e "vômito". Diz "ignora". Como é possível que eles não tenham notado? Como é possível que estejam aprendendo sobre consentimento com a professora deles?

A autora do ensaio é proibida de falar pelas regras da oficina, mas você a estuda, enquanto ela toma notas em silêncio. *Ela sabia?*, você se pergunta. *Ela sabe agora?*

***

Você reconhece a tensão entre "eu sou um corpo" e "eu tenho um corpo", mas é incapaz de resolver isso. "Ter" implica que esse corpo é apenas uma posse, que pode ser perdida ou jogada fora. Que você pode prosseguir sem ele. Implica, talvez, que outra pessoa poderia ter seu corpo e que seu corpo não seria seu. Que ele pertenceria a outra pessoa.

Isso não parece certo.

Mas "sou" não parece ser o correto também. "Ser" um corpo sugere que você é apenas um corpo. Que é carne e algum sangue. Você é ossos duros e cartilagem flexível. É um emaranhado de veias e pele. Mas isso é tudo?

Você para diante de um espelho de corpo inteiro na porta do seu closet e faz um inventário. Aqui estão seus joelhos; há dois deles. Dois cotovelos. Um queixo. Um torso com mamas que estão pesadas de leite. Pés. Mãos. Juntas. Dois lóbulos nas orelhas. Dez unhas dos pés. Vários hematomas do tamanho de moedas de dez centavos. Milhares e milhares de fios de cabelo.

Há coisas que você não consegue enxergar, mas sabe que estão lá. Dois pulmões. Um fígado. As vértebras de sua espinha dorsal. Seu coração, que uma vez você viu em uma máquina de ultrassom. Seu útero, que você já viu quatro vezes, mas nunca quando estava vazio. Nervos. Articulações. O plissado intrincado do seu cérebro.

Essa lista é longa, mas nem tanto. Olhando para ela agora, você se pergunta se não há mais de você além disso.

Algumas vezes as pessoas lhe dizem que você tem sorte, que você tem filhos, e que eles não terão que lidar com toda essa merda.

É verdade que seus filhos, pela virtude de ambos serem meninos, ficarão em uma posição privilegiada, mas a ideia de que eles "não terão que lidar" com a cultura do estupro a faz estremecer. Você deseja muito que eles "lidem" com a cultura do estupro do mesmo modo que se "lida" com uma infestação de baratas.

Algumas vezes você pensa sobre o que dirá a eles e, surpresa, nada lhe ocorre. São as palavras que a deixam na mão, não as ideias. As ideias estão lá.

Embora você não saiba exatamente o que vai dizer, essas são as coisas que você quer que eles saibam:

Não é correto bater na garota de que você gosta. E não é certo bater na garota que você ama.

O mundo ao seu redor diz às mulheres que elas devem sempre assentir de modo educado, não importa o que estejam sentindo. Nunca aceite um aceno educado como resposta. Espere que ela grite: "Sim!".

Nem todo mundo faz sexo quando quer. Nem todo mundo recebe amor quando quer. Isso é verdade para homens e mulheres. Um relacionamento não é sua recompensa por ser um cara legal, não importa o que os filmes lhe digam.

Controle de natalidade também é seu dever.

Nunca use um insulto para uma mulher que você não usaria para um homem. Diga "idiota", "babaca" ou "imbecil". Não diga "puta", "vadia" ou "cadela". Se disser "idiota", criticará suas habilidades de estacionar um carro. Se disser "puta", criticará o gênero dela.

Aqui estão algumas frases que vocês precisarão saber. Pratiquem-nas no espelho, até que elas saiam tão facilmente como as músicas que vocês sabem de cor: "Você quer?"; "Isso não é engraçado, cara"; "Você gosta disso?"; "Gosto de você, mas acho que nós dois estamos um pouco bêbados. Aqui está meu número de telefone. Vamos ficar juntos em uma outra hora".

Sua prima lhe manda uma mensagem de texto do nada dizendo: "Acabei de ser estuprada no banco".

"Ah, meu Deus! Você está bem?", você responde.

Seu cérebro está a toda velocidade. Você está tentando imaginar em que hospital ela está, se quer fazer um boletim de ocorrência, por que está dividindo isso com você e como você pode, se possível, tornar isso menos devastador.

As reticências piscantes aparecem no seu telefone, sinal de que ela está digitando. Então aparecem palavras nas quais você tem dificuldade para se concentrar.

— Sim. Depositei meu cheque na conta errada, então acabei gastando demais no meu cartão de débito. Perdi 175 dólares em taxas.

Você observa, esperando as reticências, mas elas não aparecem. Depois de um momento, você percebe que essa é a história toda. Com "Eu fui estuprada", ela quis dizer: "Fui taxada pelo banco por ter ultrapassado o limite da minha conta".

Você encara o teclado por um momento, com suas letras e pontos de exclamação e emojis paralisados, e então coloca o telefone de lado. Não consegue pensar em uma única palavra para dizer.

Jordana inventou um novo tipo de artifício para prevenir o estupro, uma cueca. Se ela pede um lote de 5 mil, pode fabricá-las por 2,25 dólares cada e vendê--las por 4 dólares. Se ela pede 10 mil, pode fabricá-las por 1,90 dólares cada e vendê-las por 3,50 dólares. Dados esses valores, e presumindo isenção de taxas de importação, como ela conseguirá que os estupradores as usem?

Marc sai do trabalho às 18h25, todos os dias. Deslocando-se a uma velocidade constante de dez quilômetros por hora, ele anda onze quarteirões para norte, três a oeste e um ao sul para chegar a seu apartamento. Em seu caminho para casa, ele passa no restaurante onde Gina trabalha. Quando ela trabalha no turno da tarde, sai do trabalho bem na hora em que Marc está passando. Ela anda oito quarteirões em sentido norte, em uma velocidade média de nove quilômetros por hora. Agora é inverno e está começando a escurecer. A que distância Marc deve ficar atrás de Gina para que ela não tenha medo de que ele a ataque?

Carla está editando seu perfil em um site de encontros. Quando ela adiciona as palavras *animadora de torcida*, seus pedidos de mensagem crescem 11%. Quando ela muda seu tipo de corpo de "mediano" para "magro", seus pedidos de mensagem crescem 42%. Quando ela coloca "feminismo" como área de interesse, seus pedidos de mensagem diminuem 86% e o número de ameaças de estupro que ela recebe triplica. Presumindo que ela tenha três encontros por mês, quantas horas ela precisará passar com qualquer homem até que se sinta confortável em lhe dar seu endereço?

Uma criança é estuprada em Montana. O estuprador tem 31 anos; a criança tem quinze. A idade que a lei determina para que possa haver sexo com consentimento é dezesseis anos. A punição para estupro de vulnerável em Montana é de dois a cem anos de prisão e uma multa de 50 mil dólares. Se, entretanto, o estuprador é sentenciado a apenas trinta dias na cadeia, sem pagamento de multa, quão mais velha do que sua idade cronológica a criança deu a entender que seria quando se comportou de modo a seduzi-lo?

Esta é sua nova estratégia: quando um homem grita com você na rua, você grita de volta. Está cansada de fingir que não escuta esses homens. Está cansada de ficar com os olhos colados na calçada, com vergonha. Está cansada de engolir isso, de tratar isso como se fosse um imposto que devesse pagar pelo privilégio de ser uma mulher em locais públicos.

Você pensa, talvez com ingenuidade, que se conseguir explicar seus sentimentos para esses homens, eles ouvirão.

Você usa sua determinação como uma armadura, e não demora muito até você ter a chance de colocar seu plano em ação. Está saindo da loja, uma sacola plástica de mantimentos balançando em cada mão, quando um homem atrás de você diz:

— Que belezinha, hein.

Você para de andar e ele passa por você. É agora ou nunca.

Então diz:

— Posso conversar com você por um segundo?

Ele para a fim de encará-la, a cerca de um metro de distância.

— O que você disse para mim? — insiste você.

Em vez de responder, ele apenas repete:

— Ei, belezinha!

— Posso dizer uma coisa?

Ele não responde, mas não se afasta. Parece confuso, como quando você aperta o botão do elevador e as portas não se fecham, então você continua apertando. Por que você não cala a boca? Não era para isso acontecer.

Você vai em frente:

— Quando você diz isso para mim, não me sinto lisonjeada. Nem sinto raiva, sendo honesta. Sinto medo. Sabia disso?

— Por quê? Por que você está com medo? Medo de mim?

— Sim — responde você. — Quando homens como você gritam coisas para mim na rua, fico com medo do que vão fazer, acho que vão me machucar.

— Ah, eu sou assustador. É isso que você está dizendo?

Agora ele se move. Dá um grande passo em sua direção e, droga, você vacila.

— Sim — responde você, tentando forjar a palavra em aço, mas ela se esfarela em sua garganta como papel-alumínio.

Você começa a andar em direção a seu carro.

Ele a segue o caminho todo, gritando.

— Agora estou assustando você, hein? Agora você está com medo de mim!

Ele está certo. Está assustando você. Você está com medo. Mas também há algo novo. Antes disso, você pensava de verdade que talvez esses caras apenas não soubessem como seus comentários faziam as pessoas se sentirem. Você pensava que talvez estivessem tentando ser simpáticos. Mas agora você sabe a verdade — eles sabem que os comentários a deixam assustada. Gostam disso.

Ainda há medo, sim, mas agora há raiva também. Tanta raiva que ela encobre um pouco do medo. Da próxima vez, você grita para o homem que está gritando com você, é mais fácil. E da vez seguinte é ainda mais fácil.

Agora as respostas escapam de seus lábios como pedras arredondadas e perfeitas. Você as trabalhou em sua mente e em sua boca até que ficassem lisas como vidro: "Por que você está falando isso para mim?"; "É ofensivo falar isso"; "Machuca falar com as mulheres desse jeito"; "Você nunca deveria dizer isso de novo".

Seu prêmio por todo esse esforço é uma coisa pequena, mas você a estima. É o espanto no rosto de seu assediador. Algumas vezes ele até murmura um frágil "me desculpe", antes de sair correndo para longe de você. Ele não quer iniciar uma conversa. Não está gritando com você como um método de aproximação; está apenas testando alguma coisa. Ele precisa fuçar ao redor, por seu poder no escuro, como um totem que carrega no bolso. Precisa certificar-se de que ainda está lá.

Da próxima vez, você diz a si mesma quando acaba, esse homem vai pensar duas vezes antes de gritar. Da próxima vez ele vai ver uma mulher se aproximando, vai abrir a boca para falar e, por um segundo, um instante perfeito, terá medo dela.

24 Editado por Roxane Gay

Slaughterhouse* Island

Jill Christman

A QUESTÃO SOBRE CONTAR ESSA HISTÓRIA mesmo trinta anos depois é que, ainda que eu saiba onde a culpa reside — sem dúvida —, tenho dificuldade em me livrar da vergonha mais arraigada. Estou arrancando os últimos resíduos grudentos com as unhas.

Sim, fiz algumas coisas estúpidas. Todos nós fazemos. Mas agora eu sei que é permitido sermos garotas que mascaram nossas inseguranças profundas com vaidade. Podemos usar blusas curtas, jeans justo com um laço de renda como cinto e botas de salto alto. Podemos nos olhar dez vezes no espelho do dormitório, pescoços esticados para ver se nosso traseiro pequeno e magro parece gordo visto de trás, e até mesmo podemos bebericar drinques doces e engolir pastilhas de aparência inofensiva que esperamos que possam fazer com que nos sintamos melhor, dancemos mais rápido, pareçamos mais bonitas ou apenas esqueçamos. Queremos que as coisas sejam fáceis, para variar. Podemos fazer todas as escolhas naquela escala da vida diária, desde pensar no futuro à completa autossabotagem.

E, ainda assim, não merecemos ser estupradas. Jamais.

Como chegamos ao ponto em que a culpa da vítima está tão calcada no fundo das nossas mentes? "Veja pelo outro lado", penso, raspando com o

---

* "Abatedouro" em inglês. (N. T.)

dedão. "Veja pelo outro lado. O que Kurt teria que fazer para que *eu* tivesse uma justificativa para estuprá-lo?"

Não há resposta para essa pergunta.

Quero o poder de manipular o tempo. Quero entrar naquele restaurante italiano em Eugene, Oregon, onde meu eu de dezoito anos está tendo seu primeiro encontro constrangedor com Kurt. Quero pegar aquela garota pela mão e convidá-la a me acompanhar até o banheiro. Em vez de deixá-la vomitar as quatro garfadas de macarrão cremoso que jantou — e que eu sei que é tudo que ela consegue pensar enquanto observa os dentes pontudos de Kurt à luz de velas —, quero puxá-la dali, correr com ela na direção oposta e sair pela porta.

Sairemos juntas, eu a levarei de volta ao dormitório e teremos uma conversa. Eu a salvarei, de alguma forma, do que acontecerá conosco em seguida, mesmo que, doce menina, eu saiba que a culpa não é sua. Nada disso foi, alguma vez, culpa sua. Você me ouviu?

Não. É. Culpa. Sua.

Mas daqui, de volta ao futuro, só posso assistir.

— Você dirige um Porsche, rima com *borscht* sem o "t" final — falei, depois de sentar no banco macio de couro do sofisticado carro prata de Kurt, esperando que meus amigos no segundo andar do dormitório de calouros espiassem pelas cortinas.

Ele se inclinou sobre mim, o hálito muito mentolado, cabelos escuros já ralos reluzindo com gel sob a luz do sol da primavera, tirando a grande mão do câmbio e pousando-a na minha perna. Acho que estava querendo parecer sensual, mas tudo que conseguiu foi parecer um maníaco.

— *Por-shhhhha* — corrigiu. — As pessoas que não têm Por-shas os chamam de Porsches. Pessoas que *dirigem* Por-shas os chamam de Por-shas.

Eu afastei o joelho uma fração, a menor das objeções, e disse:

— Bem, *eu* não tenho um Porsche, então é melhor chamá-lo de Porsche.

— Você está comigo agora — disse, os lábios finos curvando-se em um sorriso. — Agora você pode chamar esse carro de Por-sha.

Eu nunca tinha estado em um encontro como aquele — o que eu imaginava ser um encontro de verdade de faculdade, no qual Kurt pegava, movia ou levantava tudo que precisava ser pego, movido ou levantado: a porta do Por-sha, minha cadeira na mesa, meu corpo pelo braço quando outro homem chegasse muito perto e, é claro, a conta. Fomos a um restaurante italiano muito formal com toalhas brancas de linho, velas e luz suave, onde conversamos sobre o tempo prolongado que passamos na academia no fim do *campus*: eu nas aulas de aeróbica queimando quaisquer calorias extras que consumira nas horas de fraqueza, e ele levantando e batendo enormes discos de ferro na sopa de testosterona que era a academia principal.

Nós dois éramos bronzeados demais, sendo aquela a era dos dez bronzeamentos artificiais por vinte dólares nas câmaras de bronzeamento da rua do *campus*. Eu estava no meu primeiro ano no Honors College, lendo Darwin, Shakespeare e Austen, tendo minha cabeça assombrada pelo *Frankenstein* de Mary Shelley, pelas teorias sobre a seleção sexual e sobre como o universo começou. Kurt estudava administração, um *supersenior*[*] — foi a primeira vez que ouvi tal expressão, embora não tenha levado muito tempo para perceber que "super" não significava nada de bom.

Já que não tínhamos nada além disso para discutir, a conversa seguiu para o bronzeamento. Contei a ele como sempre cochilava embaixo das luzes, o zumbido do útero azul oferecendo uma folga do inverno cinza de Eugene — ainda que eu tenha certeza de que não usaria a palavra "útero", não naquela noite —, e os dentes de Kurt brilharam sob a luz tênue como algo saído de um filme de terror.

Após o jantar, Kurt me levou para um apartamento que parecia desabitado, me deu algo para beber e me conduziu pela sala com sofá de couro preto e mesa de centro de vidro até o seu quarto. Fechando a porta, me mostrou os pesos de mão que deixava alinhados junto da parede, como sapatos, e então me empurrou em direção a uma escrivaninha. Eu me lembro das mãos dele sempre no meu corpo, e mesmo antes que ele pegasse o espelho e a lâmina de barbear da gaveta do meio, eu pensava: "Isso não é bom".

---

[*] Estudante que frequenta há mais de cinco anos um curso de quatro anos de duração, sem conseguir se formar por algum motivo. (N. T.)

Kurt colocou a mão no bolso do casaco, pegou um papelzinho dobrado e bateu dois montes enevoados. Eu o vi dividir e raspar, me retraindo um pouco com o som, um garfo em porcelana, unhas num quadro-negro, um alarme sonoro que eu falharia em perceber. Nas raízes das minhas fibras nervosas, eu sabia que a coisa a ser feita era ir embora, mas essa seria uma noite de muitas estreias na faculdade: primeiro encontro em um restaurante, primeira volta em um Porsche, primeiro pó. Kurt enrolou uma nota verde nova da carteira e mostrou o que eu deveria fazer.

Queimou. E daí? Nada de mais. A cocaína só fez com que eu sentisse meus olhos muito, muito abertos. Eu estaria hiperalerta para o que viria depois.

O que também foi quase nada. Ele me beijou e, enquanto o fazia, me afastou da mesa e me levou para a cama. Era o pior beijo do mundo, com a língua toda, como uma lesma tentando entrar na minha garganta. Eu estava enojada, mas salva (agora eu sei) pela coca: Kurt não conseguia ficar duro. Ele se roçou em mim e, através do tecido leve da calça de brim, eu o sentia contra a minha perna, mole como um pão de leite.

George Michael cantava pelas caixas de som. Em vez de insistir no que deveria saber por experiência que era uma batalha perdida, Kurt levantou da cama, como se assim tivesse planejado, e foi até o estéreo para aumentar o volume. *I will be your father figure.* Trinta minutos depois, quando pedi que me desse uma carona de volta ao dormitório, ele fez isso sem muita resistência. No Por-sha.

No dia seguinte, aparentemente tendo se divertido mais do que eu, Kurt ligou para saber se eu gostaria de ir ao Shasta Lake, uma famosa tradição das fraternidades da Universidade do Oregon: ao menos uma centena de casas-barco alugadas, cada uma com mais ou menos oito casais, barris de cerveja com torneiras jorrando, copos vermelhos descartáveis balançando na água como boias.

Imagine as bebedeiras e as drogas. Imagine as muitas horas sem dormir e os cérebros detonados. Imagine o calor, a desidratação e a comida feita pelos meninos-homens anfitriões desse pesadelo. Imagine que ninguém no barco inteiro teve o bom senso de levar protetor solar. Imagine a profundidade da irritação pelas necessidades não atendidas — e então imagine a profundidade da água.

Imagine, também, que eu já tinha feito planos para sair com um amigo do meu dormitório, um cara chamado Jeff, que passara a fazer parte de uma fraternidade no outono passado. Mesmo na ponta dos pés, Jeff batia no meu nariz, mas era esperto e me fazia rir, então quando me convidou muito casualmente para ir com ele ao Shasta, concordei.

Mas um convite real, de um encontro real, com um carro real e um apartamento real com mobília real parecia o pulo no status de que eu precisava para passar de uma menina hippie com bolsa integral, pôsteres dos Beatles e mantas batik pendurados na parede do dormitório para... para o quê?

O que eu queria ser? Parte do sistema que meus pais artistas liberais sempre rejeitaram? Notada? Aceita? Desejada?

Eu nem gostava do Kurt: ele representava tudo de que eu tinha sido ensinada a desconfiar no mundo, um idiota privilegiado do subúrbio que pensava que tudo poderia ser seu pelo preço certo, incluindo eu.

Então, a princípio, fiz a coisa certa: disse não ao Kurt. Mas minha melhor amiga, D, *não* tinha um encontro para o passeio no lago, e me senti mal por deixá-la para trás. E eu também não queria chegar ao passeio sozinha — uma estudante do Honors College, uma verdadeira aberração em um vasto mar grego, com Jeff como único companheiro. Então quando o colega de fraternidade de Kurt concordou em levar D no passeio conosco se eu fosse com Kurt, concordei.

E aí todo o inferno veio à tona.

Quando eu disse que iria com Kurt em vez de ir com ele, Jeff enlouqueceu. O quarto dele ficava exatamente embaixo do meu, e durante toda a noite tocou música raivosa e pendurou-se na janela, gritando que eu era uma cadela, uma vadia, uma puta maldita. Outros garotos do dormitório juntaram-se à fúria de Jeff, quebrando coisas no chão, socando a minha porta e assobiando pela fresta.

Aquilo não me deu raiva. Eu me sentia péssima e culpada, me escondendo no meu quarto enquanto toda a população masculina do dormitório se erguia com uma mensagem clara: eu pertencia a eles e tinha me afastado do bando, transando com um macho vigarista e ameaçando a santidade de todo o maldito patrimônio genético do dormitório. A noite toda absorvi a raiva deles, chorando tanto e por tanto tempo sem o bom senso de tirar as lentes de contato que, pela manhã, precisei ir a uma consulta de emergência com o oftalmologista. Minhas duas córneas estavam arranhadas, um olho tão ruim que tive que usar um curativo.

Eu era uma mocinha no mar que tinha sobrevivido à vergonha, mas por pouco. E agora não havia volta: eu iria ao Shasta como pirata, com Kurt.

Nós nem tínhamos saído do deque e já estava óbvio que não ia rolar nada entre D e o amigo de Kurt — eles nem sequer conversavam —, mas ela não ligava. Poderia até estar em outro barco, perdida como estava nas drogas, no Jack Daniel's e nos olhos de um novo amigo com o qual oscilava perto de uma *boom box*, botando para tocar uma velha fita cassete do Eagles, "Desperado" escolhida como a música deles. Quando Kurt e seu bando de irmãos bêbados, chapados de todas as maneiras que se pode estar chapado, ancoraram nosso barco na Slaughterhouse Island no meio do Shasta Lake, a profundeza das águas não era mais uma metáfora.

No deque, em meu biquíni magenta, eu me senti sozinha e aprisionada. Os irmãos da fraternidade no barco designaram apelidos para todas as garotas, e o meu era *Carcaça*. Kurt pairava sobre mim.

Eu sabia que era tarde demais para fugir e, de alguma maneira, sabia o que ia acontecer.

Não sei quantos barcos atracaram no nosso lado da ilha naquela noite — pelo menos uma dúzia. Depois do pôr do sol, fogueiras brotaram, a música ficou mais alta e as vozes aumentavam em rugidos dissonantes. Eu recusara a coca o dia todo — aquela noite no apartamento de Kurt tinha sido suficiente para mim —, mas, quando a festa chegou ao auge, Kurt tirou um saquinho do bolso e me ofereceu algo na palma da sua enorme mão. Cogumelos marrons como cabeças encolhidas sob minúsculos pescoços. Peguei alguns e mastiguei os talos secos e duros, engolindo-os com um gole da cerveja dele.

Quando os cogumelos começaram a fazer efeito, eu me afastei de Kurt e das hordas de garotos bêbados, subi a encosta sem mata onde as formas negras e oscilantes de corpos humanos circundavam as chamas, forcei o caminho entre a densa vegetação rasteira perto do topo e encontrei abrigo ao lado do que parecia na hora ser um fantástico e magnânimo pinheiro.

Do meu refúgio, eu observava as fogueiras avermelhadas queimando, uma paisagem pós-apocalíptica infernal, as casas-barco ancoradas balançando como uma flotilha de crocodilos. Eu estava bem escondida, e lá embaixo podia ver Kurt indo de barco em barco, de um lado a outro da margem, procurando por mim, gritando meu nome, berrando:

— Onde ela está? Onde diabos ela está? Com quem ela está? Você a viu com alguém?

Eu não estava com ninguém, sozinha no topo da colina, e sabia que quando descesse seria pega, então fiquei sob a árvore: duas da manhã, três da manhã, quatro da manhã. O efeito dos cogumelos passou, e eu estava cansada — muito cansada e com muito frio. Quando finalmente não o vi mais, rastejei de volta ao barco.

Esta era a minha ideia: "Se eu estiver na cama, se eu estiver na cama e dormindo quando ele me encontrar, talvez ele me deixe dormir. Vou dormir até amanhã, quando o barco vai voltar à doca e vou estar segura". Mas quando ele me encontrou, eu não estava segura.

Eles vão acordá-la para estuprá-la.

Na manhã seguinte, quando o barco atracou, Kurt foi à cidade e voltou com um saco de papel da Dunkin' Donuts — rosquinhas recheadas de creme, geleia, com açúcar polvilhado e sem recheio, ao menos uma dúzia — e me disse:

— Aqui, Jil. Você escolhe primeiro.

Seis horas antes, ele tinha colocado um travesseiro na minha boca para abafar meus gritos, e agora tinha a coragem de permitir que eu fosse a primeira a escolher a porcaria de uma rosquinha.

Eu me perguntei então se poderia ter lutado mais — eu não havia arrancado o lóbulo da orelha dele com o dente, cuspido na cara, não tinha batido o joelho nos testículos com toda a força do meu corpo emaciado de dezoito anos, não tinha levantado de repente e enfiado um salto bem no joelho dele. Implorei, chorei e finalmente gritei por ajuda, mas não o machuquei porque não queria morrer.

Lembro-me do travesseiro no meu rosto e, quando não havia mais ar suficiente para gritar, de pensar "respire, respire, respire".

Sob o sol brilhante da manhã, Kurt parecia detestável, o saco de rosquinhas pairando entre nós, o cheiro de açúcar quente sobre cerveja amanhecida e vômito por toda parte ao nosso redor. Os olhos dele não registravam nada, nada mesmo, e me imaginei os arrancando.

— Não, obrigada — disse, dando as costas. — Eu não como rosquinhas.

Quando voltamos da Califórnia, Kurt me ligou no telefone do saguão do dormitório, de novo e de novo. Aqui está o que eu não disse:

"Seu maldito. Você me *estuprou*. Você *acha* que vou *sair* com você?"

Aqui está o que eu disse:

"Estou ocupada."

"Eu não posso."

E: "Eu tenho que trabalhar/ escrever um artigo/ fazer alguns cálculos."

Eu não chamava o que tinha acontecido no barco naquele fim de semana de *estupro*.

E então, um mês depois do Shasta, concordei em encontrar Kurt.

Eu tinha uma passagem de avião saindo de Portland até Savannah, Geórgia, e precisava de uma carona até o aeroporto. Kurt queria ser essa carona. "Que mal poderia haver nisso?", pensei. Alguns garotos legais do Honors College — amigos de fato — me levaram até Portland e se ofereceram para ir comigo da livraria onde estávamos até o aeroporto pelo menos dez vezes. Eles não sabiam o que Kurt tinha feito comigo, mas sabiam que eu não gostava dele.

Por que eu deixei Kurt vir me pegar? Ainda não consigo responder a essa pergunta.

— Jill! Que bom ver você! — disse Kurt quando parou próximo ao meio-fio onde eu esperava com a minha mala. — Senti sua falta. Você sentiu a minha?

Ele tentou me beijar, mas eu virei o rosto. Kurt abriu o pequeno porta-malas, pôs a bagagem e então, colocando a mão na minha lombar, guiou-me para o lado do passageiro do carro que rosnava.

Assim que entrei, percebi algo pendurado no espelho retrovisor. Algo familiar.

— Ei — falei. — Isso é meu.

32 *Editado por Roxane Gay*

— Sim — concordou Kurt, tocando a volta da renda branca enrolada na base do espelho com um dos dedos. — É o seu cinto. Eu queria algo para me lembrar de você.

Eu me inclinei para arrebatar o troféu de Kurt, mas ele pegou minha mão e a apertou, com um olhar malicioso.

—Achado não é roubado.

Enquanto o Porsche se afastava do meio-fio, senti uma onda de medo e repugnância.

Kurt pegou a saída errada para deixar o centro da cidade.

—Aonde você está indo? — perguntei.

— Esqueci algo na casa dos meus pais — disse ele. — Vamos só dar uma passada no caminho até o aeroporto.

— Mas não é *no* caminho do aeroporto. — Eu sabia que Kurt estava morando com os pais no subúrbio.

— Está tudo bem — disse ele, sorrindo. — Você tem muito tempo.

Na casa, eu queria esperar no carro, mas ele disse que eu deveria entrar para conhecer os pais dele. Eles não estavam em casa, é claro, e de alguma maneira nós acabamos no quarto do Kurt. Ele fechou a porta.

— O que você está fazendo? — falei. — Preciso ir!

Kurt aproximou o rosto do meu, o pós-barba, o mentolado, tudo me enjoava. Estávamos em um tipo de dança, eu de marcha à ré até alcançar a beirada da cama. Kurt sorriu.

Ele colocou as mãos no meu ombro e me empurrou. Eu caí de costas e ele caiu em cima de mim, me prendendo com o corpo.

Outra vez. Não. Nãonãonãonãonão. Ia acontecer de novo.

Então ouvimos algo, alguém vindo até a porta.

Kurt pulou de cima de mim e se inclinou, oferecendo a mão e me puxando. Eu estava em choque. Não disse nada. Não havia nada mais para dizer.

Kurt riu:

— O que achou que eu ia fazer, Jill? Estuprar você?

Da sua própria maneira aterradora, Kurt nomeou seu próprio crime antes que eu pudesse fazê-lo, e ainda assim nunca registrei uma ocorrência. Nunca disse sequer "Você me estuprou".

Não fiz coisa alguma. Saí daquele maldito carro no aeroporto e nunca mais o vi.

No beliche no Shasta Lake, Kurt tinha colocado um travesseiro no meu rosto para que ninguém pudesse ouvir meus gritos, mas agora eu me pergunto: *Quem teria me ouvido?* E se alguém tivesse ouvido, naquele barco ancorado numa ilha que eu não sabia, até hoje, que fora batizada por causa de um mercado de carnes e abatedouro de verdade, quem teria agido? Quem teria me ajudado? Distante quase trinta anos daqueles acontecimentos, com meu coração vulnerabilizado pela maternidade e meu desejo feroz de proteger meus filhos e pergunto: "Quantas mulheres foram estupradas naquela noite em Slaughterhouse Island?".

Sinto que certamente não fui a única.

Em Savannah, no verão após o estupro, transei com mais homens em três meses do que em todos os anos anteriores e posteriores somados. Minha lógica desarticulada era assim: se eu der o meu corpo, de novo e de novo, posso provar a mim que o sexo é minha escolha — mesmo que, e isso parece significativo agora, eu sempre permita que os homens me escolham. Até eu ter dezenove anos, nunca tinha me ocorrido que eu podia escolher. *Você não, você não, você não. Sim, certo. Você.*

Na manhã em que escrevi este texto, fui à prateleira e enganchei o dedo na lombada de um exemplar: *Eu nem imaginava que era estupro.* As páginas da minha edição estão escurecendo nas bordas. Publicado nos Estados Unidos em 1988, o ano exato em que fui ao Shasta com Kurt, o livro da repórter Robin Warshaw revelou os resultados da pesquisa de Mary Koss financiada por uma parceria entre a revista feminista *Ms.* e o National Institute of Mental Health (NIMH). Essa foi a primeira pesquisa nacional sobre assédio sexual nos *campi*, e as estatísticas nos desconcertaram: 23% das mulheres nas faculdades já foram vítimas de estupro ou tentativa de estupro. Dessas vítimas, 84% conheciam os agressores. Apenas 27% das mulheres estupradas se identificavam como vítimas de estupro.

Comprei o livro quando estava no último ano, quando sua leitura foi exigida em uma aula chamada "Defesa pessoal de dentro para fora". "Mas que droga", pensei então. "Por que ninguém me disse isso antes?"

Nas páginas desse livro, posso ter uma conversa com a minha versão universitária: ela escreveu — *não muito* — em tinta roxa, desenhando asteriscos ao lado das coisas que mais chamaram sua atenção.

Uma em cada quatro mulheres entrevistadas tiveram uma experiência que se encaixa na definição legal de estupro ou tentativa de estupro e... a idade média de quando um incidente aconteceu (tanto da vítima quanto do agressor) era de dezoito anos e meio e [mulheres] tinham vergonha dos detalhes do estupro (ir embora de um bar com um homem, usar drogas etc.) e sentiam que seriam culpabilizadas pelo que ocorreu, ou simplesmente sentiam que os homens envolvidos tinham status social demais para que as pessoas acreditassem em suas histórias e, em resumo, muitos homens falhavam em perceber que o que acontecera era estupro.

— A pergunta — disse nossa professora de defesa pessoal em uma tarde quando estávamos reunidos ao redor dela, com as pernas cruzadas em colchonetes na academia — não é "O que ele vai achar de mim?" se eu não responder à pergunta dele, se eu não for educada, se eu não quiser ir, mas "O que *eu* acho *dele*?".

O simples rearranjo dos pronomes mudou algo no meu cérebro. Para sempre.

— Se um cara se aproxima de você na rua e pergunta que horas são, você não precisa responder. Dizer que horas são não é o seu trabalho. Se você não quer falar com ele, continue andando — comentou a professora.

Você não precisa ser educada. Você nem precisa ser legal. Continue andando.

Pergunte-se: "O que eu acho dele?".

Três anos após o estupro, comecei um trabalho voluntário em uma organização local de apoio a vítimas de assédio sexual, no atendimento telefônico de urgência e em palestras com uma equipe para falar com estudantes de ensino médio sobre estupro. Em 1991, conversas sobre o que era ou não consenso ainda eram novas, e enquanto os meninos ficavam em silêncio, as meninas contestavam. "Então você está dizendo que se eu for a uma festa com uma saia muito curta de verdade e estiver flertando com todo mundo do lugar... se eu for estuprada, não vai ser culpa minha?"

"Sim", eu dizia. "É exatamente isso que eu estou falando." Às vezes me parecia que as garotas simplesmente não queriam ouvir que o estupro nunca é culpa da vítima. Elas queriam algo em que acreditar, regras para seguir, uma fórmula, razões pelas quais outras garotas foram estupradas e elas não: saia curta é igual a estupro; cerveja demais é igual a estupro; porta destrancada é igual a estupro. A parte que eu queria que entendessem é que essas equações podem implodir, limitando toda a sua vida, até que um dia você esteja sentada em uma caixa de aço trancada, respirando por um buraco com um canudo e se perguntando: "E agora? Agora estou segura?".

Alguns meses depois do estupro, uma caminhonete me atropelou. Era uma daquelas pequenas, uma Toyota ou uma Nissan com uma lona atrás. Eu estava atravessando a faixa de pedestres de bicicleta. Sabia que deveria atravessar andando ao lado da bicicleta, mas vi o sinal verde e o símbolo do homem caminhando, então comecei a pedalar depressa, quando o homem que dirigia a caminhonete, sem me ver, virou à direita no sinal vermelho. Eu caí com força, mas estava de capacete, e ainda que a caminhonete não tenha parado imediatamente, parou a tempo. Minhas pernas e meia bicicleta retorcida foram parar embaixo do para-choque. Quando comecei a me mexer, não senti nada em particular até ver o rosto horrorizado e preocupado do homem saindo do táxi e duas mulheres correndo do prédio do outro lado da rua.

— Ai, meu Deus, você está bem?

Um carro parou atrás da caminhonete e dele saíram mais pessoas cujos sexo, gênero e tamanho se perderam na memória. Deitada na rua fria e molhada, fui cercada por espectadores preocupados.

Eu senti, sim, alguma coisa: mortificação e vergonha. Meu braço e minha perna sangravam no asfalto, mas eu não estava vestida para o clima chuvoso ou para pedalar. Estava voltando de uma aula na academia, então usava um moletom e uma calça preta de lycra. "Agora arruinados", pensei. "Droga."

"Você está bem?" Todos pareciam dizer a mesma coisa, de novo e de novo, e eu estava preocupada porque todos iam ficar ensopados. Era março em Eugene, com uma garoa tão espessa, cinza e constante que eu não podia dizer se as gotas da chuva vinham de cima ou de baixo.

36 Editado por Roxane Gay

Eu devia estar em choque.

— Você está bem?

— Sim — murmurei, agarrando o para-choque e me erguendo do chão. Mãos por todos os lados, mas não aceitei nenhuma delas. — Eu estou bem. Tudo certo.

De alguma forma, todos nós fomos para a calçada do outro lado. Minha bicicleta tinha um aro retorcido e não havia como pedalar.

— Tem certeza de que está bem? Podemos ajudá-la a ir para algum lugar?

— Ah, não, estou bem. Meu dormitório é logo ali. Estou bem.

E então todos foram embora, até a pequena caminhonete que tinha me atropelado, e eu pensei de novo e de novo: "Estou me sentindo como se tivesse sido atropelada por um caminhão". De fato, eu *tinha* sido atropelada por uma espécie de caminhão, mas não conseguia dizer em voz alta. Eu não conseguia dizer o quanto doía. Envergonhada por estar no lugar errado, na hora errada e com a calça errada, manquei de volta na chuva até o meu dormitório.

Você entende por que nos culpamos quando somos atingidas e arrastamos a vergonha atrás de nós como um aro retorcido?

Em 2014, psicólogos na Universidade do Oregon conduziram a primeira pesquisa abrangente em toda a universidade sobre assédio sexual e descobriram que 19% das estudantes haviam sido vítimas de estupro ou tentativa de estupro durante o tempo em que estudaram no Oregon.

Dezenove por cento. Uma em cada cinco mulheres. Hoje.

Ainda estou lutando para superar minha história. Não posso voltar e tirar a jovem que eu era do restaurante italiano antes que ela entre no barco. Não posso parar a caminhonete ou o estuprador, mas posso deixar a garota que fui saber que eu a vejo. Que a escuto. Que sei que ela está dizendo a verdade.

Se nada mudar — e em trinta anos, não mudou nem longe do suficiente —, no ano que vem haverá mais 100 mil assédios em nossos *campi*.

Um é demais. *Cem mil.*

Na aula de defesa pessoal, nossa professora ensinou que se não conseguíssemos pensar no que fazer — bater na cabeça do agressor com um grampeador, borrifar spray de pimenta nele, enterrar as chaves nos olhos de alguém prestes a estuprar —, não estaríamos prontas para uma crise real. Ao empunhar o grampeador, o spray de pimenta e as chaves, nossa professora nos ensinou o poder da visualização, e eu aprendi a imaginar com antecedência o que posso ser levada a fazer em uma emergência.

Cem mil? Isso é uma emergência.

Juntos, vamos visualizar o que precisamos fazer para mudar a cultura do estupro. Estou com minhas chaves nas mãos e as seguro como se fossem garras. Vamos mudar esse maldito sistema.

38 Editado por Roxane Gay

E A VERDADE É: EU NÃO TENHO HISTÓRIA

Claire Schwartz

> *Também eu, tendo perdido a fé*
> *na linguagem, coloquei minha*
> *fé na linguagem.*
> — Terrance Hayes

1.

Isso NÃO É SOBRE AQUILO. Isso é sobre tudo que veio depois.

Isso é sobre como, de repente, havia apenas um *depois*. Sobre como a infinidade de minúsculos depois — depois da escola e depois do meu aniversário mais recente, e depois de A. e eu nos afundarmos atrás do sofá para nos escondermos do nada e ela me dizer que estava se apaixonando por mim e depois de meu coração se abrir a um novo tipo de desejo e depois de eu ter uma febre pela última vez e depois da primeira vez que eu lancei um frisbee sem que ele caísse no chão — foi varrida pelo único depois que se estende de modo interminável sobre os agoras que se desdobram. É sobre isso.

Minha linguagem é tão imprecisa. Estou me debatendo para achar as palavras que não consigo lhe dizer.

Isso é sobre como as pessoas do norte da Pensilvânia dizem "a cidade", como se sempre tivesse havido apenas uma. Nova York, é claro. Não Newark, não Hoboken, não New Haven, não Boston, não Providence, não Portland. Apenas Nova York, vestida com suas luzes brilhantes e pessoas bonitas, seus lenços vermelhos cintilantes e carrinhos de comida exalando, distraidamente, o cheiro de um gyro e de bagels e tacos e pad thai por toda a cidade. "Odeio Nova York", costumo dizer quando o assunto surge, significando, talvez: "Como qualquer cidade que ostenta sua beleza assim pode ter deixado isso acontecer comigo?". Embora eu saiba que todas as cidades devorem os seus.

E isso não é sobre a cidade.

2.

"Você tem tanta sorte por não ter sido assassinada", é o que diz a primeira pessoa para quem eu conto o que aconteceu. Sou aluna do segundo ano do ensino médio, e ela é professora de inglês e minha conselheira. Eu me mudei para Manhattan de Nashville. Quero ir para casa, voltar para meus avós e primos, para a cidade cujo batimento cardíaco e língua eu conheço. Minha professora ainda está falando; há um inseto em seu cabelo. Observo o inseto subir devagar pelas mechas douradas e me pergunto o que devo responder ao comentário. Estou em silêncio. O inseto continua a subir.

Naquela noite, na fila do supermercado, observo na minha frente o homem de meia-idade branco e magro entregar seu queijo brie com calma à caixa. Eu me imagino dando um tapinha em seu ombro e dizer, "Ah, que sorte! É maravilhoso que você não esteja morto". Quando rio do meu próprio pensamento, parece que estou tentando desalojar uma pedra do meu peito. O comprador de brie olha para mim. Olho absorta para o chiclete ao lado da caixa registradora.

Você tem tanta sorte por não ter sido assassinada. As palavras parecem finas e afiadas, como a lâmina que foi pressionada contra meu pescoço naquela noite — tão fina, que você pode tocá-la e me tocar ao mesmo tempo com suas faces frias de metal. *Você... assassinada.*

3.

Pelo menos você não foi assassinada. Pelo menos você tem acesso a atendimento médico. Pelo menos você tem plano de saúde. Pelo menos você tem amigos mara-

vilhosos. Porque os que me dizem isso são meus amigos e meus professores e a assistente social e o médico, me agarro a essas palavras e estendo as mãos, mesmo que minha raiva esteja aumentando e eu não deseje ser tocada.

Hoje em dia, falo pouco, e com certeza não tenho o vocabulário para desmantelar o que me foi empurrado por pessoas consideradas seguras. E não tenho forças para dizer: "Não, não vou ficar agradecida pelos meus direitos. Vou ficar de pé e sempre vou agradecer quando alguém fizer alguma coisa gentil, e vou lamentar quando tiver feito alguma coisa errada e nada além disso. E, sim, estou furiosa por estar entre os polos da gratidão e das desculpas — ambos são rasuras violentas.

Graças a Deus não fui assassinada.

Me desculpe, sou tão desarticulada."

Não consigo nomear isso, mas sinto as palavras *pelo menos* corroendo minha voz. Sinto que a expressão "pelo menos" marca o fim da história que eu deveria contar, e que eu deveria dizer alguma coisa graciosa para arrematá-la — "graças a Deus" —, ou nada além disso. "Pelo menos" me impede de dizer verdades demais. É um instrumento contundente empunhado para forjar um recontar imprudente, caindo na submissão. *A história acaba aqui.* Mas a verdade é: eu não tenho história — nada que possa juntar em uma narrativa coerente.

4.

As pessoas desejam um contador de histórias numa hora como essa.[*]

5.

Aquilo que não é uma narrativa coerente aparece em toda parte: nas salas de aula, onde paro de falar; no consultório do terapeuta escolar, onde nos encaramos em silêncio por 45 minutos toda semana; na comida, que como demais ou absolutamente nada. Quando meu melhor amigo aparece por trás e me abraça, a raiva dispara em meu peito e por instinto o empurro para

---

[*] Poema de Gwendolyn Brooks, "One Wants a Teller in a Time Like This".

longe, com força. Alguns dias depois, apareço em sua casa, tremendo sem explicação, depois de outro amigo ter corrido atrás de mim enquanto eu ia da biblioteca para casa.

— O que aconteceu? — pergunta ele.

— Nada — respondo. — Não foi nada.

6.

Sabe aquele momento em que você tropeça e está preparada para possibilidades iguais de cair com a cara no chão ou dar o próximo passo, e seu coração dispara, indo parar na sua garganta? Cada segundo parece dividido — normalidade e catástrofe são igualmente plausíveis. As suposições às quais um dia me aferrei não mais se sustentam. Não há um homem escondido atrás daquela árvore. Ninguém vai invadir meu apartamento e me matar enquanto durmo. Vou conseguir dormir a noite toda. Estarei aqui pela manhã. As pedras que compunham o chão sobre o qual sempre andei se soltaram, girando de forma imprevisível ao redor da minha cabeça. (E aqui, eu me sinto dizendo: "Pelo menos eu tenho chão".)

7.

Por fim, vou para uma pequena faculdade de artes em New England. É linda — o que é verdade e também uma coisa que as pessoas falam sem parar quando não querem conversar sobre outras verdades, como a relação entre os vastos recursos da instituição e a pobreza desenfreada nas cidades pós--industriais que nos cercam, ou como os panfletos ostentam que não temos fraternidades, mas a cultura das fraternidades se entranha, no entanto, nas equipes esportivas.

8.

Uma amiga é assediada por um professor adjunto. Os reitores lhe dizem para deixar quieto. Uma aluna do segundo ano denuncia um estudante que a estuprou em uma festa. A escola não toma medidas para mantê-lo longe dela. Seus amigos se revezam dormindo em seu quarto. Suas notas caem. Seus relacionamentos são arruinados. Essas são as histórias que nos contamos, baixinho.

9.

Às vezes as pessoas me dizem que uma coisa ruim aconteceu comigo, mas que sou corajosa e forte. Não quero que me digam que sou corajosa ou forte. Não estou certa só porque ele estava errado. Não quero que me tornem nobre. Quero alguém disposto a me ver sofrer e desmoronar, porque isso também é a verdade e precisa de uma testemunha.

— Ele me quebrou — digo a uma amiga.

— Você não está quebrada — sussurra ela em resposta.

Viro as palmas das mãos para cima, desejando poder mostrar-lhe as peças.

10.

Na faculdade, faço meu trabalho de conclusão de curso sobre Audre Lorde, June Jordan e Pat Parker, três poetas afro-americanas que morreram de câncer de mama. Como, quero saber, elas dão forma ao que está acontecendo em seus corpos, suas mentes, enquanto estão morrendo? Como traçam o seu caminho na mesma língua usada para excluí-las dos livros de história? É a mesma língua? De muitas maneiras, nossos contextos são diferentes, mas estou começando a entender que minha própria falta de resposta a suas perguntas tem alguma coisa a ver com a violência em curso no cerne desta nação.

Jordan escreveu: "Da mesma forma que tantos americanos sentem que 'perdemos nossos empregos', suspeitamos que perdemos nosso país. Sabemos que não falamos a mesma língua. E eu lhe pergunto: 'Bem, o que vamos fazer sobre isso?'".

Devemos, diz ela, tornar a língua responsável pelas verdades de nossa experiência. Ela nos aconselha a nos afastar do lugar-comum: "Eu fui estuprada".

Quando leio essas palavras, estou em uma escrivaninha no porão da biblioteca, meus joelhos estão pressionados contra o peito, meus cotovelos apertam meus joelhos. Leio as palavras de novo, abaixo o livro. Eu me levanto. Estico os meus braços em direção ao teto. Confio em June Jordan, brilhante como uma cimitarra e com ética de dizer a verdade. A ativista e poeta que escreveu: "Sou negra e sou mulher, e sou mãe e sou bissexual, e sou nacionalista e antinacionalista. E quero ser tudo que sou de modo pleno e livre!". Jordan, que se recusou a ver contradições como conflitantes. Que insistiu que a verdade difícil é também o lugar de sua questão pendente: "Onde está o amor?".

Respiro fundo e volto a me sentar na cadeira, pronta para receber a nova língua que sei que ela me dará para contar minha experiência. "A vítima deve aprender a fazer a língua contar sua própria verdade: ele me estuprou."

Estou arrasada. Não quero ser falta de objeto da minha história recontada.

— Eu fui estuprada — murmuro.

Isso, também, parece errado. Coloco o livro sobre a mesa.

11.

Quando eu era pequena, costumava me encolher na poltrona listrada preta e branca que ficava na sala de estar com um livro grosso. Às vezes eu lia, mas com frequência só segurava o livro no meu colo, como um sinal para que os que passavam me deixassem quieta enquanto minha imaginação vagava. Eu valorizava esses momentos de quietude. Cresci dentro deles, expandindo minha mente de menina até o implausível e o absurdo. Eu amo minha quietude. Odeio agora, no depois, que minha quietude tenha se transformado em silêncio. O lugar em meu peito que era iluminado pelo céu se transformou em uma cela trancada e acolchoada.

12.
B.,

Em algum lugar neste texto, está uma carta de amor para você.

Seu amor me trouxe de volta à minha quietude. Eu precisava de uma nova língua. Precisava de uma nova história — uma na qual não tenha que lembrar do começo e não saiba o final. Esta é uma carta de amor ao nosso amor, que nunca foi o tipo de amor duradouro que se construiu em torno de tarefas e impostos. Tudo se resumia aos nossos corpos e seu brilhantismo, sua língua e para onde nossa língua se arrastou rumo a uma coisa escura e cintilante — como o mar, como a lama, como a forma de minha imaginação quando eu agarrava um livro pelo seu mundo e seu peso, como as noites de verão de Nashville, quando os vaga-lumes ofereciam seu brilho minúsculo, sem enfeites. Todo o halo, tudo fugaz.

13.
Judith Butler diz que sofremos pela nossa condição de acessibilidade. Meu corpo parece minha condição e tudo mais parece um acesso.

14.
Eu as procuro por todos os lugares, mulheres como eu. E elas também me encontram. Uma professora da minha escola me diz, chorando:

— Aconteceu comigo, quase trinta anos atrás.

E eu me pergunto se três décadas sedimentarão tudo isso em mim. Elas estão no jornal, no qual a verdade de seus testemunhos é espicaçada: "A vítima alegou...", "Ela acredita...". Elas estão do outro lado da linha de atendimento a vítimas de estupro e agressão sexual na qual sou voluntária na faculdade. Nós nos sentamos uma ao lado da outra no ônibus. Nós nos reconhecemos, ou não nos reconhecemos. Minha linda amiga na pós-gra-duação diz:

— Eu fico lá e só perco tempo.

— Eu sei — digo.

15.
Em meu caderno, escrevo. "Crie: há partes suas que nem você mesmo pode jogar fora."

16.

Faça um boletim de ocorrência. Não faça um boletim de ocorrência. Não arranje um kit de estupro. Não faça uma aula com aquele professor. (Ele fica passando a mão.) Não faça uma aula com ela. (Ela não é simpática.) Não assista a filmes violentos. Não assista a filmes que possam ser violentos. Não fique com raiva. Se ficar com raiva, explique o motivo com calma. Se eu fosse você, não vestiria isso. Preferiria ser morta a ser estuprada. (Eu preferiria estar morta a ser você?) Não fale sobre estupro. Você tem provas? Não fique na defensiva. Evite seus gatilhos. Não coma em restaurantes com facas de carne. Você está comendo? Você está magra. Você está gorda. Ninguém vai querer ir para casa com você. Não deixe pessoas que não conhece entrarem na sua casa. De qualquer forma, quem você conhece de verdade? Não ande sozinha à noite. Não ande sozinha à noite. *Esta* é sua vida. Esta é *sua* vida. Esta é sua *vida*.

17.

Após me formar na faculdade, volto para Nashville. Minha namorada, M., é assistente social e soube, por uma colega, de uma terapeuta lésbica, que é especializada em transtorno de estresse pós-traumático.

— Você quer tentar? — pergunta ela.

— Não mesmo — respondo, pensando na encarada mútua com a analista que tive no ensino médio, pensando no médico que me perguntou se eu era "gay antes", pensando que estou, de verdade, considerando tudo que aconteceu, indo bem. Tenho um trabalho como professora de ensino médio. Consigo dormir por horas seguidas. Consigo passar dias, algumas vezes semanas, sem ter *flashbacks*.

M. olha para mim com exaustão.

— Acho que vou tentar — declaro.

Um sorriso aparece no rosto de M., como se tivesse sido libertado pela minha aquiescência.

O consultório da analista é junto de sua casa. Ela me convida a entrar. Eu me sento em uma poltrona de veludo cotelê marrom. Ela me faz uma série de perguntas íntimas, como se lidas diretamente das instruções de um frasco de xampu. Eu respondo do mesmo jeito, sem qualquer emoção.

— Você é religiosa? — pergunta ela.

— Sou judia — respondo.

— Você tem irmãos?

— Um irmão mais novo.

— Você passou por algum trauma?

— Fui agredida e estuprada quando tinha dezesseis anos — respondo, como se concordasse. — Sim. Lave, enxague, repita.

— Ah. — Ela faz uma pausa, olha para mim. — Pelo menos, você não foi assassinada — diz ela, anotando alguma coisa em seu caderno.

M. me encara cheia de esperanças, agradecendo pela companhia.

— Como foi?

— Foi ótimo — respondo e a agradeço por vir me pegar.

Em nossa próxima sessão, a analista diz que estamos começando a Dessensibilização e o Reprocessamento do Movimento dos Olhos. Tinha lido que o primeiro passo envolve manter em mente aspectos do evento traumático. Digo a ela que acho que não estou pronta.

— Isso será de grande ajuda — responde ela.

Eu me pergunto se posso dizer não. É provável que ela saiba o que é melhor.

Ela me pede para visualizar a parte da "cena" de que eu mais me lembro. Vomito no banheiro dela. Naquela noite, durmo no sofá.

No dia seguinte, telefono para minha amiga Anisha e digo a ela que nunca mais vou para a terapia. Depois de uma noite insone, lutando para que o passado não consuma meu presente, estou furiosa porque tudo que trabalhei tão duro para reconstruir parece ter desmoronado.

— Parece que estou de volta à semana depois que tudo aconteceu. Isso é muito arriscado — digo. — Eu estava com tudo sob controle. Posso lidar com essa versão minha.

Anisha me diz:

— Um bom analista sabe que você precisa viver na casa enquanto a reforma.

18.

Fico acordada a noite toda pensando em minha completa exaustão, na privação de sono, e tentando parar de pensar no que poderia acontecer se eu me permitisse fechar os olhos. Assisto ao nascer do sol, que me diz que é hora de começar de novo.

19.

Encontro H. no site *Psychology Today,* um blog que também permite que você procure por analistas. De acordo com o site, H. é o único analista na minha área que se destaca por atender clientes transgênero (e cuja descrição não me parece totalmente insincera). Sou cisgênero, mas imagino que um analista que só atenda a clientes cis tem pouco entendimento sobre gênero e pouco recurso para facilitar a cura. Telefono para ele. Marcamos uma consulta.

No fim da sessão, estou surpresa comigo mesma por ficar sentada por 45 minutos, sozinha com um homem em uma sala. Conto a H. e ele assente.

Conversamos durante nossas sessões, ou não. Ao fim de cada encontro, prometo voltar na próxima semana.

Um analista com um consultório no mesmo corredor que H. tem um cachorro. Conto a H. que vi o cachorro e que ele é adorável. H. me pergunta se quero que o cachorro esteja em uma de nossas sessões. Respondo que sim. Fico surpresa quando, na semana seguinte, o cachorro está no consultório de H. esperando por mim.

Não quero agradecer a H. Em vez disso, comento:

— Eu nunca, na verdade, tinha dito tudo isso em voz alta.

H. não diz: "Do que você está falando?".

Ele não diz: "Sério, mesmo oito anos depois?".

Ou: "Pelo menos você não foi assassinada".

Ele diz:

— Estou aqui para ouvir, se você quiser me contar. — E, então: — Se você não quiser, ainda estou aqui.

— Vai ajudar? — pergunto.

Quero uma resposta definitiva, mesmo suspeitando de que homens com respostas definitivas sobre meu corpo sejam a principal causa de eu estar ali.

— Talvez — responde ele. —Algumas pessoas acham útil. Outras não.

Fico em silêncio. Fazer uma narrativa daquilo que não me lembro parece uma mentira. Não há sentido nisso. Encaro a fotografia de uma árvore imensa e nodosa na mesa de H., mas, de canto de olho, vejo que ele está assentindo, como se minha quietude e minha dúvida fossem algum tipo de declaração. Sua bondade ameaça afrouxar tudo que apertei tão bem.

20.
Tudo mudou naquela noite. Repito para mim mesma como um mantra, enterrando a questão que continua a emergir: como pode ser que nem tudo tenha mudado? O mesmo sol idiota. O mesmo horizonte impossível. A beleza machuca. Entra em mim, mesmo eu tendo me tornado uma fortaleza para manter tudo do lado de fora.

21.
Percebi que li Jordan do modo errado. Levei em conta sua língua em vez de me juntar ao seu projeto. Vi: ele me estuprou. Ela disse primeiro: "A vítima deve aprender a fazer sua língua contar sua própria verdade".

Transformei o que aconteceu em alguma coisa, mas não sou melhor pelo que aconteceu.

22.
Não lamento. E não sou grata.

23.
"Só duas coisas posso por eles fazer
       descrever este voo
       e não acrescentar a última frase."[*]

---

[*] Wisława Szymborska, "Fotografia de 11 de setembro".

A mamãe peituda mais sortuda do Brooklyn

Lynn Melnick

— Vem cá, mamãe peituda!

Peitos doces, peitos gostosos, peitos de açúcar. Ah, oi. Aqui estou. Tetas de mamãe peituda. Ainda na validade, acho, ainda viável. Tetas de mamãe, mas as mesmas tetas. Meu tamanho de sutiã é 46 desde a sétima série, então meus seios têm sido assunto público desde que me entendo por gente — junto com o restante de mim, sobretudo minha bunda, meu jeito de andar e as chances de foder com quem passa por mim.

"Se quero fumar um baseado no seu carro? Não, obrigada. Por que não estou sorrindo? Tive aqueles terrores noturnos de novo, obrigada por perguntar. Você gostaria de esfregar seu pau na minha bunda? Obrigada por me contar."

Estou parada na esquina do meu quarteirão, no meu território, em frente à biblioteca pública, com minha filha mais nova, que ainda não tem quatro anos, e que segura um livro, *Olivia*, e seu gato de pelúcia. Tudo está tranquilo. É um daqueles dias que parecem de outono, mas também de verão: as folhas rodopiam, levantadas pelos carros que passam, mas minha filha e eu estamos de sandália. Estou usando um vestido leve.

Vamos, me ouça contar por que não interessa o que estou vestindo, por que está quente lá fora e eu não deveria ter que me cobrir, por que não é minha culpa, é culpa deles. Sou boa jogadora, conheço a linguagem e o motivo. Sou durona, sou difícil, estou certa. E me culpo. O vestido poderia ser menos decotado.

— Vem cá, mamãe peituda! — grita um homem da janela de um carro. — Quero te comer gostoso!

Encaro o chão e desvio o olhar. Sou medrosa. Vacilo ao som alto dos freios do caminhão de lixo. Já me assustei com a sombra da minha própria filha. Mãe boba. Muito boba.

— Por que aquele homem gritou com você? — pergunta minha filha.

Estou com vergonha. Estou envergonhada pela objetificação e estou envergonhada pelo meu medo. Lido com isso há trinta anos e nada muda. Já não era para ter parado? Não parou durante minha gravidez ou quando caminhava com um bebê aninhado em um *sling* no peito. Não evaporou, como mágica, no meu aniversário de quarenta anos. Não deveria ser um dos benefícios da idade? Ou estou embarcando em um modo antigo de pensar de que eu poderia, um dia, ser vista como alguma coisa além do meu *sex appeal*?

Eu me viro e faço contato visual com um policial parado do lado de fora da biblioteca. Faço um gesto para ele, como se dizendo: "O que foi isso?". E ele gesticula de volta: "Fazer o quê?". Não sei, você é apenas um policial, e alguém que fez com que eu me sentisse insegura na rua. Deixa pra lá. Eu estava usando um vestido leve de verão. Meu sutiã é tamanho 46.

"Ele nem me tocou nem nada do tipo."

"Ele nem me machucou nem nada do tipo."

"Ele nem me estuprou nem nada do tipo."

Eu deveria me sentir grata por não ter sido estuprada. Eu deveria me sentir grata por, mesmo andando pelo mundo como uma mamãe peituda usando um vestido leve de verão, não ter sido estuprada. E não tendo sido estuprada, isso é muito melhor. Então, obrigada. Hoje estou do lado de fora da biblioteca, a mamãe peituda mais sortuda do Brooklyn.

"VOCÊ AINDA ESTÁ COM TUDO!"

Eu estava atrasada para pegar minha filha na escola e um homem gritou:

— Calma, vai devagar, amo ver sua bunda linda mexendo. — Eu o ignorei, e ele continuou: — Deixa de ser uma vaca, você não está *assim* tão bem!

Por fim, fui reclamar sobre isso em uma rede social. Tenho sofrido assédio por décadas, mas me sentia incapaz de trocar de marcha, sair do modo de defesa na rua e conseguir sorrir para professores e crianças quando chegasse à escola. Queria saber que não estou sozinha, porque me senti humilhada e sozinha.

Meus amigos virtuais foram muito legais. Muita solidariedade, muitos "Não acredito!" e "Sinto muito". Algumas mulheres se perguntaram por que elas não eram assediadas na rua e se sentiram confusas quanto a isso. Um homem escreveu: "Você ainda está com tudo!".

Tenho 42 anos. Admito que 42 anos não são o que pensei que essa idade seria, mas, então, pensei um pouco em como a meia-idade poderia ser. Falando de modo objetivo, e se eu tiver sorte, vivi metade da minha vida, e ela tem sido boa por mais tempo do que imaginei ser possível.

Moro em uma cidade que amo, me casei com um homem que amo. Publiquei alguns livros, tive dois filhos que levo para a escola e para outras atividades porque tenho sorte de ter um esquema de trabalho flexível. Chego ao fim do dia tão cansada que mal consigo mover meu corpo do sofá para a cama, mas é um tipo de cansaço que dá prazer. Não imaginei que minha vida seria assim.

Alguns anos atrás, a revista *Esquire* publicou um artigo chamado "In Praise of 42-Year-Old Women" [Uma ode à mulher de 42 anos]. A reação veio da BBC, declarando que "ainda somos sexies", e do *New York Daily News,* assegurando-nos que "ainda podemos ser gostosas", para a mídia feminista mais sensata, que se queixava da premissa de que "costumava haver algo trágico sobre a mulher de 42 anos" porque as chances de que fôssemos desejáveis tinham começado a diminuir havia muito tempo.

Lição importante, escute: eu deveria me sentir honrada por ser objetificada agora que tenho 42 anos, deveria ser grata. Deveria pegar leve, porque não estou *assim* tão bem, tenho 42 anos! Deveria ter orgulho de alguém me achar viável sexualmente.

Sou baixa, rechonchuda, uso óculos, não consertei meus dentes da frente encavalados até dois anos atrás, porque eu não sabia como deixar para trás o que minha vida tinha sido, não sabia que merecia isso. Não conseguia me olhar no espelho por anos. Tenho uma cicatriz de cesariana e algumas outras. A pele ao redor do meu abdômen é flácida por causa das gestações. Mal consigo me lembrar de me depilar no verão e, quando faço isso, parece que estou querendo passar alguma mensagem. Fumei por duas décadas e há rugas ao redor dos meus lábios. Raramente uso maquiagem. Tenho certeza de que estou mais flácida do que nunca, se eu conseguisse me lembrar de como meu corpo era antes. Passei tempo demais definida pelo que os outros achavam de mim, pelo que sentiam quando me tocavam. Agora eu me sinto tão boa para mim mesma, mas lição importante, escute: meu rosto está despencando, tudo está, não é? Tenho 42 anos.

Mas espere! Ainda estou com tudo! Não sou um desperdício de corpo se movendo pelo espaço! Ainda posso levar a excitação aonde quer que eu vá. Se eu fosse apenas mais receptiva, mais grata, você não está me machucando, está me elogiando, se eu sorrisse e dissesse obrigada, pare, você está falando comigo, você me vê e eu tenho 42 anos, você quer me comer e eu tenho 42 anos.

Velha, velha, velha, obrigada, obrigada, obrigada.

"Obrigada pelas coisas gentis que você diz!!"

Tive que parar de frequentar a padaria da esquina um verão desses porque um homem que trabalhava lá não parava de me assediar, mesmo se eu estivesse com minhas filhas. Ele entregava meu troco e deslizava a mão devagar pela minha. Dizia que eu estava sexy. Dizia como eu era bonita e então acenava para minhas filhas. Ele me encarava tanto que eu sentia que, se me movesse, tropeçaria. Algumas vezes, ele caminhou atrás de mim na calçada, soltando grunhidos.

Não conseguia tomar coragem para dizer: "Por favor, pare".

Sei o que é se sentir paralisada e sei como é ser golpeada no rosto. Sei que falar "por favor, pare" não tornou mais provável que essas coisas parassem de acontecer.

Deixei de ir à padaria, mesmo que o café deles seja essencial ao meu funcionamento como um ser humano. Então lá estava eu, no meu bairro, alterando meu comportamento para tentar evitar ser assediada. Por sorte, chegou o segundo semestre e ele voltou para a faculdade.

Aqui está uma lista parcial, só do que me vem à cabeça agora, de todos os lugares em que fiquei apavorada, intimidada, ou que parei de frequentar porque me sentia exposta, assediada, ameaçada: a padaria, a pizzaria, a delicatéssen em frente ao trabalho, a delicatéssen no prédio onde trabalho, a entrada mais próxima para o metrô, o parquinho com balanços para bebês, o parquinho com a estátua de sapo, a sala de espera da escola de balé da minha filha, uma leitura de poesia que eu tinha acabado de fazer, uma leitura de poesia enquanto eu estava lendo, levar minhas filhas a pé para a escola, pegá-las na escola, a obra à esquerda do meu prédio, a obra à direita do meu prédio, o aeroporto, a estação de trem, o zoológico.

Há alguns anos, participei de uma sessão de perguntas e respostas envolvendo poesia e fotografia, quando um homem mais velho na plateia pensou que uma boa pergunta a ser feita era (estou parafraseando) por que, se eu parecia tão legal e respeitável e era tão bonita e meio gostosa, bem, ele perguntou: "Por que você escreve todos esses poemas desagradáveis com sexo e violência? Eles são sobre você de verdade? Quais partes são reais?".

A sala pareceu cair num silêncio eterno, mas provavelmente passou apenas um segundo até que eu dissesse:

— Uau. Tudo bem.

Eu não soube como responder.

Então continuei:

— Obrigada pelas coisas gentis que você diz.

E tagarelei sobre alguma coisa que incluía estatísticas sobre violências cometidas por parceiros íntimos, apenas porque eu as conheço, apenas porque meu medo de ser agredida por homens não é sensual.

Mas e se eu sou algum tipo de Cavalo de Troia de respeitabilidade? Fiquei desconcertada.

Essa apresentação foi muito importante para mim profissionalmente. Eu estava sendo levada a sério em uma sala cheia de artistas sérios e estava me esforçando e muito para me levar a sério. E lá estava eu sendo objetificada na frente de toda a plateia. Eu me culpei.

Se você escrevesse poemas sobre o clima.

Se você não tivesse marcado tanto a cintura do seu vestido.

Se você conseguisse falar de forma mais inteligente.

E daí se eu agradeci ao meu objetificador? E daí se muito do meu dia envolve desclassificação? Engulo meus sapos para evitar coisas piores. Eu deveria ser grata porque posso. Deveria ser grata pelo fato de ser disso que estou reclamando. Deveria ser grata por não temer pela minha vida atualmente.

Grata

Grata

Grata

"VOCÊ VAI SENTIR FALTA DISSO QUANDO NÃO FOR MAIS ATRAENTE."

Fui invisível por anos. Era quieta, fechada; não queria chamar atenção, mas talvez teria gostado disso. Na quarta série, lá pela metade do ano, por acidente entrei na sala errada e me sentei, e ninguém percebeu, com exceção de mim, que queimei de vergonha até o fim do dia. Eu nem sei o que teria sido melhor, ser descoberta ou não ser descoberta, tudo era demais.

Isso foi pouco antes de eu atingir a puberdade; na sexta série meus seios já eram tamanho 38 e cresciam rápido. Era confuso, mas excitante, porque de repente passei a ser vista. Em casa, era um assunto sobre o qual não conversávamos, e eu tinha medo de pedir um sutiã, de admitir meu eu sexual em expansão, então eu só ia balançando os seios pela escola, para o deleite dos meninos que me conheciam desde o jardim de infância, uns bons seis anos antes de eu me tornar relevante.

Na hora do almoço, ia para trás do refeitório com um garoto ou outro e deixava que me acariciassem em troca de cigarros, que eu não fumava (ainda), mas guardava em uma caixa que minha avó tinha comprado para mim, embora, verdade seja dita, a atenção fosse o próprio pagamento. Na sétima série, aprendi a fazer sexo oral em troca de cooler de vinho; o sêmen e o álcool desciam pela minha garganta com tanta certeza que eu não sabia nem como começar a dizer não. Na oitava série eu já era alcoólatra, e na nona, quando fui expulsa da escola por causa de drogas, não tive dúvida de que a única coisa que tinha para oferecer ao mundo era meu corpo, e o mundo confirmou isso por um longo tempo.

Ei, gostosa, por que você está indo embora?

Vem cá sentar no meu colo e me contar por que está tão triste.

Está ótima, mamãe! (Estava voltando para casa depois de um dia no pronto-socorro.)

Eventualmente — e num futuro não muito distante, porque minha mais velha já tem dez anos —, minhas filhas serão assediadas em público na rua e não poderei impedir. É bem possível que sejamos assediadas no mesmo dia, que voltemos ao nosso apartamento seguro e graciosamente desarrumado, ainda fragilizadas por palavras vomitadas por estranhos.

Sou incompetente, um fracasso. Pela primeira vez desde que minha filha mais velha era recém-nascida, sinto que não correspondo à tarefa de ser mãe.

Minhas filhas se entopem de um falso poder feminino por meio de livros, da televisão e de clubes na escola. E então vão para o pátio no recreio, onde recebem as mensagens reais, veem anúncios no metrô, escutam conversas na lanchonete. Levo-as para ver *Lego, o filme* — muito elogiado, um queridinho da crítica —, e elas veem a personagem principal feminina sendo objetificada o tempo todo.

Precisamos dar um tempo em todo esse empoderamento.

Estou parada na esquina da Vinte e Dois com a Sexta, em Manhattan.

— Menina, menina! — grita uma voz masculina, e eu penso: "Não pode ser eu, não sou senhorita". E penso: "E se for comigo, por favor, me deixe em paz". Ele dá um tapinha no meu ombro, me encolho automaticamente, e ele diz: — Só queria dizer que gosto do seu vestido!

Caramba, ele só quer dizer que gosta do meu vestido! É um mundo inteiramente novo.

Aos 42 anos (ainda com tudo!) (tetas de mamãe peituda!), o assédio certa e felizmente diminuiu, mas não parece querer desaparecer de vez. E, mesmo que isso aconteça com muito menos frequência do que antes, me encolho e me protejo com os braços sempre que saio do meu apartamento. Eu me pergunto se, quando isso finalmente parar de vez, será muito tarde para relaxar, se o músculo da memória do assédio continuará me deixando tensa na calçada até o fim dos meus dias.

Tento entender quando as pessoas me contam que gostam disso, quando as mulheres da minha idade dizem sentir falta de que as chamem de certos nomes ou quando curtem ser abordadas tão explicitamente.

Quero comer o seu cu. (Eu estava usando um casaco comprido.)

Queria enfiar meu pau no meio desses peitos.

Piranha horrorosa, estou falando com você!

Sei como é difícil se sentir invisível quando criança e imagino que aconteça o mesmo quando se é adulto. Mas é bem triste perceber que as opções são ou a *objetificação por estranhos intimidadores* ou a *invisibilidade*.

Uma ou duas vezes na minha vida, juro, fiz outras coisas além de ser um corpo disponível para os homens aproveitarem ou rejeitarem. Mas sei que não tenho direito de reclamar. Sou sortuda. Foi-me permitido mais um dia como mulher, relativamente inviolada, nesta Terra.

Isso não deveria ser o bastante?

Sortuda

Sortuda

Sortuda

ESPECTADOR: MINHA FAMÍLIA, MEU ESTUPRADOR E LUTO ON-LINE

Brandon Taylor

Um dos homens que me estupraram, W., está morrendo de câncer, e estou assistindo a isso acontecer via Facebook. O homem que me estuprou é casado com minha tia e pai da minha prima, que foi, durante uma época, minha amiga mais próxima em uma família em que amigos e amor eram raros. Ele não foi o único homem que me estuprou, mas foi o único que me estuprou e se recusou a ir embora, porque ele estava preso à minha vida, como uma cicatriz feia de um ferimento malcurado.

Tem sido estranho vê-lo morrer depois de desejar sua morte por tanto tempo, vê-la se desdobrar pelas lentes da dor da minha prima, tão em desacordo com a frustração e o medo que senti vendo minha própria mãe morrer. Tenho observado seu rosto ficar chupado e sua imensa barriga definhar primeiro para uma superfície plana, depois côncava. Não há fotografias dele olhando diretamente para a câmera — não acho que eu aguentaria olhar para elas, de qualquer forma. Ele sempre parece estar desviando o olhar, ou para cima, ou para baixo, ao redor, mesmo quando está no centro das coisas. Não há muitas informações sobre seu câncer, sua morte iminente ou seu tratamento. Não há detalhes. É tudo nebuloso e suave, do modo que as coisas são na internet, com os estranhos que imaginamos que conhecemos.

O irmão de W. morreu de câncer. Eles eram gêmeos, seus corpos feitos das mesmas partes, então, de algum modo, isso não me surpreende. Há horas, quando tusso, em que penso: "É isso, isso é meu corpo me traindo e se tornando o corpo da minha mãe". Imagino que há meios pelos quais nossos corpos nunca deixam de verdade de ser os corpos de nossas mães. No banho, corro os dedos ao longo das minhas linhas, como uma pessoa seguindo um rio até sua fonte. Quando eu rio como ela ou quando sou mau como ela, ou quando fico frio e distante como ela, consigo senti-la pairando, pronta para reclamar o que é e sempre foi seu.

Se seu corpo pôde traí-la, meu corpo, com certeza, poderia me trair também. Há certos fatores de risco. Cresci em uma família de fumantes e inalei fumaça passivamente todos os dias por dezoito anos. Agora tenho um histórico familiar, porque o câncer atingiu minha vida como um asteroide caindo na Terra, deixando para trás uma cratera onde um dia minha mãe esteve. Vivo em uma área urbana e respiro partículas que se acumulam nesses lugares. Não tenho a tosse crônica da minha mãe, mas no verão em que ela recebeu seu diagnóstico, tínhamos sintomas muito parecidos: dor ao engolir, dificuldade para respirar, sensibilidade a líquidos frios e ácidos. Houve um momento, fugaz como esses momentos costumam ser, em que pensei o pior, em que temi o pior absoluto. Mas o momento passou — para mim.

Um mês antes de minha mãe morrer, peguei um avião e fui até o Alabama. Tinham me dito que isso traria alguma paz para ela, mas, em retrospecto, não consigo deixar de pensar em como isso foi uma coisa cruel de se fazer. Afinal de contas, quando ela me viu e eu a vi, não fomos mais capazes de esconder o fato de que tudo estava chegando ao fim. Há um tipo de mágica na distância. Enquanto eu ficasse longe, ela poderia continuar pensando que as coisas não estavam tão ruins quanto estavam, e eu poderia continuar pensando que estava fazendo alguma coisa boa por ela, não fazendo nada, não falando sobre o assunto ou pensando muito sobre ele.

Meu tio fez um churrasco de aniversário em meados de agosto, e, por alguma sorte aleatória, a festa caiu no terceiro dia da minha viagem de cinco dias. Minha mãe estava muito cansada. Ela achou minha presença irritante, o que, de certa maneira, foi lisonjeiro — ela não estava fazendo um estardalhaço exigindo minha presença. Pensei comigo mesma que as coisas talvez não fossem tão ruins, no fim das contas. Pelo menos minha mãe não estava tentando me amar, como tinha começado a fazer com meu irmão.

Havia um monte de mosquitos brancos flutuando no ar, como flocos de neve com suas próprias mentes, tantos deles saindo da nogueira que a comida tinha de ser levada da grelha direto para dentro de casa. A mim foi dada a tarefa de ficar atrás da minha mãe, afastando os mosquitos dela. Ela se inclinou para a frente, sentada em sua cadeira, balançando de vez em quando se ela escutasse uma música da qual gostava ou sentisse um ritmo que a movia. As pessoas continuavam parando ao lado de sua cadeira para lhe dizer uma palavra de conforto quando iam pegar cervejas do *cooler*. Ela era amada por todos.

Fiquei atrás dela por cerca de meia hora e então subi a escada para usar o banheiro na casa da minha avó. Precisava ficar longe dela e do ato de ternura impossível de espantar os mosquitos ao redor de seu cabelo cortado. Enfiei a cabeça na geladeira e contei até dez, deixando o ar frio se assentar em meu rosto e meu pescoço. Dois dos meus primos mais jovens entraram na casa rindo. Eles me viram, acenaram e foram direto para o quarto dos fundos. Eu me recostei na geladeira e fechei os olhos. O ar estava tão quente, tão pesado. Era um dia péssimo para uma festa. A música estava alta — um tipo de blues acelerado — e onipresente. Olhei pela porta dos fundos, abaixo da longa escada, e vi minha mãe rodeada por suas irmãs e algumas de nossas primas distantes. Isso era familiar para mim, esse ato de olhar das escadas dos fundos. Quando eu era mais novo, costumava fazer isso o tempo todo com meus primos, ao sermos banidos da festa quando o sol se punha.

"Só adultos", diziam nossas mães, mandando-nos para dentro da casa. "Vão brincar."

Como é estranho estar de volta aqui. Como é estranho assistir a isso tudo se passar a distância. Eu era adulto agora, não era? Tinha idade suficiente para me juntar a eles, estar entre os adultos e carregar seus fardos. Quando eu era pequeno, tudo que sempre quis era estar lá embaixo dançando com eles, rindo e conversando com eles como iguais, e agora que tenho permissão, o que quer dizer que passei da idade de ter que pedir permissão, tudo que queria fazer era ficar sentado do lado de dentro e não precisar afastar mosquitos do cabelo da minha mãe.

Vi alguém pegar a pequena toalha de mão que eu estivera usando. Eles olharam ao redor, confusos. Foi minha tia Arleane, a malvada, com a mão de vespa e beliscões dolorosos. Ela acabaria comigo se me pegasse. Então, respirei fundo mais uma vez e abri a porta, desci a escada. Ela me encontrou no último degrau, com um olhar severo.

— Banheiro — falei.

Ela bateu em minha coxa com a toalha e apontou para minha mãe.

— Vai lá — disse ela.

Há uma fotografia da minha mãe nessa festa. Ela está rodeada de parentes, sinais de paz, sorrisos. Foi a primeira vez que percebi que a morte havia feito brotar nela uma semelhança quase estranha com meu irmão e com meu avô. Alguém postou essa fotografia na página da minha mãe no Facebook e, no dia em que ela morreu, as pessoas entraram na página para dizer o quanto lamentavam e estavam tristes por ela ter partido.

Eu não disse nada nas redes sociais, embora parentes tenham tentado me marcar em postagens de apoio, das quais fiz o meu melhor para me desvencilhar. Não queria fazer parte do luto deles. Não queria ser envolvido na tristeza de outra pessoa quando sabia tão pouco sobre como lidar com a minha.

A esposa do meu irmão postou recentemente um vídeo dele chorando no túmulo da nossa mãe. Ele estava agachado sobre a laje cinzenta e lisa, apoiando a mão para se equilibrar. Estava usando óculos que deveria ter comprado na farmácia, porque nunca foi a um oftalmologista na vida. Lá estavam o pulôver cor de argila e a camisa lilás abotoada, calças marrons horríveis e sapatos enormes. Roupas formais. Chorando em um vídeo desfocado e granulado feito com um celular barato lá no Alabama, chorando como um bebê, chorando como alguém cheio de ternura e amor. O áudio estalou, estourou, e seu choro se transformou em um lamento suave, e então o vídeo terminou.

Não sei o que fazer com tal luto ou pesar. O mundo em que meu irmão está não é somente movido pela emoção, mas aberto às lágrimas no túmulo de nossa mãe, é um mundo que não sei como vim a habitar. Assistindo ao

62 *Editado por Roxane Gay*

vídeo, senti como se tivesse saído da minha vida e entrado em alguma réplica acinzentada enfiada atrás da realidade, uma vida vislumbrada de canto de olho, na qual tudo é possível.

Câncer é uma doença de proliferação, uma doença de abundância. O corpo se consome para fabricar células cancerígenas, então, de certa forma, é uma doença de sucesso descontrolado, tornando-se ruína. Fico um pouco comovido pela minha prima, enquanto ela assiste a seu pai, W., morrer desse jeito. Minha prima e eu crescemos juntos; meu pai tomava conta dela enquanto minha tia trabalhava, e passávamos quase todos os momentos de todos os dias na companhia um do outro. Antes de ela nascer, eu era o bebê da família, por isso a mãe dela me mimou e me amou. Às vezes parecia que compartilhávamos a mãe e o pai, embora nossos pais fossem irmão e irmã. Era como se ela fosse minha irmã mais nova. Mas ela tem seu próprio pai e eu tenho minha própria mãe, morrendo e morta, respectivamente. Com frequência, eu checo suas redes sociais procurando atualizações sobre seu pai, e, embora não lamente por ele estar morrendo, dói vê-la sofrer e ficar de luto.

Quando saí de casa e fui para a faculdade, falava com os meus pais uma vez a cada dois meses, porque era o máximo que conseguia suportar. Nossa conversa se dava sempre da mesma forma: oi, sim, como você está, bem, adivinhe quem morreu. Era uma recitação sem fim de nomes, alguns velhos, outros não, mas a maioria jovem demais para ter morrido. Primos de segundo grau, primos de terceiro grau, vizinhos, amigos dos meus pais, cada passagem deste mundo para outro que se pendura atrás desse como uma segunda pálpebra.

Minha mãe foi colocada em um ventilador pulmonar, e eu soube que ela havia morrido por uma mensagem de texto. Não quero dar a entender que senti raiva disso. Foi por opção que me recusei a falar ao telefone com pessoas que achavam que eu precisava de conforto. Quem me mandou a mensagem foi outra prima, uma prima diferente, não a filha do meu estuprador. Descobri que meu avô morreu pelo Facebook, um pouco antes de um exame de Bioquímica. Imagino que irei descobrir que W. morreu via Facebook também — deve ser por isso que continuo procurando esta postagem final, esta última confirmação de que ele foi embora deste mundo.

Às vezes eu me pergunto se minha prima sabe que estou pairando sobre o Facebook dela como um fantasma, um demônio. A tecnologia nos leva a crer que estamos vivendo vidas paralelas, ambas dentro e fora do mundo, cá e lá. Consigo separar fatos das vidas de outras pessoas de suas postagens, como espuma de leite fervido.

Quantas pessoas, quando minha mãe morreu, vieram até minha página para me desejar amor e luz? Quantas retornaram de tempos em tempos, procurando alguma pista da minha dor, angústia ou luto? Não é isso que fazemos? Sentimos uma tragédia no ar e tentamos segui-la — não até sua fonte, mas até aqueles mais afetados. Tentamos apreender seu sentido ao observá-los lidar com ela. Desse modo, não estamos absolutamente vivendo vidas paralelas. Somos sanguessugas, proliferando em uma piscina parada de luz. Assistir não é viver, afinal de contas; é consumir. Um grão para o moinho.

Ainda assim, não consigo desviar os olhos da página de minha prima. Há um ponto em que o vislumbre se torna central, se torna a coisa toda. Viro minha cabeça e olho, encaro porque sei assistir a uma pessoa murchar, perder sua abundância. Sei interpretar as atualizações, como uma pessoa que observa o tempo sabe qual é a chance de chover. Há as mensagens otimistas, aquelas sobre a luta que ele está travando: "Na quimioterapia com este cara! Ele é tão forte! É um guerreiro!". Quando as coisas parecem ter piorado, há mais mensagens vagas sobre Deus e o significado de Seu plano: "Deus é bom o tempo todo! Só ele pode dizer que chegou ao fim!".

Acho difícil imaginar como alguém poderia fingir tristeza pelo estado de W., embora, para entender, eu precise apenas olhar os meus diários da época em que minha mãe estava doente. Eu não estava exatamente triste ou desolado. Eu só não queria que ela morresse. Queria que ela continuasse vivendo no sentido estrito da palavra; estar de pé, deste lado da morte, nem sequer curada totalmente, apenas não morta. E se eu consegui chegar a esse ponto com minha própria mãe, que era de todos os modos possíveis inadequada para a maternidade, então suponho que não seria impossível

64 *Editado por Roxane Gay*

imaginar que W. possa ter pessoas em sua vida, como sua filha, que querem que ele viva.

Meu irmão uma vez disse que sou uma pessoa muito dura. Acho que ele quis dizer que sou uma pessoa que não perdoa. Isso é verdade. Não consigo perdoar pessoas que me fizeram mal. Sou assim por necessidade, porque, se eu não me lembrar do mal que me foi feito, então ninguém mais vai, e o menino que fui não terá ninguém para cuidar dele. Se eu não me lembrar e não responsabilizar pessoas pela dor do menino, ninguém se lembrará disso e ninguém se lembrará de que não é aceitável para ele ser tratado dessa forma. Se eu perdoar todas as coisas que me foram feitas, feitas para o garoto que fui, trairei tudo que prometi para o menino quando suportamos aquelas coisas. O único modo de passar por tudo isso foi a promessa de que eu me lembraria e que, em algum momento, tornaria conhecido o que aconteceu no passado.

Sou uma pessoa dura porque a dureza vem de uma vida vivida no submundo. A parte dura de mim só deseja ficar atualizando aquela página do Facebook, esperando o momento em que o luto da minha prima estará óbvio e claro, porque isso significará que não terei mais que viver minha vida de punhos cerrados. Ao mesmo tempo, saber que minha liberdade só pode vir com o sofrimento da minha prima é algo quase insuportável para mim. Assistir não é de graça. Não há quem consiga alguma coisa a partir do nada.

O sol

Emma Smith-Stevens

Minha infância me foi forçada goela abaixo como carne podre. Eu fui forçada a engolir, engasgando até vomitar. Mas não fui estuprada.

Houve um cara na casa dos vinte anos que olhou rapidamente para meu corpo de treze, bronzeado em um terraço de Manhattan, um minúsculo biquíni prateado, e perguntou:

— Quantos anos você tem?

— Idade suficiente — respondi.

— Você é um belo de um problema — disse ele, rindo, e nunca encostou um dedo em mim.

Àquela altura, eu achava horrível quando homens me tocavam. Mas aquilo foi horrível, também, quando ele me rejeitou. A verdade é que eu deveria ter ficado contente — seria errado ele me tocar.

No colegial, fui confidente de um gerente de quarenta anos de um restaurante próximo que disse que eu era a única que entendia seus problemas sexuais com a esposa, que ele detalhava explicitamente para mim. Mas, em defesa dele, entre suas confissões sórdidas ele me ensinou muito sobre xadrez.

Amei um menino, uma vez, e ele terminou comigo uma semana depois de eu ter feito um boquete nele. Mas tinha me sentido tão sortuda por ele me querer de alguma maneira.

Fiz sexo oral em um menino por quem tinha uma queda havia um ano, em um galpão no beco atrás da nossa escola. Alguns dias depois, ele começou a sair com uma das minhas melhores amigas. Mas, pelo menos, antes de me dar o fora, ele sorriu, maravilhado, e disse:

— Nossa, obrigado. Essa é a melhor coisa que alguém já fez por mim.

Foi assim que virei a padroeira dos boquetes — e isso não é divino?

No verão anterior, fui para trás de um ônibus e fiz um boquete em um homem no fim dos seus trinta anos, pútrido e usando uma aliança de casamento. Ele tinha me dado cerveja, e eu bebi. Depois, ele empurrou minha cabeça para o colo dele, e eu me rendi ao momento. Se o que aquele homem fez lhe parece errado, deixe-me reconfortar você da forma que eu me reconfortei: o casamento era apenas para a cidadania da mulher dele, éramos colegas de trabalho e eu tinha consentido em cada movimento — sem hesitação ou reclamação.

Amei garotas para as quais eu não era nada mais que um experimento. Mas elas não eram meu experimento também?

No segundo ano, fui convidada para a festa de aniversário do cara mais bonito da sala, e aconteceu que a festa eram cinco caras vendo pornografia e eu, apenas eu. Virei quatro ou cinco doses de tequila rápido e pensei: "Certo, vamos direto ao assunto, não vamos deixar isso virar uma atividade em grupo". Então, peguei pela mão um dos meninos, o que havia me convidado, e o levei até o banheiro. Transei com ele com muita força, no chão, sem camisinha, e depois os amigos dele me insultaram ("Puta!" "Vagabunda!"). Na semana seguinte, na escola, o menino não falou comigo nem me olhou nos olhos. Mas pelo menos eu não engravidei nem peguei nada.

Tantas vezes, minha mente deixou o meu corpo apenas para voltar e encontrá-lo sujo — o resíduo imundo de um homem adulto, ou de um menino da minha escola, ou a sujeira de uma semana sem tomar banho. Mas eu nunca disse não a ninguém, muito menos tentei lutar contra alguém. Só dizia "Isso! Mais, mais!", gemendo como em um pornô.

Eu poderia ter recusado ou ter deixado tudo pra lá — opções que nem todas as garotas recebiam.

Fui hospitalizada no outono do último ano. Talvez fosse a minha terceira internação psiquiátrica. Ou a quinta ou a sexta. Qualquer que fosse o número, não significava grande coisa. Havia garotos e garotas na unidade dos adolescentes que entraram e saíram uma dúzia de vezes.

Meu psiquiatra naquele hospital, um homem de barba usando camisa xadrez e calça de brim, explicou a situação:

— Você corta, você queima, você dissocia — disse ele. — Borderline clássico.

Quando contei que não me identificava com o panfleto que tinha recebido sobre o Transtorno de Personalidade Borderline, ele disse:

— Ouça. Esse diagnóstico é o melhor cenário para você. Muito melhor do que Transtorno Bipolar. Confie em mim, menina.

Então, eu tinha sorte. A terapia podia me consertar.

(Alguns meses depois, eu seria diagnosticada com Transtorno Bipolar com aspectos psicóticos, seria devidamente medicada e teria o meu primeiro vislumbre da sanidade desde os doze anos. Pelo menos eu cheguei nesse ponto. Muitas pessoas nunca são diagnosticadas corretamente. E pessoas com a minha doença, que viveram apenas algumas décadas antes de mim, eram frequentemente lobotomizadas.)

O médico no hospital estava certo sobre algumas coisas. Eu cortava, eu queimava, minha cabeça me levava para outro lugar — não para outro mundo, mas para uma versão aterrorizante deste, cheia de cenas mórbidas e vozes demoníacas. Às vezes eu descontava em mim e em outras pessoas. E quem era eu para fazer isso? Que direito eu tinha?

Então o médico do hospital me deu um livro sobre Distúrbio de Personalidade Borderline. Ele me disse para gravar todos os meus pensamentos e sentimentos em um diário, parar de ficar na defensiva nas sessões de terapia em grupo, e tudo ficaria bem. Mas ele não explicou as minhas alucinações, minha insônia e minha sensação de irrealidade, para as quais eu tomava altas doses de medicamento antipsicótico. Talvez tenha pensado que eu apenas gostasse das drogas, que gostasse de dar pequenos passos arrastados e do tremor constante das minhas mãos. Se eu levantasse muito rápido, desmaiava — um efeito colateral. Eu falava arrastado. Eu babava. Meu intelecto estava afundando em um entorpecimento infinito. Graças a Deus eu não precisaria tomar a medicação para sempre, diziam o meu médico e o panfleto que ele me deu.

Como eu era abençoada por estar em um lugar tão bom — um hospital psiquiátrico chique. Tinha campos com árvores e canteiros bem cuidados. Um gazebo. A comida era comível. Todos os tipos de terapia. Reuniões de doze passos. Pausas para o cigarro sempre que possível. Nós tínhamos uma grande TV a cabo, sempre ligada na MTV, e isso na época em que a MTV exibia videoclipes. Eu estivera antes em hospitais de onde não saía por semanas e tudo que assistia eram novelas.

Dois caras estavam sempre com a posse do controle remoto. Vamos chamá-los de A e B. Os dois tinham dezoito anos. Não eram pacientes psiquiátricos: estavam no hospital por vício em heroína. Amavam a banda Korn, que tinha uma música de sucesso na época, "Falling Away From Me". A e B assistiam ao videoclipe de "Falling Away From Me" repetidamente, aumentando o volume sempre que passava.

No vídeo, um pai raivoso de regata soca a porta da jovem filha tarde da noite, e a menina, aterrorizada, sobe na janela do quarto e foge — correndo, claramente, para se salvar. Graças a Deus a menina consegue sair viva.

O vídeo me lembrou alguma coisa muito perturbadora, algo que eu não conseguia encarar porque sentia medo de morrer se fizesse isso. Mas eu sei disso, com certeza: a memória ameaçadora não tinha nada a ver com o meu próprio pai. Diferentemente do pai no vídeo, meu pai era — e é — um homem gentil e bondoso.

Uma tarde, o videoclipe do Korn estava passando, a música penetrava no fundo da minha mente, onde tudo ia parar naqueles dias — as notícias, o clima, as pessoas que me amavam, meus movimentos, minhas emoções, a redação para a candidatura da faculdade que eu deveria escrever durante meu tempo no hospital. Todas as coisas da vida — minha vida — me lembravam do nome da música. O vídeo não estava mais longe ou mais perto do que a minha própria mão, o sofá imundo onde eu sentava, os cortes que fiz nos seios, num ponto que os técnicos nunca examinavam, as folhas de novembro que eu via pela janela, desbotadas e ruindo. As medicações deixavam tudo assim: aqui e não aqui. Mas outra vez disseram-me que eu não precisaria delas para sempre. Borderline, não bipolar — abençoado seja o meu DNA.

Eu olhei para A, magrelo e alto, com a cabeça raspada e estreita. B era inchado, pálido, cheio de espinhas, cheirava perpetuamente a comida

70 *Editado por Roxane Gay*

frita. Eu flutuei sobre mim. A música que saía da TV estava abafada — minha cadeira estava em órbita. Avaliei meu desejo de chutar a tela e não senti nada.

— Quer transar? — sussurrei para A.

A olhou para B, e então para as duas portas da sala em que estávamos. Não havia técnicos por ali, mas poderiam estar ouvindo.

— Não sei — disse ele. Parecia nervoso. — Acho que não. — Então ele se virou para B. — Você quer transar com ela?

— Claro que sim — respondeu B.

— Vamos então.

Eu estava com as pupilas dilatadas, a garganta seca, as pernas peludas e o cabelo oleoso. A e B chamavam meu jeito de andar de "arrasto Thorazine", rindo. "Garota Morta-Viva" era o apelido que haviam me designado, uma letra de música roubada de outra música.

Eu segui B pelas escadas atapetadas, pela janela dos remédios, que era fechada e trancada entre os horários das medicações, até um banheirinho. Ele acendeu a luz. Eu não havia contemplado o significado literal da palavra *transar* até ele começar a abrir o zíper do jeans surrado e largo. "Transar" significava que o pau dele — curto e grosso, já duro — estaria dentro do meu corpo.

Não seria mesmo como a última vez que eu tinha transado, com o meu namorado, que era muito doce e sempre se preocupava comigo, e gravou um CD para eu ouvir no hospital. Dessa vez, "transar" significava dor. Minha vagina estava tão seca quanto a minha boca. O problema em si não me ocorreu. Eu estava muito chapada. "Here Comes the Sun", dos Beatles, uma das músicas do CD que o meu namorado mandou, tocava na minha cabeça.

B sentou-se de pernas cruzadas no chão do banheiro e eu ajoelhei ao lado dele. Ele pegou o meu rosto em suas mãos e o baixou, e eu engasguei. A doce melodia da música enchia a minha mente, e eu tentava não respirar pelo nariz. Meus batimentos cardíacos estavam muito baixos. Garota Morta-Viva.

— Cospe nele — disse B.

— Não consigo — respondi. — Os remédios… eu não tenho saliva.

— Certo. Sobe em cima — disse.

Eu estava procurando uma palavra, mas estava tão longe, presa em uma memória antiga: uma aula de saúde na escola, o corredor de uma drogaria, atrás do balcão de um bar.

— Camisinha — lembrei enquanto dizia.

B suspirou, puxou a carteira do bolso e tirou uma Trojan. Abriu a embalagem azul, que estava gasta nas beiradas e mostrava alguns rasgos. O látex dentro era frágil e rasgou quando B tentou colocar. Pelo menos ele não tinha recusado.

Eu subi. Ia guiando a mim mesma a cada movimento: para cima e para baixo, para cima e para baixo. "Here Comes the Sun" ia em direção ao refrão, B gemia, agarrou meu cabelo, puxou meu ouvido para os lábios dele.

— Eu tenho AIDS — disse, em uma voz grosseira e calma.

E então aquela letra tranquilizadora chegou: minha hora à luz do sol estava quase chegando. Ele gozou dentro de mim, levantou e fechou a calça, me deixou sozinha para que eu me limpasse.

Eu pensei: que espertos fomos, que milagre não termos sido pegos. O vocal do refrão chegou ao fim — e então aquele riff bonito.

Nos dois dias seguintes, embaixo de toda a névoa da medicação, um medo crescia em mim. Começou no meu estômago e aos poucos subiu até a minha garganta. Eu não lembro nada daquele período além da sensação de asfixia. Então B foi liberado do hospital. Assim que ele saiu, procurei a enfermeira, que era jovem e tinha uma voz bondosa.

— Eu transei com ele — falei —, e ele tem AIDS.

Ela parecia horrorizada. Fez com que eu repetisse. Perguntou o que eu tinha feito, e quando, e eu respondi.

— Você usou camisinha? — perguntou.

Ela estava esfregando as mãos. Percebi que estava comprometida. O diamante no anel dela brilhava tantas cores — cores demais. O brilho dele causou pânico, o primeiro sentimento forte que tive em semanas.

— Mais ou menos — respondi. Tentei explicar, mas ela estava frustrada. Eu fiquei com medo de B se encrencar.

— O que é *mais ou menos*? — Ela soava frenética.

Eu pensei: "Ela me odeia".

— Eu tentei usar — respondi.

Era verdade, realmente tinha tentado.

Teste de HIV, de DST, teste de gravidez, ligações para os meus pais, que apareceram. Nós todos encontramos o médico, que disse que as circunstâncias transcendiam as questões de confidencialidade, e ele havia examinado os registros médicos de B.

— Ele é HIV negativo — disse.

Minha mãe chorou de alívio, e meu pai a abraçou.

Todos os olhares se voltaram para mim. Eu me senti obrigada a demonstrar alguma emoção, mas tudo que eu senti foi a confusão preenchendo o meu crânio, como o filtro da máquina de lavar acumulando fiapos, ciclo após ciclo.

— Você não está fora de perigo — disse o médico. — É HIV negativo. Mas isso não reduz a gravidade do que fez. Você entende? — Eu assenti. — Nós precisamos que você assine um contrato.

Eu assenti. Já tinha assinado um prometendo não me cortar. Assinar o meu nome — eu poderia fazer isso.

— E você vai refletir sobre o seu comportamento e sobre o enorme perigo em que se colocou — acrescentou. — E sobre o sofrimento que causou às pessoas que se importam com você.

Eu olhei para os meus pais, e eles desviaram o olhar. O rosto deles mostrava nojo, raiva e, acima de tudo, medo. Como se olhar para mim pudesse me provocar, incitar, como se eu fosse um animal perigoso. Havia muitas garotas — as menos favorecidas — com as quais os pais teriam se importado menos.

Meus pais foram embora. Recebi um lápis, uma prancheta e uma lista de perguntas:

Por que agi promiscuamente?
Que consequências eu poderia ter enfrentado?
Que consequências minhas ações tiveram para outras pessoas?
Que padrões de promiscuidade eu vejo na minha vida?
O que me faz ser promíscua?

Após responder a essas perguntas, eu tinha que escrever um contrato no qual me comprometia a não me envolver mais em atividades sexuais no hospital e assinar. Com a prancheta e o lápis em mãos, fui encaminhada por um assistente social carrancudo até a solitária. Era um quarto pequeno onde o chão e as paredes eram forrados com colchões de plástico azul. A porta trancava por fora, o que poderia me deixar claustrofóbica, mas por sorte a porta tinha uma pequena janela quadrada.

A trava da solitária foi fechada. Eu sentei e olhei para as perguntas. Coloquei a prancheta e o lápis no colchão e me deitei de costas. Sobre mim, duas luzes fluorescentes piscavam. Fechei os olhos, mas ainda podia ver a oscilação dentro das minhas pálpebras.

Eu não tinha ideia de como responder às perguntas. Pareciam escritas em outra língua. Pareciam dizer respeito a outra pessoa. Todas pareciam enigmas. Que se fodam elas.

O propósito da solitária, como foi explicado por uma enfermeira quando fui admitida pela primeira vez, era oferecer um espaço seguro para os pacientes se acalmarem, se necessário. Eu estava calma. A maior parte dos pacientes via a solitária como uma punição. Eu me senti punida, mas estava tudo bem. O colchão cheirava a desinfetante. Rolei o corpo até a porta, para que não pudesse ser vista da janela.

Eu estava invisível. Eu estava sozinha. Ninguém poderia me tocar. O quarto estava completamente silencioso. Finalmente, eu também.

Sessenta e três dias

AJ McKenna

Faz 63 dias que parei de arranjar desculpas para você.

Que parei de falar disso exclusivamente como uma história sobre a minha disforia de gênero.

Que desviei meu foco do fato de você ter parado quando gritei para o fato que foi você quem começou.

Sessenta e três dias.

O que isso diz sobre mim, o fato de que desejo poder voltar atrás? Não para antes de acontecer, apesar de, claro, eu desejar isso. Mas me acostumei a ceder, a me contentar com menos. E me contentaria em voltar para 64 dias atrás. Eu me sinto fraca por dizer isso, mas voltaria.

Sei que seria uma demonstração da minha força dizer que é melhor admitir o que aconteceu do que fugir completamente dessa lembrança, como fiz por treze anos. Dizer que finalmente estou encarando o problema, e que isso é bom. Mas não sou forte e, honestamente, eu me ressinto de ser obrigada a encarar tudo isso. Eu me ressinto por ter que ser uma sobrevivente.

"Sobrevivente" é a categoria "necessidades especiais" da vitimização. Se disser que sobrevivi, estarei mentindo. Não sobrevivi.

Meus amigos — aqueles que me viram mudar durante os últimos cinco anos, viram meu corpo mudar sob efeito de hormônios, e me viram aprender a me maquiar e a caminhar mais confiante pelo mundo — dizem que sou poderosa, e eu odeio essa palavra, em parte por ser um clichê estúpido de *drag queen*, mas também por saber o quanto isso é uma mentira.

Não teve nada de poderoso na maneira como gritei naquele quarto, treze anos atrás, quando você se recusou a me ouvir dizendo que não queria seus lábios envolvendo a parte de mim que eu odeio nomear. Não teve nada de poderoso em minha indiferença ou no modo como me agarrei ao fato de você ter, por fim, parado quando gritei, como prova de que você não tinha me atacado.

Não teve nada de poderoso na maneira como desabei pela primeira vez há sessenta e três dias.

Há seis dias, no trem, li um artigo sobre homens que fetichizam mulheres com pênis. Fechei meus olhos para afastar a lembrança, e quando voltei a mim, 45 minutos tinham passado e, apesar de não ter dormido nem sonhado nem meditado, não conseguiria dizer onde meus pensamentos tinham estado durante todo aquele tempo, exceto por um deles: você fez de mim um objeto. Eu não era uma pessoa para você naquele momento. Eu era no máximo um desafio, um órgão insensível, um corpo teimoso.

Doze anos e seis meses atrás, a primeira namorada que tive depois do que você fez me disse que gostava de minha presença sólida em sua cama, e isso me deixou triste, porque nunca me vi como a parte forte da relação. Era sempre ela a forte, quem me fazia sentir segura, desde aquele momento no fim da festa na casa dela, quando me perguntou: "Posso beijar você de forma imprópria?".

Eu perguntei a ela por que seria impróprio, e ela disse alguma coisa sobre sua idade e a disparidade de capital social entre nós e como a pergunta poderia dar a entender que ela tinha me convidado para a festa só para poder me pegar, e eu disse que não achava aquilo de forma alguma impróprio.

E ela me beijou, e nós deslizamos para o chão e nos enroscamos uma na outra, como as imagens em um tríptico de Francis Bacon, pelo que pareceram horas. Eu não respondia fisicamente a ela mais que a você, não da forma que você exigia. Ela não achou que aquilo fosse um desafio. Ela fez coisas que você nunca pensou em fazer. Correu seus dedos para cima e para baixo por minhas costas, tocou meu cabelo, me beijou, mordeu meus mamilos, ignorou a parte de mim que eu odeio nomear. E, quando acabamos, quando já tínhamos explorado o suficiente e a vodca que os amigos dela da Rússia tinham trazido começou a fazer efeito, ela me deu um beijo de boa-noite e foi sozinha para a cama. Eu não tive que dormir ao lado dela como tive que dormir com você depois que você parou, depois de você dizer que eu podia me virar sozinha e me dar as costas.

Sim, eu dormi ao seu lado depois daquilo. Outra evidência para o caso da defesa. Como o fato de eu ter pedido a você para começar, de ter me feito de boba dizendo como estava atraída por você, o quanto gostava de você, como ia ser importante que minha primeira vez fosse com você.

Bem, eu tinha razão. Foi importante. Ainda é.

Como eu explicaria, em um tribunal, que passei o tempo todo aterrorizada com o que eu teria que fazer? Que me esforcei tanto para fazer você gozar sem usar a parte que eu odeio nomear, porque não queria ser lembrada do que eles diziam do meu corpo, que me senti segura quando sua pele se enrubesceu e você jogou a cabeça para trás só com o toque de meus dedos, e eu pensei: "Graças a Deus, não vou ter que".

Como eu poderia contar a um júri como eu estava assustada quando você disse: "Certo. Agora você".

Ela não me tornou melhor, aquela que veio depois de você. Mas como eu a amava, encontrei caminhos para contornar a dor, contornar as lembranças. Modos de penetrar que pareciam, para mim, como ser penetrada. Eu nunca disse a ela que era isso que eu estava fazendo. Nunca contei a ela o que você fez.

Eu estava fingindo que o que você fez não foi o que você fez. Que aquilo dizia mais sobre mim do que sobre você. Que você ter parado quando precisei gritar tinha sido delicadeza.

Foi assim que descrevi aquilo quando contei à mulher com quem me casaria, com quem viveria por seis anos. Seis anos encontrando caminhos em torno do problema, o que eu fiz porque a amava.

Quanto do problema era minha disforia de gênero e quanto era resultado do trauma que você me infligiu? Algumas vezes me pergunto se você algum dia conseguiria entender o que fez. Como seus lábios e seus dedos, a raiva em seus olhos, transformaram um espaço de prazer em uma terra contaminada? Eu não sei. Eu não sabia, até 63 dias atrás.

Quarenta e um dias atrás levei um homem transgênero que conheço a um hotel que eu estava resenhando. Conversamos, enquanto comíamos siri e barriga de porco, sobre amigos comuns que eram poliamorosos, sobre casais com os quais sou secundária e como acho que isso me agrada. Conversamos sobre relacionamentos anárquicos bebendo no bar.

Tomando vinho no quarto do hotel, inclinados sobre o parapeito da varanda, eu me virei para ele e perguntei, desajeitada, se podia beijá-lo. Ele me disse que fazia muito tempo que queria me beijar. E nos beijamos, bêbados e drogados, desajeitados, e fomos para a cama, e isso não resolveu nada.

Pela manhã ele parecia distante e impaciente para ir embora, e me perguntei se não era porque eu não tinha compartilhado tanto quanto ele naquela cama. Porque ele me deixou tocar em partes dele que eu teria problemas em nomear, enquanto eu mantive minhas roupas de baixo o tempo todo.

Desde 63 dias atrás, não consigo mais me desviar do problema. Quando alguém a toca, a parte de mim que odeio nomear, não vejo minha ex-esposa, não me lembro da forma como a mulher que veio depois de você me tocava, eu me lembro de como você me agarrou, de como você disse que normalmente não fazia isso e abriu a boca, e da sua raiva e sua incompreensão quando eu gritei.

Sessenta e quatro dias atrás eu teria achado um jeito de me desviar daquilo.

Eu acredito em relacionamentos anárquicos por causa do que você fez comigo. Por causa do que Donald Winnicott chamou de *catexia*. Catexizar é investir, emocionalmente, libidinosamente, na esperança de uma recompensa. Por causa do que você fez, eu não consigo fazer isso, por causa da forma como você me tratou: como alguém que recompensaria você, respondendo da mesma forma que os homens com os quais você estava acostumada. Quando digo isso às pessoas, nunca sei se estou me fazendo entender. Tudo o que sei é que eu não consigo tratar as pessoas que amo como coisas das quais tiro algo, que eu só consigo ver o sexo como um processo de rendição. Mas há partes de mim que preservo, partes de mim que não entrego, nem venderia por qualquer preço, porque você tentou roubá-las de mim.

Vinte e oito dias atrás, em uma festa no meu apartamento, eu beijei uma mulher trans que mal conhecia, e ela me beijou melhor do que qualquer outra pessoa em toda a minha vida, melhor do que a mulher que veio depois de você, melhor do que minha mulher, e aquilo pode ter sido efeito de eu ter tomado MDMA, mas o modo como ela tocou minhas costas me levou ao paraíso, e não resolveu nada. Ainda adormeço me sentindo despedaçada. Ainda tenho lapsos de memória quando leio ou vejo algo que me faz lembrar. Ainda não sei como posso viver assim.

Eu ainda queria estar 64 dias atrás.

Há duas horas, quando estava no meio desse texto, comprei um saquinho de maconha pela primeira vez desde meus tempos de estudante. Perguntei a minha companheira de apartamento se o traficante dela estava disponível, e ela saiu para buscar. Nesses 63 dias eu usei um monte de drogas que nunca tinha usado antes — MDMA, anfetamina e gás hilariante — e um monte das que eu já tinha usado — *poppers*,* maconha, álcool. Ah, tanto álcool. E isso também não resolveu coisa alguma, nem eu esperava que resolvesse. Eu só esperava que me ajudasse a dormir. Estou tomando codeína também. Digo que é por causa das dores de cabeça.

Eu pesquisei. Examinei a lista de vídeos pornôs que aparecem quando você digita as palavras *estupro* e *lésbica* no Google. Li sobre as mulheres no Congo que participam do estupro de prisioneiras e às vezes o lideram. Li as entrevistas com Justine Chang e Armand Kaye, que fizeram o documentário *She Stole My Voice* [Ela roubou minha voz], sobre o estupro em comunidades lésbicas, mas não consegui assistir ao filme. Li artigos que traziam estatísticas, explicando como mesmo esses números eram inadequados, conversei com mulheres que foram silenciadas aos gritos por falarem sobre violência nos relacionamentos entre mulheres queer, com mulheres trans que foram estupradas por mulheres cis armadas. Eu ouvi uma de minhas melhores amigas me dizer que estava começando a achar que ela é "o tipo de pessoa com quem esse tipo de coisa acontece", e eu disse a ela que não, que o que acontecia *com* ela não dizia nada *sobre* ela, e me senti uma hipócrita por não acreditar que isso também se aplicava a mim.

Eu gritei e implorei que você parasse, mas quase desejei que você me batesse, deixasse meu olho roxo ou quebrasse alguns de meus dentes, porque isso significaria que eu tinha lutado em vez de implorar.

---

* Também conhecido como "incenso líquido", líquido à base de nitratos alquílicos, com efeitos similares ao lança-perfume ou ao loló. (N. T.)

Procurei terapia e desisti. Dois dias atrás, fui ao consultório de minha médica para falar sobre minha anemia, e tinha toda a intenção de contar a ela sobre você e pedir uma indicação, ou mesmo alguma coisa para me ajudar a dormir, alguma droga legal que eu quase nunca misturaria com qualquer outra, mas ela disse "Você não parece bem" quando me viu, e eu perdi a coragem. Contei a ela sobre a tosse que estava tendo havia alguns dias, sobre como tinha medo de estar com pneumonia novamente, e quando ela me disse para ficar em pé, para poder auscultar meus pulmões, entrei em pânico e perguntei quanto de minha roupa teria que tirar, se podia tirar só a camisa ou precisava tirar o colete também, e me senti envergonhada pelos suspensórios que seguravam minha calça.

Tenho me vestido de forma mais masculina nesses últimos dias. Geralmente eu fazia isso quando ia ficar muitas horas longe de casa, mas agora isso acontece até quando dou um pulo no centro da cidade. Não diria que isso me faz mais forte, mas é uma boa camuflagem.

Eu sei que isso aqui, também, não vai resolver nada. Se escrever sobre você fosse fazer tudo ficar bem, eu já estaria bem agora. Nos últimos 64 dias eu quase não escrevi sobre nada além de você. Escrevi posts de blog e poemas, metade do roteiro de um monólogo feminino, tuítes escritos às três da madrugada que apaguei quando acordei às sete. Você se tornou meu pequeno projeto e, apesar de eu odiar essa ideia, me sentei em minha mesa, com o celular apoiado em meu velho laptop sem câmera de vídeo, e disse a você, onde quer que esteja

> *Algumas vezes chamo você de minha estupradora,*
> *e isso me soa errado de alguma forma,*
> *mas não posso continuar dizendo "a mulher que me estuprou"*
> *todas as vezes que menciono você,*
> *e não posso dizer seu nome*
> *porque*
>
> *Eu, de qualquer forma, só sei seu primeiro nome*
> *e, mesmo dizendo apenas isso, me torno a acusadora*
> *e sei muito bem como meu caso poderia ser deslegitimado,*

uma acusadora que tinha bebido antes do que aconteceu;
uma acusadora que tinha consentido, no início;
uma acusadora que, naquela época, se apresentava como homem:
uma acusadora destinada a fracassar no tribunal.

Então eu, pela necessidade de variar, nomeio você minha:
Minha estupradora. Soa errado. Muito íntimo,
de alguma forma, sugere conspiração, um ato conjunto
entre nós. "Precisa de dois",
dizem. "Dois, menina: eu. Você."

Cheira a relacionamentos sérios e àquelas canções de amor dos anos
1950:
Toda noite, eu espero e rezo
para que esse medo vá embora,

mas não posso dizer seu nome, e
"a mulher que estuprou" me soa desajeitado e, de qualquer forma,
é alguém que legalmente nem sequer pode existir:
a lei inglesa define estupro com um ato
que só pode ser cometido por um homem. Quando é uma mulher
quem faz, chama-se agressão sexual. Como se as duas coisas fossem fáceis
de distinguir,
mas "a mulher que me agrediu sexualmente"
é ainda mais desajeitado que a mulher que a lei chama de impossível,

então, algumas vezes, você é minha estupradora
e eu imagino se, de alguma forma, isso é verdade:
eu fui a única? Você pareceu surpresa
quando eu disse não. Foi o choque que estimulou você
tanto quanto a malícia? Ou em vez da malícia?
E eu quero isso? Faz você parecer melhor,
ou eu parecer especial, se fui a única?

Não importa se eu fui a única ou uma de muitas.

posso chamar você de minha estupradora, mas sabemos que isso não é verdade.

O que quer que a lei ou os boatos digam, quem quer que também tenha existido,

você nunca foi minha. Você foi a estupradora com quem me deparei.

E eu pensei: "Isso, esse é o texto que vai resolver tudo", mas não resolveu. Nada resolve.

Pelos últimos 63 dias tentei resolver o problema, com drogas, amantes, palavras. E até aqui nada funcionou, e começo a achar que nada vai funcionar.

São 27 minutos depois das seis quando escrevo isso. Se eu conseguir ficar acordada por pouco mais de cinco horas, posso dizer que se passaram 64 dias.

E vou desejar que tenham se passado 65 dias.

Apenas a solitária

Lisa Mecham

As mulheres e eu tiramos números e nos revezamos, apanhando presentes sob a árvore de Natal, abrindo-os um a um, mostrando tudo que tínhamos desembrulhado. Fiquei emocionada por ter sido convidada para aquela reunião de fim de ano, juntando-me à presidente da Associação de Pais e Mestres, a chefe da Women's Auxiliary, todas aquelas líderes, as agitadoras da vida social dessa cidade rural e sofisticada de Connecticut. Meu marido, duas crianças e eu tínhamos acabado de nos mudar para Weston no começo daquele verão, então ser incluída naquele grupo pareceu bom.

Fui uma das últimas e, quando chegou minha vez, escolhi um pacote pequeno e quadrado, que desembrulhei para revelar uma echarpe de seda. Todo mundo suspirou encantado quando eu a segurei com os braços bem abertos. Fingi animação, mas o presente me deixou ansiosa; tinha visto outras usarem echarpes como aquela, enroladas de modo casual, sem esforço, nos ombros. Eu mal sabia se tinha uma roupa com a qual usá-la.

A última mulher foi apanhar seu presente debaixo da árvore, e a sala explodiu em risadas quando ela abriu o pacote e segurou seu conteúdo com o braço erguido, entre as poltronas recobertas de veludo e obras de arte emolduradas em dourado, para todas verem. Um pau. Roxo. Gigante.

A festa era chamada de amigo oculto ianque e acontecia na sala de estar meticulosamente decorada de uma mulher cujo marido era banqueiro em Wall Street. Para participar, cada uma foi instruída a levar um presente embrulhado, uma "piada" divertida ou algum item luxuoso sério, ou qualquer coisa entre as duas opções. Àquela altura, todas já tínhamos bebido três taças de vinho branco, mas ainda assim me surpreendeu o quanto fiquei atraída pelo vibrador. Como fui atingida pelo impulso esmagador de livrá-lo daquele constrangimento.

Então, antes que as risadas diminuíssem, eu me levantei e tomei o vibrador da mão da mulher.

— Eu... Eu tenho uma amiga que ia amar isso — falei.

Um silêncio sepulcral tomou conta da sala.

— E isso vai ficar tão melhor em você! — brinquei.

Em um grande gesto cômico, joguei a echarpe para cima, e ela flutuou até o colo da mulher. Mas o movimento deu errado, e a peça acabou caída no chão.

Olhares estranhos, sorrisos murchos. O jantar foi servido.

Até aquele momento, eu nunca tinha tocado em um vibrador e, raramente, tinha visto um em ação. Uma vez, na faculdade, encontrei alguns caras na fraternidade do meu namorado assistindo juntos a um filme pornô. Sete caras em uma sala escura, espalhados em poltronas, sofás e no chão, olhando para o brilho quente da tela da televisão, onde um cara bem peludo dizia: "Vamos, baby. Você sabe que gosta disso, baby", enquanto enfiava um vibrador do tamanho de seu antebraço na bunda de uma mulher inclinada sobre uma mesa. O gemido baixo dela, intercalado com gritos penetrantes, não soava como prazer.

Mas, na festa de fim de ano, em meio a toda a sua civilidade contida, o vibrador pareceu ser quase o objeto mais poderoso na sala.

Depois do jantar, as mulheres se juntaram em outra parte da casa imensa e se serviram de mais vinho. Eu estava pronta para ir embora, ainda envergonhada pela minha inesperada reação àquele presente. Então me desculpei, lamentando o fato de que não tinha bolsa nem lugar para enfiar o vibrador. Risadas me seguiram quando deixei a sala.

— Esperamos que sua amiga se divirta com isso!

Acendi a luz da cozinha escura e vi um dos maridos parado ali, encostado no balcão. Eu o conhecia, tinha conversado com ele brevemente durante uma atividade acadêmica. Era um homem importante — o que dava para perceber pelo modo como os outros homens se dirigiam a ele. Um cara com dinheiro. Um cara dos fundos monetários.

Ele estava bebendo — um copo personalizado na mão com um dedo de líquido dourado. Parei, surpresa em vê-lo. Não houve um grito de "Querida, cheguei!".

Ele não disse uma palavra sequer; a cozinha estava em completo silêncio, a não ser pelo pulso dele, que girava, girava, girava a bebida.

O som agudo de uma gargalhada abafada. As mulheres, ao longe, do outro lado da casa.

— Festa divertida? — perguntou. Levou a bebida até os lábios e a engoliu, com gula, de uma vez só, com os olhos fixos nos meus.

— Ah, sim — respondi. — Veja o que ganhei. — Mostrei o vibrador.

Ele veio em minha direção, bloqueando meu caminho até o balcão. Meu nariz formigou quando senti o cheiro de bebida em seu hálito.

Ele colocou o copo no balcão e apoiou a mão no meu ombro exposto pela blusa extravagante que eu tinha comprado para usar na festa. Então correu os dedos de um lado para outro, acariciando minha pele.

— Quero lamber você.

Seu rosto está a centímetros do meu, o ar carregado no ponto onde nossas bocas poderiam se encontrar. Meu corpo respondeu ao ser desejado por um homem tão seguro de seu lugar no mundo.

Como todos aqueles garotos assistindo à mulher inclinada sobre a mesa. O rosto dela estremecendo de dor durante a performance. As línguas correndo em suas bocas.

Passei por ele e fui até uma pilha de casacos sobre a mesa, procurando o meu, quando percebi sua aproximação por trás. Quis gritar. "Pegue outra pessoa na sala." Mas aquele homem... ele significava poder. E eu? Era a mulher nova na cidade que tinha tirado um brinquedo sexual da mão de outra mulher.

Em vez de gritar, me virei para encará-lo, colocando o brinquedo empacotado entre minhas coxas, pressionando-as, segurando-o ali, enquanto vestia uma das mangas do meu casaco, depois a outra. Puxei o vibrador e me virei para ir embora.

— Tenha cuidado — disse ele, entre os dentes —, se você usar demais, seu clitóris vai ficar dormente.

Mas eu já tinha saído pela porta dos fundos. Tropeçando no escuro, ao longo da propriedade cara, até a longa entrada de veículos, toda de cascalho, em busca da segurança do meu carro.

Em casa, escondi o vibrador no fundo da minha gaveta de roupas íntimas.

Em Connecticut, passo longos períodos do dia sozinha. O ônibus da escola vinha de manhã bem cedo pegar minhas filhas. E meu marido sempre saía cedo para seu longo trajeto até o trabalho.

Não parecia certo libertar o vibrador da gaveta sob a firme luz da manhã, mas foi o que fiz, na primeira segunda-feira, depois de tê-lo tirado das mãos da mulher na festa.

Eu o tirei da embalagem plástica complicada. Era de um roxo cintilante, com brilhos e cerca de quinze centímetros de comprimento. Não fazia ideia se isso era considerado um vibrador de tamanho normal, mas com certeza era menos intimidante do que o que eu tinha visto no filme pornô havia muitos anos. Inseri duas baterias e o liguei no primeiro nível. Um leve pulsar. No próximo, maior vibração. Na última, o vibrador emitiu um som como o do meu vizinho cortando o gramado. Eu o derrubei no chão e o observei vibrar até parar debaixo da minha cama.

O que eu estava fazendo? Tudo aquilo era ridículo. Roxo era a cor favorita da minha filha mais nova. O zumbido daquilo debaixo da minha cama me lembrou de todas aquelas mulheres rindo de mim na festa.

Arrastei-me sob a cama. Bolas de poeira e outras sujeiras grudaram no eixo do vibrador como pelos púbicos teimosos. Eu o desliguei e o enfiei de volta na minha gaveta.

86 Editado por Roxane Gay

Meses depois. Primavera. O ônibus chegou. Marido saiu para o trabalho. Havia atividades na escola e um jantar, mas eu não conseguia decifrar os termos da amizade feminina dessa cidade. Solitude é uma coisa, mas isso era um tipo particular de solidão, o tipo que não se espera, que se instala depois de você ter ticado todas as vantagens de estar em meio a uma vida afortunada. Todos aqueles sorrisos nos eventos, mas, então, nenhum retorno. Talvez, pensei, minhas raízes de classe média do Meio-Oeste fossem evidentes — eu era uma impostora sem os ativos financeiros para vagar por clubes de campo da elite e casas de veraneio.

Eu estava tirando roupas velhas das minhas gavetas quando encontrei o vibrador. Ainda roxo, ainda brilhante. Liguei-o. As baterias ainda funcionavam.

Tirei a roupa e me deitei na cama. A brisa que vinha pela janela aberta era fria, e meus mamilos ficaram duros.

Sozinha em casa, pensei em meu marido, em como costumava ser quando fazíamos amor. Em como ele dizia, de modo tão gentil: "Você consegue gozar de novo. Sei que consegue". E ele me daria aquele presente.

E em como, agora, eu não suportava beijá-lo. Seu gosto parecia cobre em minha boca. A intimidade tinha sido substituída por alguma coisa muito mais desesperada. Ele ficava acordado até tarde, incapaz de dormir. Seu discurso, rápido e duro, era como um trem sem destino.

Aquilo me assustou.

Em vez fazermos sexo propriamente dito, eu só baixava suas calças. Pensei em como ele sempre estava tão duro, o que sempre me surpreendia, porque não tínhamos feito nada para chegarmos àquele ponto. Ele sempre estava pronto. Em como ele colocava a mão na minha cabeça e me guiava. Eu não contribuía com nada, além de ser uma cavidade aberta.

Enquanto eu acariciava meu mamilo de leve com um dedo, o prazer percorreu meu corpo, um sentimento que eu não experimentava havia meses. Liguei o vibrador e abri as pernas. Mas isso foi estranho, eu não sabia se era para colocá-lo fora ou dentro de mim.

Tudo que senti foi um pulsar entorpecedor.

Seu clitóris vai ficar dormente.

Aquele homem peludo por trás. O vibrador entrando e entrando no buraco aberto da mulher.

Desliguei o vibrador.

Na esteira do seu zumbido, veio o silêncio doloroso. Era tão silencioso em Connecticut. Era raro carros passarem por nossa casa. Não havia calçadas. As árvores competiam pelo céu aberto.

Fechei meus olhos e coloquei o vibrador sobre minha barriga, cruzando minhas mãos sobre ele.

É difícil contar para alguém quando alguma coisa está errada. Difícil sussurrar, falar em voz alta, que seu marido pode estar ficando louco. Porque talvez não seja ele, seja você. A mulher casada com o médico jovem e brilhante. A mulher com duas lindas filhas, dois hectares de terra e dois carros.

A mulher que na festa tomou o vibrador.

Saí pela porta da frente, enrolada no meu roupão de banho, com o vibrador na mão. Bem na frente da nossa casa, uma corça estava parada, a cabeça erguida em direção aos galhos de uma árvore de louro, arrancando as folhas encouraçadas com seus dentes. Ela se afastou quando saí para o quintal.

Pareceu bom estar do lado de fora. Como desejei desesperadamente que as estações mudassem. Animais, plantas, a terra — eles não exigiam nada de mim. Pela primeira vez, fiquei agradecida por nossa casa ficar afastada da estrada, rodeada por uma densa cobertura de árvores. Ninguém poderia me ver aqui fora.

Virei as costas para nossa casa desgastada, o palco de meu fracasso, e caminhei até a extremidade mais distante de nossa propriedade, demarcada por um muro de pedra. Apoiada nas mãos e nos joelhos, empurrei as folhas mortas e cavei o solo com a ponta roxa do vibrador. A superfície da terra estava mais dura do que pensei, ainda não tinha descongelado depois do inverno rigoroso, então bati na terra repetidas vezes, usando o objeto, até o solo se partir em pedaços.

Meus dedos terminaram o trabalho sujo. Quando o buraco estava fundo o bastante, deixei-o cair lá dentro. Esse instrumento. Para os solitários, indesejados. Misturei terra, folhas, galhos tudo que pude encontrar, até que o que sobrou foi o som abafado de uma coisa enterrada.

88 *Editado por Roxane Gay*

Sentei-me recostada no muro, a respiração ofegante. O cheiro fresco do solo revirado estava na minha garganta. E nas minhas mãos, minhas mãos. Eu as levei até minhas canelas e apertei com força, chorando e pensando que, quando você está machucada, muitas vezes antes de dizer, você tem que sentir.

Pensando que animais feridos nos bosques buscam por um lugar silencioso. Que ficam ali sem se mover por dias.

O que eu disse a mim mesma

Vanessa Mártir

Não me lembro quem me contou o que aconteceu com a minha mãe, mas acho que parte de mim sempre soube. Eu sabia quando ela me batia até eu ficar encolhida em um canto, tremendo. Eu sabia da vez em que ela apontou uma faca para mim quando eu tinha cinco anos, ameaçando sua companheira Millie: "Quer ver só se não mato essa vadiazinha?".

E ela me esfaqueou várias vezes — não com força o bastante para romper a pele, mas o suficiente para doer. Forte o bastante para me aterrorizar, para me fazer pensar que ela queria mesmo me matar.

Forte o bastante para me deixar saber que alguma coisa tinha acontecido com ela e que ela nunca a havia superado.

Eu tinha dezenove anos, estudava na Universidade de Columbia, era apaixonada por um traficante de drogas de Washington Heights. Descobri naquela noite que ele tinha me traído pela milésima vez e não queria que ele me tocasse, mas ainda assim ele o fez. Disse a mim mesma que não tinha sido estupro, porque estávamos em um relacionamento. Não tinha sido estupro porque eu ainda o amava. Não tinha sido estupro porque eu não o expulsei. Não tinha sido estupro porque fiquei com ele depois. Não importou que eu tivesse murmurado sem parar: "Não, não, não". Não importou que eu tivesse chorado o tempo todo.

"Pelo menos, eu não fui estuprada como minha mãe foi", eu disse a mim mesma.

A primeira vez que isso aconteceu comigo, eu tinha seis anos. Era o tio da Millie, Val. Eu estava em cima da ameixeira do quintal que dividíamos, aprendera a subir nela no verão anterior e ainda tinha as cicatrizes nas pernas e arranhões nos meus tênis para provar. Subia naquela árvore sempre que eu queria me afastar da crueldade da minha mãe. Lá em cima, eu podia imaginar uma vida diferente — uma vida na qual minha mãe me amava.

Eu o escutei gritar meu nome de sua janela. Quando espiei por entre as folhas, ele estava balançando uma sacola, que colocou sob a luz do sol, para que eu pudesse vê-la.

— Comprei *turrón* para você.

Reconheci a sacola: era a mesma com os doces de pistache e creme de amêndoas que Millie tinha comprado para mim quando visitamos os parques de diversão que funcionavam a noite inteira nos lotes abandonados que enchiam Bushwick naquela época. Eu queria muito aquele doce.

Olhei para a nossa janela, onde vi a barriga inchada da minha mãe — descobrimos mais tarde, naquele ano, que ela estava com câncer cervical — enquanto cozinhava. Eu conseguia sentir o cheiro do jantar: frango frito com banana verde frita e pasta batida e grudenta de alho feita diretamente no *pilón* da ilha da minha mãe. Ela estava muito ocupada cozinhando para prestar atenção no que eu estava fazendo.

Desci da árvore e fui até o apartamento de Val, mesmo sabendo que não devia fazer isso. Minha mãe tinha passado um sermão na minha irmã e em mim sobre ficar longe de homens, embora nunca tivesse explicado o motivo. Eu o compreendi naquele dia, quando Val fez o que fez no meu corpo de seis anos na sua sala de estar, na qual havia um altar para todas as coisas de Porto Rico.

Saí da casa da minha mãe aos treze anos e nunca voltei; precisa salvar minha própria vida. Sei agora que ela não podia ser minha mãe — ainda não pode

92 Editado por Roxane Gay

— por causa do que aconteceu com ela. Não sei os detalhes, mas sei disto: minha mãe foi estuprada pelo marido de sua mãe, quando tinha apenas dezesseis anos. Não fazia nem seis meses que ela estava neste país. Ainda havia terra hondurenha sob suas unhas. Meu irmão foi concebido naquele estupro, pelo qual minha mãe levou a culpa.

Ninguém nunca realmente falou sobre isso.

Naquela tarde, depois de Val me machucar, eu me sentei na banheira pensando sobre o que tinha acontecido. Tinha sido minha culpa; fui com ele por vontade própria. Agora eu entendia por que minha mãe tinha nos avisado para usar shorts sob as saias e os vestidos, abotoar as blusas até em cima, sentar com as pernas cruzadas, agora eu entendia o motivo de minha mãe me bater naquela vez que me sentei no colo do tio Damian, ignorando seus olhares fuzilantes. Ela tinha me pegado naquela noite no chuveiro e me batido com um cinto grosso de couro, com força. "A próxima vez que eu vir você *en la falda de un hombre*,* vou quebrar sua cara."

Eu me deitei na banheira e deixei a água quente correr até que chamuscasse minha pele. Desejei que minha mãe tivesse me salvado da necessidade de aprender o motivo por mim mesma. Desejei que ela tivesse me contado sobre o que alguns homens fazem. Desejei que eu tivesse escutado. Eu sabia que era suja e desobediente e que merecia ser punida.

Comecei a arranhar o interior da minha coxa e subi devagar. Arranhei até sangrar. Então chorei baixinho, cobrindo o rosto com as mãos cheias de sangue. Cada vez que eu fazia xixi, a dor me lembrava de meu crime.

Eu me mutilei por meses depois do acontecido, mesmo depois que Valentín voltou para Porto Rico. Nunca mais cheguei perto dele o bastante para ele me tocar de novo.

Houve uma outra vez: fui atacada em uma rua do Brooklyn quando visitava minha mãe, a apenas um quarteirão de onde ela ainda mora. Não queria

* No colo de um homem. (N. T.)

contar a ela o que havia acontecido, mas não consegui me recompor antes de vê-la: minha camisa estava rasgada, meu cabelo, uma bagunça, meus punhos estavam vermelhos e inchados. Eu tinha a pele dele sob minhas unhas. Ela me ouviu chorar no corredor e veio correndo.

— *¿Qué te pasó?** — perguntou ela, gritando.

Eu tinha 24 anos.

"Isto não é nada comparado com o que ela passou."

Em um dia de verão, quando minha filha estava com seis anos, fui ao parquinho com uma amiga, assim minha filha poderia brincar enquanto conversávamos e, como acontece com frequência com mulheres, começamos a falar sobre as coisas que as garotas têm que suportar.

Quando ela confessou que tinha sido molestada, eu assenti e disse:

— Eu também.

Observei enquanto minha filha estava correndo pelo trepa-trepa e começou a se agarrar nas barras. Ela não conseguia fazer isso até alguns meses antes; ficava de mau humor quando via outras crianças e deu um chilique quando tentei ajudá-la.

— Me deixa fazer sozinha — dissera ela, afastando minhas mãos.

Conseguiu avançar algumas barras e caiu. Subiu, tentou de novo e caiu. Eu a vi chorar e secar as lágrimas, decidida. Ela passou boa parte da tarde se esforçando para conseguir avançar por aquelas barras. Quando eu lhe perguntei sobre isso, ao ir embora, ela respondeu:

— Vou conseguir, mamãe. Fica esperando.

Com certeza, depois de todos aqueles meses, suas mãos estavam cheias de calos, mas ela conseguia avançar por todas as barras. Ela acenou para mim, quando chegou do outro lado.

— Olha, mamãe! Consegui!

Fizemos um sinal positivo para ela e continuamos conversando.

— Quantos anos você tinha quando isso aconteceu? — perguntou minha amiga.

* O que aconteceu com você? (N. T.)

— Eu era pequena — respondi. — Tinha seis anos.

— A idade de Vasia?

— Sim.

Olhei para minha filha, que tinha ido para os balanços, e foi nesse momento que me dei conta da coisa toda: passei trinta anos me culpando por algo que aconteceu comigo quando eu tinha seis.

Quando Millie estava em seu leito de morte, contei a ela o que Val tinha feito comigo. Eu estava com trinta anos e minha filha tinha apenas alguns meses.

Millie me olhou com uma expressão solene e disse:

— Você nunca pode contar isso para sua mãe.

Foi também nesse dia que Millie confirmou que o sofrimento da minha mãe tinha sido pior do que o meu. Ela tinha sido estuprada. Eu? Não tinha sido assim tão ruim.

— Eu me mutilei — desabafei para minha amiga no parque. — Eu me arranhei até sangrar.

De imediato me arrependi da confissão. Um longo silêncio se seguiu.

Então ela murmurou:

— Pensei que era a única que fazia isso...

Falta um mês para minha filha completar treze anos, a idade que eu tinha quando saí da casa da minha mãe. Já passei dos quarenta. Minha mãe não faz parte de nossas vidas. Não consigo me lembrar da última vez que a vi, mas a história dela ainda me assombra.

Não vou mentir e dizer que me convenci por completo de que o que Val fez comigo, e o que meu ex fez comigo, e o que aquele homem na rua fez comigo foi assim tão ruim quanto o que aconteceu com minha mãe; e talvez eu nunca diga isso. Só sei de uma coisa: foi ruim o bastante.

INÉRCIA

Ally Sheedy

EU TINHA DEZOITO ANOS quando fui para Hollywood começar minha carreira de atriz, tendo crescido em Nova York e sido criada, na maior parte do tempo, por feministas. Minha mãe, Charlotte, me levou a pequenas reuniões populares que, eventualmente, evoluíram para o movimento de libertação das mulheres dos anos 1970, e eu tinha ouvido discussões sobre o contexto da Emenda de Direitos Iguais, ido a marchas e comparecido a sessões de conscientização.

Em uma sessão feita para crianças, uma mulher demonstrou como o andar dela mudava quando colocava saltos altos. Eu me lembro claramente é de alguém dizendo: "Se eu estiver usando esses saltos, não vou poder correr".

Hollywood foi, para não pegar pesado, um choque.

Em uma das minhas primeiras audições, um diretor me disse que tinha gostado de mim, mas não poderia me escalar porque havia uma cena de "praia". Aparentemente, minhas coxas e minha bunda seriam um entrave à minha carreira recém-iniciada. Eu tinha 1,70 m de altura e pesava 59 kg.

Não importava que eu fizesse um bom trabalho nas audições, que eu fosse inteligente, que eu tivesse um talento natural. Minhas coxas eram o "problema".

Então eu fazia dieta. O. Tempo. Todo. Aprendi que qualquer contribuição minha para um papel por meio do talento seria instantaneamente marginalizada pela minha aparência física. Aprendi que o meu sucesso seria dependente do que os homens no comando pensavam sobre meu rosto e meu corpo. Tudo que eu havia aprendido em casa teve que ser jogado pela janela enquanto me adaptava a esses novos requisitos: minha aparência era fundamental.

O problema não era nem mesmo ser bonita ou magra; era que eu não era sexy. Quando consegui meu primeiro papel em um grande filme, deram-me um ThighMaster, uma espécie de aparelho portátil de ginástica, como presente de boas-vindas e me disseram para espremê-lo entre as pernas ao menos cem vezes por dia. Um diretor de fotografia disse que não poderia me filmar "com aquela aparência" quando entrei no set um dia. Ele disse isso na frente de toda a equipe. Eu parecia muito grande, acho, na saia que me deram para usar.

Alguns anos depois, disseram na minha cara que a minha carreira não engrenava porque "ninguém quer transar com você". Havia algo em mim, sexualmente, que não era comercializável.

Foi um desafio para o meu começo, mas parece quase impossível para as jovens nos dias de hoje.

Faço trabalho voluntário em cinema e teatro com estudantes adolescentes em uma escola pública em Nova York. As garotas são talentosas e, na aula do segundo ano, recentemente apresentamos cenas de Shakespeare para o resto do departamento de teatro. Perguntei a quatro atrizes de dezesseis anos talentosas e corajosas — Kai, Michelle, Layla e Jo — como tinha sido a tentativa de salto para a vida profissional.

Kai, que interpretou Lady Macbeth, me contou que tinha treze anos quando recebeu a primeira ligação de um agente, e disseram para o pai dela sair da sala.

"Então me perguntaram qual era o meu peso e altura e disseram que eu deveria colocar o meu peso no currículo", disse ela. "Perguntaram também o tamanho do meu sutiã. Então me pediram para me virar e, por fim, disseram: 'Trabalhe no seu *sex appeal*'."

Com quinze anos, perguntavam se ela se sentiria à vontade "se esfregando em uma mesa" na sala de audição e perguntavam à sua mãe se ela ficaria "confortável" com Kai trabalhando apenas de sutiã e calcinha.

Ela explicou que agora é enviada para audições na "categoria vadia", e que lhe disseram para emagrecer até chegar ao tamanho 38, porque seu agente não renovaria o contrato se ela estivesse acima desse tamanho. Então, disse Kai, ela entende que "o tamanho do corpo vem primeiro": não importa que seja capaz de interpretar Lady Macbeth com dezesseis anos, porque interpretará personagens magras e excessivamente sexualizadas se quiser mesmo trabalhar.

Layla, que escolheu interpretar Iago em uma cena de *Otelo,* também me contou que o pessoal do *casting* a "tipificava".

"É o tamanho do meu peito, da minha bunda, o tom da pele. Eu sou escolhida para a cabeleireira, e não para a menina bonita da fraternidade."

Michelle, que interpretou Lady Anne em *Ricardo* III e também canta, escutou um diretor dizendo: "Eu fiquei tão distraído com os peitos dela que não consegui ouvir a voz".

Para alguns papéis, ela comentou: "Tenho muito busto, tenho muitas curvas".

E não é apenas no mundo da atuação:

"Tinha um professor que ficava me olhando sem parar durante a aula", contou Michelle. "Ele ficava falando sobre a mulher dele para mim. Então saí da sala, e meus amigos me contaram que ele disse: 'Cara, como eu queria estar na escola ainda'. Contei isso para a direção e nada aconteceu. Até os professores me viam sob essa luz."

Essas adolescentes talentosas não são julgadas pelo seu talento surpreendente: seus corpos já são o fundamental para o trabalho que desejam, e isso só vai piorar. Aos dezesseis anos, essas meninas são julgadas pela sua atração sexual. O talento delas é um dom, mas não é suficiente.

Como Michelle conta: "Dizem 'use o que tem para trabalhar... seios, bunda'".

Jo, que interpretou Paulina em *Conto de Inverno,* disse: "Não importa quão talentosa você é, e sim a sua *aparência".*

"O que é *a aparência*?", Kay se perguntou. "O que eu posso ser? O que eu devo ter?"

Aparentemente, a moda agora é barriga negativa, seios grandes, bunda grande, rosto deslumbrante e mamilos livres. Quando me contaram pela primeira vez esse negócio do mamilo, eu tentei entender, mas estava claro que não era a mentalidade "queime o sutiã" na qual fui criada. Essas jovens devem ficar à vontade sem um sutiã e com mamilos expostos sob uma camiseta fina, como parte de seios perfeitos — grandes o bastante para serem sensuais, mas não grandes como os de uma "vadia".

Enquanto isso, um diretor disse recentemente a Kai: "Eu não vejo a inocência".

"Estou perto de desistir de tudo", disse ela.

Essas garotas dizem que há uma imagem inatingível que os homens definiram para elas em suas vidas profissionais — e que os homens que aceitam essa imagem foram criados para pensar assim.

Layla explicou: "Leis não podem ser mudadas. É uma atitude psicológica. Não está sendo consertada. Fica pior. As pessoas acham que está sendo consertado... Não está. Não pode ser consertado".

Percebo que sou privilegiada: sou branca e trabalho na indústria do cinema e da televisão. Tive ótimas oportunidades, trabalhei duro por elas e fiz o máximo que podia com todas elas. Mas também tomei a decisão consciente de não me vender de maneira sensual, e isso teve seu preço. É muito, muito difícil criar uma carreira de atriz sem se sexualizar; estou atravessando esse campo minado por trinta anos, com níveis variáveis de sucesso. Já falei sobre sexismo na indústria e fui muito criticada. Fui chamada de "amarga" e disseram que o meu comportamento era "digno de pena". *Não estou nem aí.*

Houve coisas que eu simplesmente me recusei a fazer: o filme de um (grande) diretor no qual eu teria que filmar uma cena de camiseta e sem calcinha, por exemplo. (Ele queria obter algum efeito artístico, imagino.) Eu rejeitei o conselho de "sair" com homens que poderiam possivelmente alavancar a minha carreira. Eu não comparecia a audições para filmes que eu acreditava que glorificavam o trabalho sexual, que mostravam mulheres sendo abusadas sexualmente de maneira gratuita, ou que exigissem que eu deixasse minha consciência do lado de fora. (Todos esses filmes foram grandes sucessos.)

Mas é assim que as mulheres se estabelecem na mídia. Hoje em dia está um pouco melhor, suponho, mas não muito. É uma luta frustrante e desmoralizante com alguns momentos de triunfo. E ainda amo atuar. Ainda amo um bom papel mais do que qualquer coisa.

Por que a aparência física feminina é tão importante nas artes? Sean Penn é o ator mais talentoso da minha geração, e eu não acho que ele use botox. Eu não acho que Bryan Cranston tenha silicone na bunda.

O que uma mulher pode fazer? Ligue a TV e terá uma boa visão da cultura do estupro. Tentei fazer uma carreira sem contribuir para essa cultura. Ainda estou tentando.

Quando eu era mais jovem, havia o papel da "sensual" e o papel da amiga menos atraente. Na minha idade, é um pouco diferente: há um grande papel feminino disponível para cada cinco papéis masculinos para homens da mesma idade. Há o papel da mãe e talvez algo um pouco diferente disso. Um dos meus papéis preferidos na TV há anos foi o de uma advogada implacável descrita no roteiro com "por volta de quarenta anos", brilhante e... magra. Às vezes, os personagens que interpreto são descritos como "ainda atraentes" apesar da idade — porque mulheres da minha idade geralmente não são atraentes, ou assim Hollywood parece pensar.

As melhores personagens que consigo interpretar são as complicadas, sombrias, meio malucas. Amo esses papéis porque posso fazer o meu trabalho sem me importar se algum produtor me acha "sexy" ou razoavelmente atraente para a minha idade —, mas tive que procurar esse tipo de papel. Meu filho me perguntou por que adoro interpretar personagens desajustadas: a resposta rápida foi "nada de maquiagem" seguida por "nada de homens".

De estudos feministas em Columbia e Barnard como aluna, para Hollywood e além como artista, ao ensino de jovens atores em uma respeitada escola pública, vejo que a luta das mulheres por direitos iguais continua. Posso me olhar no espelho sem vergonha (mas com incontáveis contas para pagar) porque contornei a exploração desenfreada no meu ramo, de alguma maneira. Mas o que digo a minhas alunas? Como pedir que não aceitem que o sucesso delas depende do seu físico, como dizer que elas podem estar contribuindo para os mesmos estereótipos que as detêm?

Os problemas que as mulheres enfrentam na indústria do cinema e da televisão não giram em torno apenas de salários justos para atrizes brancas ricas e famosas. Acho vergonhoso que colegas muito ricas reclamem de receber apenas 400 mil dólares por um trabalho, embora isso realmente sirva para ilustrar o abismo salarial entre homens e mulheres na indústria.

É mais importante enfrentar a falta de plataforma para jovens atrizes extremamente talentosas, mas que não são magras, loiras, brancas e/ou consideradas sexualmente desejáveis pelos poderosos. É mais importante enfrentar o frustrante *status quo* no qual os poderosos ainda são homens que ocupam espaço desproporcional nas salas de audição e da diretoria.

Precisamos acabar com um sistema em que há apenas homens brancos que decidem quando uma mulher — em qualquer posição, "privilegiada" ou não — é merecedora de poder e influência.

Ainda sou afetada pelos padrões de beleza exigidos das atrizes. Quando me oferecem um papel ou me chamam para um teste na TV/Hollywood, meu talento nunca é questionado. O "estúdio" ou a "emissora" me quer em vídeo para ver como está minha aparência no momento.

Nunca estive sozinha em um quarto de hotel com Harvey Weinstein, mas estive em "jantares" que pareciam flertes e entrei em ambientes onde fui avaliada de cima a baixo e depois recebi ligações ou pedidos de "encontro" que recusei.

Hoje, se o produtor, executivo ou diretor no comando me acham sexualmente atraente, então estou na lista. É assim que funciona. É assim que é. Se o escândalo de Harvey Weinstein ilustra alguma coisa, é toda a estrutura de poder. Os detalhes vívidos dos estupros são nojentos, mas ainda assim um escudo, de uma forma, para a toxicidade maior dessa estrutura de poder.

O comportamento e os crimes dele são tão... o quê? Inegáveis? Chocantes? Indesculpáveis?

Qualquer homem culpável na indústria do entretenimento pode fingir uma nobreza falsa e declarar publicamente (ou em particular): "Bem, eu não fiz AQUILO... exatamente", como um tipo de capa autoprotetora de negação. Há alguns atores que expressaram "apoio" às mulheres que falaram sobre Harvey Weinstein e que são culpados do mesmo comportamento ou semelhante. É uma ótima jogada de marketing para eles, mas há alguns mentirosos.

Há dezenas de diretores, executivos e produtores que não falaram nada porque são cúmplices e se comportam da mesma maneira que Weinstein. Não querem ser descobertos.

Meu objetivo não é denunciar pessoas. Não tenho o suficiente para um processo, mas tenho o suficiente para um coração/espírito partido. Nada mudará em Hollywood. Alguns homens serão cuidadosos. Alguns homens fingirão que nunca se comportaram como predadores e esperarão. O que é tão desanimador é saber que as ações doentias de Harvey Weinstein serão finalmente expostas e ainda assim toda a cultura e o contexto das atrocidades que ele cometeu permanecerão mesmo assim.

Espero estar errada.

Espero que mude.

Mas não estou contando com isso.

AS MANEIRAS COMO NOS ENSINAM
A SER UMA GAROTA

xTx

MAIS TARDE, VOCÊ O TRANSFORMARÁ em um sistema de pontos. Você não chamará de sistema de pontos e não haverá pontos de verdade, mas mesmo assim você manterá uma pontuação. Você imagina que outras meninas têm suas maneiras de manter a pontuação; em diários, em cicatrizes suaves e brilhantes, em como criam suas filhas, em como estão perdidas.

É um placar estranho: as garotas que têm a maior pontuação não são as vencedoras, e as que têm as menores também não.

Ninguém ganha. Nunca.

Eu sou uma garota com pontuação baixa.

As maneiras como nos ensinam a ser uma garota começam quando você é muito nova. Quando está sendo ensinada, você não sabe dos pontos. Quando está sendo ensinada a ser uma garota, as lições são simplesmente aceitas — o preço que paga por suas curvas, seus buracos. Só depois, quando está mais velha, depois de ter sido ensinada, é que você descobre sobre a folha de pontuação. Antes disso, é simplesmente o que acontece quando você é uma garota.

Lição um

Tínhamos uma propriedade no campo para a qual íamos todo verão, um lugar antigo de meio hectare nos arredores de uma cidade minúscula de população branca e pobre. Bosques, rio e trilhos de trem; perambulando sem destino, bronzeados, cobras, girinos, lagostins, sujeira, picadas de mosquito. Eu tinha uma amiga da mesma idade que vivia sem o pai, com dois irmãos mais velhos e três irmãs em uma casa pequena demais para seus ~~captores~~ moradores. Ficava a uma caminhada de seis minutos da nossa casa, ao longo de um pasto de cavalos vizinho. O quarto das meninas tinha bolinhas cor-de-rosa feitas com tinta spray nas paredes. A mãe tinha um frasco gigante de picles na cozinha que eu e minha amiga comíamos, embrulhando a carne ácida e verde que pingava em toalhas de papel e mastigando até o fim. Andávamos descalças o tempo todo. Nadávamos no rio. Subíamos em árvores. Brincávamos de boneca às vezes. Éramos molecas, mas acima de tudo éramos meninas.

O irmão mais velho dela gostava de me dar abraços.

Uma vez estávamos andando juntas a cavalo. Ele se assustou e disparou, e nós caímos quando ele deu uma empinada brusca. O corpo dela caiu e bateu num poste de madeira. O meu, não. Eu me lembro dela chorando, tirando a camiseta, a pele pálida arranhada e sangrando. Eu me lembro de pensar: "Ela tirou a camiseta e nem ligou". Eu me lembro do antisséptico no banheiro, bandagens e nunca mais querer andar a cavalo outra vez.

Aventuras.

Um forte perto do rio. Fibra de vidro. Alumínio. Placas. Terra. Tinha beliches. E meninos. Os irmãos dela. Ela me levou lá um dia. Eu tinha sete anos, acho.

Agora eu penso: será que ela me levou até lá de propósito? Foi esse o plano durante todo o tempo?

Aventuras.

Eles a beijaram de língua para me mostrar como era fácil.

— Viu? Nada de mais. Agora você tenta.

Eu não queria tentar. O forte era quente. A porta estava trancada. Eu não queria fazer aquilo.

Sete anos? Oito? Nove? Seis? Que idade torna as coisas melhores?

— Vai logo! — Essas não foram as palavras. Essas foram as palavras. Eu era criança. Estava assustada.

Ela disse, eles também. Três contra um.

Eu não fiz. Eles fizeram. Não fiz coisa alguma, exceto suportar minha primeira lição sobre como ser uma garota.

Eu me lembro de não conseguir respirar e chorar enquanto apalpavam meu peito totalmente reto, as línguas finas e quentes se enfiando na minha boca, alienígenas e nojentas. Eu me lembro de empurrá-los e correr porque estava sufocando, assustada, porque tudo parecia disparar sem freios, e se eu não corresse ia bater, e aquela batida custaria muitos pontos. Eu não sabia dos pontos, mas em algum lugar, lá no fundo, sabia, sim.

Contei aos meus pais quando cheguei em casa. Não tudo. Aprendemos a não contar tudo. Sabemos que contar tudo os fará ver o mal em nós. Como a culpa é nossa. Como contribuímos. Tememos as repercussões, ainda que mais leves que as que administraremos a nós mesmas; vadia, ruim, feia, fraca, puta, lixo, vergonha, ódio. Dizemos apenas o suficiente, se dizemos alguma coisa.

Eu não tinha mais permissão para brincar com ela depois daquilo. Eu concordei.

Conclusão

Às vezes você será forçada a fazer coisas que não quer fazer. Às vezes, farão com que se sinta mal por não querer fazer as coisas. Depois que as coisas forem feitas, você se sentirá uma pessoa ruim. Esses sentimentos nunca desaparecerão. Entram no reboco molhado e solidificam no seu molde. A maneira com que é ensinada a ser uma garota se tornará como você será como mulher — uma mulher que não é, no fundo, boa o bastante, não tem valor, é danificada.

Pontos: 2? 3? 1?

Lição dois

Por que eram sempre amigos ou amigos de alguém? Talvez porque a porta já estava aberta, menos trabalho? Alvo perfeito? Presa fácil?

Aquele mesmo lugar do verão. A varanda dos fundos. Depois de nadar. O amigo do meu irmão mais velho. Meus irmãos. Todos nós enrolados em toalhas, sentados.

Eu estava em uma idade em que não existem pelos pubianos e você tem ciência de que não há, envergonhada. Qualquer que seja essa idade. O amigo do meu irmão colocando a toalha dele sobre a minha, as mãos rastejando entre elas, rastejando para baixo, tentando chegar na garota que havia em mim.

Mas meus irmãos estão ali! Ninguém está ali. Grudo minhas pernas uma na outra. Pressiono com toda a força das coxas que aprenderei a odiar pelo resto da minha vida por serem roliças.

Por que ele está fazendo isso?

Por que ninguém está vendo?

Por que não estou me movendo, dizendo, gritando, berrando?

Por que eu?

Os dedos vão até onde ele consegue colocá-los, que não é tão longe quanto quer, e desiste. Eles vão jogar.

Eu relaxo. Minhas coxas estremecem, exaustas, mas sobretudo vitoriosas.

Conclusão

Se eles querem, podem pegar. O que você quer ou não quer é irrelevante.
Pontos: Um? Meio?

Lição três

O mesmo lugar no verão. Um amigo do meu pai, bêbado. Uma suíte durante uma festa, da qual ele sai furtivamente. Estou assistindo a desenhos animados. Ainda sem seios, sem pelos pubianos, apenas um bronzeado de verão, shorts, top de alcinha. Indecente? Será que minha pose deitada de lado com a mão na cabeça o seduziu? Ou foram minhas longas pernas bronzeadas? Criança vagabunda.

Eu estava assistindo a desenhos. Em um quarto. Sozinha.

Ele se deitou na cama, a pose espelhando a minha. Começou passando a mão por todo o meu corpo; cabeça, cabelo, bochecha, braço, cintura, quadril, coxa, panturrilha. Uma carícia sem fim.

Eu assisto a desenhos.

O hálito azedo dele, palavras truncadas. A mão. Lenta, acariciando. Ele cada vez mais perto, diminuindo o abismo entre nós. Eu quero os lençóis, uma luz noturna, um esconderijo, me encolher. Monstros não estão sempre em armários ou embaixo da cama.

Eu assistia a desenhos, insegura. Tio ****. Ele é legal, não é? Amigo do meu pai. Isso é bom, não é? Então por que parece errado? Por que não consigo me mexer? Levantar? Correr? Meu corpo me traindo outra vez.

Mais uma vez, um carro desgovernado.

A porta se abre, e outro amigo do meu pai se enfurece, arranca-o da cama. "Que merda você pensa que está fazendo?", pergunta. E é aí que sei, com certeza, que era algo errado.

Sou deixada sozinha na cama, os desenhos, sentindo-me a cúmplice na coisa errada. Se eu fosse uma boa garota, teria me afastado. Eu não fiz coisa alguma. Eu deixei. Eu deixei. Eu deixei.

Eu.

Deixei.

Culpa minha.

Conclusão

Se você não tomar uma atitude, é culpa sua. Ainda que você seja uma criança. Ainda que esteja assustada. Ainda que o homem seja um bom amigo do seu pai que a conhece desde pequena. Preste atenção. Anote. É assim que você é moldada ~~pela vergonha~~ como uma mulher.

Pontos: Nenhum? Meio?

Lição quatro

Verão de novo, mas, dessa vez, um acampamento de duas semanas em um lago.

O instrutor mais atraente; cachos castanho-escuros, olhos castanho-escuros, pele bronzeada, um sorriso bonito de menino. Eu tinha doze? Treze? Onze?

Sim.

Ele deve ter reconhecido meus anseios de menina. O olhar tímido e o sorriso. Uma virada, risadinhas coradas. Todos os comportamentos de uma paixão adolescente. Eu era gordinha. Feia. Comum. Um alvo fácil. Ele era um deus e sabia disso. Eu era apenas a presa.

Ele ensinava a velejar e, quando perguntou se eu gostaria de pegar o barco com ele — só eu e ele — é claro que eu disse sim. Ele era lindo. Ele era um instrutor. Um adulto. Relembrando, ele provavelmente só tinha dezenove ou vinte anos, mas era um INSTRUTOR. Para mim, era como um professor. Não havia razão para me preocupar.

Eu obviamente havia esquecido das lições passadas. Péssima aluna.

Garota má.

Ele pegou o barco. Quando estávamos prontos para zarpar, me fez pegar o timão e apontou para um ponto no outro lado do lago, instruindo-me a mirar lá. Ele se deitou de costas, fechou os olhos. Me ocorreu que aquele deveria ser o truque dele para tirar uma soneca no meio do trabalho.

Eu estava certa e também errada.

Enquanto eu guiava, olhava. O corpo bronzeado dele, coberto apenas com um calção de banho. O peito moreno sem pelos, as coxas musculosas, o cheiro dele. Sem acreditar na minha "sorte" por ser escolhida por um cara tão bonito. Eu! A menina gorda e sem graça. A garota usando uma camiseta comprida! Tantas meninas de biquínis deixadas para trás, não escolhidas! O meu coração de garota palpitava!

Após algum tempo ele acordou. Verificou como eu estava me saindo. Elogiou com um sorriso. Disse que eu fiz um ótimo trabalho. Ele me chamou de boa garota. Deitou-se de costas. Mas se inclinou e começou a acariciar o meu rosto. Pressionou o dedo em meus lábios, e então enfiou na minha boca.

Novamente, congelei. Eu não sabia o que era aquilo. O que era aquilo?

Entrava e saía da minha boca. Eu chupei. Sem pensar duas vezes. Eu chupei o dedo dele. Não sabia o que fazer, mas senti que aquilo era o que

UM DOS MEUS INSTRUTORES queria, então chupei. Como um bebê sonolento. Mesmo que tudo parecesse errado. Eu estava no meio de um lago, sozinha. Não sozinha. Vi o carro desgovernado outra vez. Ia em direção ao cume de uma colina. Meu estômago.

Eu não conseguia ver os olhos dele. Ele estava de óculos escuros. Mas notei que ele tinha uma ereção. Eu tinha irmãos. Eu tinha as revistas eróticas do meu pai. Eu sabia exatamente o que elas eram, o que podiam provocar.

Ele começou a se esfregar por cima do short, enquanto eu chupava o dedo dele. E então, após pouco tempo, enfiou a mão dentro do short e começou a se masturbar. Mais rápido e mais rápido até um gemido abrupto, e parou.

Eu não tinha certeza do que tinha acontecido, mas tinha certeza, mesmo assim.

Ele pulou no lago. Nadou ali por um minuto. Então velejamos de volta. Em silêncio.

Ele nunca mais me levou para velejar.

Conclusão

Se um menino a trata de forma especial, provavelmente é porque só quer gozar, e não porque você é um tesouro que ele descobriu. Você não é um tesouro. Você é uma coisa que um menino pode usar para conseguir ejacular. Isso faz sentido, porque, no fundo, você já acredita nisso. Você foi ensinada.

Pontos: dois.

LIÇÃO CINCO

Eu adorava jogos de fliperama. Meus irmãos e eu gastávamos nossa mesada no fliperama do shopping todas as semanas. Eu era especialista em *Donkey Kong*.

Mas não naquele dia. Naquele dia, tive o melhor jogo de *Galaga* de todos.

Pré-adolescente ou algo assim, coloquei minhas moedas e comecei a matar os insetos alienígenas. Como era típico na época, para reivindicar o "próximo jogo" você colocava sua moeda em cima da borda da máquina e ficava atrás de quem estava jogando, esperando. Então não foi alarmante, a princípio, ter um corpo atrás de mim.

Não a princípio.

Mas logo que eu terminei a primeira fase, aquele corpo se aproximou. Muito.

Algo duro estava pressionando a minha bunda. Uma pressão constante e evidente. Eu pensei que talvez o cara — porque era um cara — tivesse comprado algo no shopping, algo longo que ficava para fora da sacola que ele talvez estivesse segurando ao seu lado; um rolo de papel de embrulho ou um pôster. Eu não tinha certeza, mas essas foram as primeiras coisas que me vieram à mente.

Continuei atirando nos alienígenas. A pressão dura contra a minha bunda continuou. Meu tiroteio continuou. E então ele colocou o braço no alto da máquina e, de repente, todo o corpo dele estava curvado sobre o meu, e eu soube na hora o que ele pressionava em mim.

Não era um pôster. Não era um papel de embrulho.

Eu olhei para a direita, tentei me virar e olhar para ele, mas seu braço me prendia. Ele estava perto demais para que eu visse seu rosto. O que eu vi em vez disso foi um menino asiático a uns três metros de distância, olhando para nós. Eu pensei comigo. "O que isso deve parecer? Cadê os meus irmãos? Por que ninguém está vendo que eu preciso de ajuda?"

Continuei com o jogo. Enquanto ele se esfregava em mim. Fase depois de fase. Enquanto ele se esfregava em mim. Estava jogando o melhor jogo da minha vida. Não podia morrer. Enquanto ele se esfregava em mim. Consegui vidas extras. Enquanto ele se esfregava em mim. Minha pontuação aumentava, aumentava. Enquanto ele se esfregava em mim. Tudo que eu queria era que o inseto alienígena me matasse. Enquanto ele se esfregava em mim. Tudo que eu queria era que meus irmãos me vissem, percebessem e ajudassem. Enquanto ele se esfregava em mim. Eu estava paralisada, o coração batendo a toda velocidade, petrificada, o corpo traindo mais uma vez.

Enquanto ele se esfregava em mim eu não fiz nada.

Enfim, meu jogo acabou. Eu me lembro de mover os ombros para me livrar dele, com raiva, e do rosto dele sorrindo.

Apenas para ter certeza, olhei para baixo. Sem sacola de compras.

Saí do fliperama como um raio. Meus irmãos não estavam em lugar nenhum, então fiquei feliz por não terem visto aquilo.

Conclusão
Você podia ter saído, mas ficou. Você queria, e ele sabia. O tempo todo, e de muitas formas, viramos a arma para nossa própria cabeça.

Pontos: 4

Lição seis

Até os meus quinze anos, eu nunca tinha tido namorado. Garotas gordas e feias não têm namorados.

Mas minha melhor amiga loira, bonita e peituda não tinha problemas em arranjar namorados. Ela era dois anos mais velha do que eu. Não era das mais inteligentes, foi reprovada na escola algumas vezes, e foi assim que acabamos virando amigas.

O namorado dela, Mike, dirigia um Camaro. Eu quase sempre era a vela quando dirigíamos para vários locais escondidos para fumar maconha ou beber. Às vezes íamos até São Francisco, andávamos bêbados pela Broadway, entrávamos escondidos em sex shops, espetáculos eróticos e cabines pornôs. Tudo parecia irresponsável, e era. Mas eles eram mais velhos e legais, e eu era apenas uma caloura nem um pouco descolada.

Às vezes, Mike trazia um dos seus amigos. Geralmente eram da mesma idade dele, dezessete. Maconheiros, na maior parte das vezes. Cabelo comprido, jaquetas acolchoadas, amantes de Ronnie James Dio e Black Sabbath. Às vezes, quando saíamos, minha amiga e Mike entravam no carro para transar e eu ficava do lado de fora com o amigo que tinha ido junto.

Uma vez, Mike levou um amigo mais velho. Ele era negro, gordo e tinha um bigode. Mesmo agora não tenho certeza da idade dele. Ele poderia ter 21, 32, 40. Tudo que eu sei é que eu nunca vou esquecer aquele bigode.

Daquela vez, Mike e minha amiga nos deixaram no carro para fazer sabe-se lá o quê. Nós estávamos no banco de trás e...

Conclusão
Homens são fortes. Ver também conclusões das lições 1, 2, 3, 4 e 5.
Pontos: 8
PONTUAÇÃO TOTAL: 17?

As maneiras como nos ensinam a sermos garotas são muitas. Essas foram as minhas maiores lições. Não vale a pena escrever sobre as menores, mas elas somam: a "sentada no colo do meu tio", que roça o seu pescoço e não deixa você sair, chama o bigode dele de "lagarta" — "Não faz cócegas?" —, o segurança que a revistou lentamente e por muito tempo entre as suas pernas em um corredor escuro quando seu grupo já tinha entrado no clube, o "vai se foder, sua piranha" quando você disse a ele que não, ele não pode ter o que quer, o cara bêbado desconhecido que está conversando e rindo com você, que de repente mergulha na sua boca porque ser amigável é um convite, o cara e o cara após o cara que roça o pau na sua bunda quando você está dançando com as suas amigas.

O.

Que.

Ele.

Quer.

Minha pontuação é baixa comparada a algumas e alta comparada a outras. Quanto pior a lição, maior a pontuação. Algumas garotas matariam pela minha pontuação. É por isso que eu não falo sobre ela. Eu me safei facilmente.

Eu realmente penso: "Eu me safei". Não fui estuprada, meu pai não enfiou os dedos em mim, meu primo não me fez chupar o pau dele, ninguém fez sexo anal em mim enquanto eu estava desmaiada em uma festa. Eu fui acariciada, no máximo. Não é assim tão ruim, certo? Sorte, certo? Certo. Exatamente. É isso que estou dizendo. Eu me safei facilmente. Por que, então, escrever este texto?

Até eu virar uma adulta *experiente*, achava que essa era uma parte normal de crescer sendo uma garota. Coisas estranhas com meninos/homens acontecem com você. Veja todas as vezes que aconteceu comigo, então, obviamente, é apenas um desses percalços da vida, como pneus furados, ficar sem gasolina, receber uma multa de trânsito, torcer o tornozelo etc. É horrível, mas acontece, e você apenas lida com isso. Segue em frente.

Mas, quando amadureci, conheci outras mulheres e repassei minha vida, percebi que não é normal. É uma exceção. Não é "o que acontece com você" por ser uma garota. É o que acontece com você por não ter pais vigilantes. É o que acontece com você por não saber como se defender. É o que acontece com você por ser jovem, inocente e assustada. É o que acontece com você quando não tem supervisão e é estúpida. Sobretudo, é o que acontece com você quando os homens decidem se aproveitar de você, independentemente do que você quer. Se todos esses meninos, esses homens, tivessem escolhido me tratar como mais do que uma "coisa", minha pontuação estaria nula agora.

Nada disso deveria acontecer. Não tinha que acontecer. Eu não deveria ter uma pontuação. Nenhuma de nós deveria.

FLOCCINAUCINIHILIPILIFICAÇÃO

So Mayer

EU SOBREVIVI.

Crianças estupradas deveriam morrer. O que a cultura do indivíduo branco cisgênero masculino heterossexual genial fez conosco? Somos predicado das orações deles, nunca o sujeito, material para dissecações frias.

Devemos morrer bela e inexpressivamente, para que nossa raiva não rasgue todos os certificados, prêmios e arquivos de casos deles, jogue fora suas análises e enfie o rosto deles no privilégio que permite que se aliem aos nossos agressores para nos silenciar e nos matar.

> *Ele às vezes comparou seu estilo de escrever ao de um médico*
> *realizando uma autópsia em uma criança estuprada — cujo trabalho*
> *consiste em analisar as lesões, não dar vazão à raiva que se sente.*
> — Susie Mackenzie sobre J. G. Ballard, *The Guardian*,
> 6 de setembro de 2003

Se Ballard é o modelo para um romance político experimental, como a criança estuprada (não) morta deve escrever, ainda que sobreviva?

1. Fazer uma autópsia em si mesma.
2. Dar vazão à raiva que sente.

As opções são, aparentemente, incompatíveis. É uma ou outra, ciência ou uivos.

É mais fácil se fingir de morta.

É um dilema: se você sobrevive, então a coisa — aquilo, o trauma — não pode ter sido assim tão ruim. Estar morta é a única maneira de provar que foi. Foi ruim mesmo. Foi horrível. Foi tão horrível que não havia como eu ter sobrevivido.

Do que essa criança morreu? Vergonha, principalmente. E necessidade de narrativa.

Se sobreviver, você tem que provar que foi ruim, ou então, pensam que *você* é ruim.

Sobreviver é um tipo de pecado, como flutuar ao ser atirada no lago amarrada a uma pedra, como uma bruxa. Você tem que ser permanentemente exposta, marcada, oferecendo órgãos e partes do corpo como uma santa medieval.

E se não há o bastante para exibir? Se as histórias são incoerentes, lampejos?

Como qualquer médico descobriria, há partes minhas faltando.

Existem as peças que faltam em muitas pessoas: o siso que só pôde ser removido após quebrarem minha mandíbula (cerrada); o óvulo que eu libero (com muita dor) todo mês (apesar dos cistos); as pequenas rugas de preocupação com as manchas e as cascas de ferida constantemente cutucadas.

Existem ausências mais incomuns, as que dão boas histórias em festas: sinta esse pedacinho de pele sem pelos, dura e brilhante, do tamanho de uma moeda de um centavo — foi onde o obstetra usou um cabo para reiniciar o meu coração. Parou quando eu estava no canal endocervical.

O cabo puxou meus cabelos pelas raízes. Mas eu sobrevivi.

***

E há partes sobre as quais é difícil falar, ou que são mais difíceis de ver. Uma ladainha. Porque nenhum médico *viu* quando eu aparecia na emergência e no consultório uma vez depois da outra com dedos dos pés e das mãos quebrados, com a pele irritada e dentes quebrados; com anorexia aos seis anos; com o que era chamado de dor de crescimento nas pernas (embora eu nunca tenha ficado mais alta), tão forte que eu não conseguia subir até o meu quarto; com uma queimadura de terceiro grau, embora eu nem sequer tivesse percebido que estava erguendo o ferro de passar.

Isso não era verdade; eu senti. Foi bom. Parecia frio como o gelo em um dia de verão. Foi como ter a capacidade de sentir.

Depois que as memórias do abuso sexual voltaram, quando eu era legalmente (não emocionalmente) adulta, também tive meses de insônia sentindo uma dor excruciante, uma espécie de lesão por esforço repetitivo na mão que uso para escrever — uma dor que apareceu na primeira vez que tentei escrever sobre abuso: coincidência ou não? —, que foi finalmente rastreada até uma vértebra fundida no meu pescoço.

Eu nunca sofri um acidente de carro ou caí de um muro. Minha avó — a mãe do meu pai — foi o primeiro membro da minha família a me segurar após o meu nascimento e depois que passei um mês na incubadora. Ela me deixou cair de cabeça.

É como uma história que você conta em festas, que na hora parecem engraçadas. Ou a história engraçada de como houve tanta violência na minha infância que quase morrer no parto e cair de cabeça no chão pouco depois parecia valer apenas um dar de ombros — coisa normal.

A violência familiar vem há gerações: muito antes do meu pai (finalmente) deixar a minha mãe, o pai dela deixar a mãe dela, e o pai do pai dela deixar minha bisavó. Eu pareço com ela, dizem, essa mulher que eu conhecia como um pássaro frágil, aquela adolescente judia que fugiu da Romênia ocupada por nazistas como uma mulher casada, foi desertada, sobreviveu à guerra na Inglaterra como estrangeira residente, mãe solteira com um filho pequeno que virou o avô que nunca conheci.

Às vezes minha mãe conta histórias sobre o pai dela ou sobre o meu pai. Não me sinto no direito de repeti-las. "Eu quero que você saiba", ela me diz, como se se sentisse culpada por explicar nossa história para mim. Fico maravilhada com o tanto de violência que podemos conter — internalizar, suprimir, nos apegar, narrar. Com o tanto que podemos engolir e ainda sobreviver.

Há uma cicatriz na minha perna, uma cicatriz como a cicatriz de muitas pessoas. É pálida e brilhante, mesmo contra minha pele bege asquenazim.* Nunca vai desaparecer. Como a cicatriz no meu couro cabeludo, está marcada pela falta de cabelos, uma clareira na floresta.

É a evidência de uma história semelhante às histórias de outras pessoas. Em um dia chuvoso, eu estava correndo para pegar o metrô da escola para casa. Escorreguei e caí, indo parar debaixo do degrau do vagão do trem. Dois estranhos agarraram meus braços e me puxaram a bordo enquanto o trem se sacudia, entrando em movimento.

Nem me surpreendeu. Nunca estive no meu corpo: ainda hoje, como quando eu era criança, caio sempre, esbarro nas coisas, tropeço. Estou o tempo todo coberta de hematomas. Meu corpo não era o meu corpo, mas uma estrutura amorfa pós-puberdade de massinha que não podia controlar a forma, a posição no espaço ou o vetor.

No caminho para casa, meus amigos batiam papo, agitados por causa do acontecimento. Cheios de adrenalina pelo quase acidente. Eu também. Tão cheia que não percebi, até sairmos do metrô, que minha calça azul marinho estava encharcada de sangue que vazava de um pequeno rasgo no tecido — um rasgo que mapeava exatamente um corte na minha pele.

* Judeus que vieram da Europa do Leste ou Central. (N. T.)

120 Editado por Roxane Gay

— Não é assim tão ruim — disse a minha melhor amiga, mas ela foi de má vontade à farmácia perto da estação de metrô e comprou alguns Band-Aids enquanto eu esperava o ônibus, tentando não desmaiar.

O corte foi coberto habilmente por um Band-Aid grande. Não era assim tão ruim.

Nós brigamos, porque eu me sentia fraca demais para dar uma volta. Fui embora (mancando). Não lembro como cheguei ao consultório do médico. Lembro-me que o Band-Aid inchou com o sangue, encharcado, projetado para fora. Eu lembro que minha meia e meu sapato estavam ensopados. Eu lembro que quando o médico limpou o ferimento, dava para ver o osso.

Há muitas partes perdidas da minha memória: os nomes dos coleguinhas da escola primária; férias de família; todo o hebraico (clássico e moderno) que aprendi, cinco aulas por semana durante sete anos. Às vezes é mais súbito e frustrante: as conexões de casualidade vão embora, como se uma memória vívida fosse um sonho que eu tentava descrever um dia depois. Tenho lampejos, mas não as ligações que os atam em memórias coerentes e narráveis.

Sei por que estava histérica no consultório do médico: não era a dor do corte, o osso visível ou a vacina antitetânica. Era a ideia de ter que contar para o meu pai por que estava atrasada para… por que perdi… eu não sei. Não importa. Havia algo que eu tinha que fazer naquela tarde, algo que ele gritou para mim a manhã inteira e que eu perderia.

O que quer que fosse, não era importante. Não era importante na época, e não é agora. Eu sobrevivi.

Mas, sentada na borda fria da mesa do médico, minha calça da escola cortada em pedaços, eu estava enjoada, aos prantos, incoerente. Pode chamar de choque, de deslocamento, de histeria adolescente. Era medo.

Às vezes imagino se sobrevivi mesmo a tudo isso, se pairo em uma vida roubada do seu fim antes de começar. Fui seis semanas prematura, muito péquena, amarelada, um bebê pequenino que gritava muito, abençoado com um remendo sem pelos desde o nascimento.

Você sobrevive se não sabe como sobreviveu? Eu me lembro de um plano elaborado para entrar escondida na cozinha e roubar uma faca para... Um daqueles pensamentos meio sonhados, meio conscientes na escuridão antes do amanhecer. Eu me lembro de sonhar inúmeras vezes que os muros da casa eram feitos de papel e iam se deformar. Eu me lembro de fazer xixi em um pote por causa da anorexia. Eu me lembro de passar repetidamente os dedos no lugar macio da minha canela quando estou trabalhando, um hábito nervoso que sinto ter desde que nasci.

Em sua biografia *My Father's House* [A casa do meu pai], Sylvia Fraser fala sobre ter memória fotográfica para detalhes da sua infância, uma memória que usou para escrever seus primeiros romances. Ela descreve o choque de descobrir que a exatidão fotográfica era uma fachada, um disfarce para o abuso sexual que tinha esquecido, até que — de forma violenta — seu corpo a lembrou.

Passei um semestre na faculdade escrevendo sobre o trabalho de Fraser, sobre *De joelhos*, de Ann-Marie MacDonald, e sobre *Mounthing the Words* [Sussurrando as palavras], de Camilla Gibb. Eu me mudei para 5 mil quilômetros de distância do meu passado, de Londres, Reino Unido, para Toronto, Canadá, e estava apaixonada pela literatura feminista canadense. Por meses, estudei e emoldurei esses e outros — relatos de filhas abusadas pelo pai. Imersa.

Ainda levaria mais dois anos para que eu tivesse um indício de que essa imersão era pessoal.

Eu sobrevivi lendo.

Meu pai me ensinou a ler durante o mesmo período em que me estuprava. Ele me ensinou a nadar — a respirar sem me afogar — durante os anos em que segurava minha boca fechada à noite.

Escrevo, penso às vezes, porque preciso lavar as palavras e a linguagem.

***

Palavras eram brincadeira para o meu pai — palavras cruzadas, *scrabble*, trocadilhos e piadas. As palavras não tinham significado, elas tinham valor: quanto podiam ser invertidas, distorcidas, mexidas. Usadas como armas de controle.

Quais são as únicas duas palavras em inglês que contêm todas as cinco vogais na ordem correta?

Abstemious. Facetious.**

Quais são as palavras mais longas no *Dicionário de Oxford*?

antidesestabelecimento — em resumo, conservadorismo; ficar no caminho da mudança.

floccinaucinihilipilificação — ação ou hábito de estimar algo como sem valor.

A réplica favorita do meu pai em uma discussão: "Não seja jocosa".

Nada que eu falava tinha significado. Era sempre simplista, superficial, juvenil, insubstancial, estúpido, fútil. Os sinônimos se amontoavam, esvaziando qualquer alegação que eu fazia, fosse qual fosse o sentimento ou fato por trás da alegação, transformando minha boca em um buraco negro.

Agora, educada por Rebecca Solnit e Sarah Seltzer, denomino com conhecimento o que ele fazia comigo de abuso psicológico, *bullying* e silenciamento. Na verdade, tenho uma expressão melhor: Efeito Cordélia.*** "Nada nasce do nada. Tente de novo." A transformação de uma filha em uma boneca, programada, a voz doce e baixa demais para carregar qualquer significado.

Não. Eu chamaria de *floccinaucinihilipilificação*. Todas as táticas de *mansplaining* somadas: a ação e o hábito de estimar algo como sem valor.

---

* Moderado, abstêmio. (N. T)

** Jocoso, brincalhão, alegre. (N. T)

*** Na peça *Rei Lear*, de Shakespeare, (Ato I, cena I), Cordélia, a filha do rei, diz sobre si mesma: "Cordélia que fará? Ama e se cala". (N. T.)

Funcionou.

A ameaça favorita do meu pai: "Eu vou aniquilar você".
aniquilar — reduzir a nada, destruir completamente; exterminar.

Eu sobrevivi. Peguei a linguagem cortante que me deram e derrubei as paredes da minha casa e do meu corpo. Há outros locais onde a pele mal aparece, lugares que não mostro. Cicatrizes que apenas um exame pode ver. Tatuagens que (depois de doze horas) me lembram que eu ainda não estava preparada para uma autópsia.

O adulto criativo é a criança que sobreviveu.
— frase atribuída erroneamente a Ursula K. Le Guin

Em um post de um blog respondendo a um meme atribuído a ela, Ursula K. Le Guin falou dela:

[Tenho] aversão ao que a frase diz; que apenas a criança é viva e criativa — que crescer é morrer.
Respeitar e valorizar o frescor da percepção e as personalidades vastas e polimorfas da infância é uma coisa. Mas dizer que nós só experimentamos a existência real na infância e que a criatividade é uma função infantil — isso é outra coisa.

O post de Le Guin "The Inner Child and the Nude Politician" me libera da ansiedade gerada por um meme: que apenas aqueles que lembram de suas infâncias — na medida de preferir a infância à vida adulta — podem ser adultos criativos. Conceder a criatividade na vida adulta apenas àqueles que tiveram dias tranquilos nos quais as "vastas e polimorfas potencialidades da infância" eram percebidas e podiam ser lembradas evidencia os privilégios da classe média branca cisgênero.

Tendo em mente a crítica de Le Guin, reinterpreto a frase com ênfase em "sobreviver", em vez de em "criança". Eu sou uma adulta (e estou viva) porque — da maneira que ela pôde — a criança que eu era sobreviveu aos terrores da infância.

A criança que eu era estava morta, de novo e de novo. É verdade. Aquela criança está sob a faca de Ballard, a criança que é objeto deste texto, aberta esquematicamente para a sua análise.

Eu sou a criança que sobreviveu — para virar a adulta que pode responder.

Ensine-me a palavra para minha própria abjeção e correção e me ensinará a sobreviver.

Logo após as memórias retornarem, voltei à faculdade. Eu não tinha muita escolha: tinha que frequentar as aulas, continuar entregando capítulos da tese de doutorado, ou perder minha bolsa e meu visto de estudante.

Ainda que não tivesse escolha, teria ficado. Era onde precisava estar.

Eu estava em uma aula de poética indígena dois-espíritos,[*] lendo Chrystos, Gregory Scofield e Owo-Li Driskill escreverem de forma pungente sobre suas cicatrizes e sobrevivências, sobre ódio internalizado e heranças intergeracionais de violência abusiva. Sobre como a ternura dos amantes podia ferir. Sobre as maneiras como até mesmo corações e partes íntimas do corpo eram e são colonizados.

O trabalho deles me permitiu sobreviver e escrever. Graças a eles fui atingida pela descoberta de que o estupro não era um ato entre um indivíduo e um indivíduo, escondidos em um quarto escuro — isso era o que o meu agressor queria que eu pensasse. Estupro era e é um ato cultural e político: ele tenta remover uma pessoa com função, autonomia e pertencimento de sua comunidade, segregá-la e separá-la, despolitizar seu corpo ao transformá-lo em destacável, violável, nada.

---

[*] Assim são chamados os nativos americanos que acreditam ter um espírito masculino e um feminino habitando seu corpo. (N. T.)

***

O que acontece entre um indivíduo e um indivíduo pode ser descrito como "não tão ruim". Pode ser chamado de "crime passional". Pode ser chamado de engano, um deslize freudiano, coisa de uma vez só, só entre mim e você, um ato insignificante entre as vastas e insensíveis crises de genocídio. Qualquer medida de comparação parece grotesca quando apresentada como uma figura de linguagem: o estupro é *como* uma colonização — embora a metáfora de "estupro" costume ser usada para descrever a conquista de uma terra.

Agora pare e pense no estupro *como* colonização de fato: não apenas uma metonímia, mas uma sinédoque precisa, parte de um todo, uma ação pela qual uma violência genocida, a remoção dos direitos de propriedade e a destruição da cultura coerente, opera.

Estupro e colonialismo não são proporcionais, mas são similares. Quando falamos sobre violência sexual como feministas, estamos — precisamos estar — falando sobre o seu uso para subjugar pessoas e culturas, a aniquilação que é um coração vazio. O estupro é *assim tão ruim* porque é uma arma ideológica. O estupro é *assim tão ruim* porque é uma estrutura: não um excesso, não monstruoso, mas a conclusão lógica do capitalismo heteropatriarcal. É o que aquela palavra polissilábica horrível que significa "poder de estado" faz.

Foi o estupro que detonou minha rebelião. O tênue entendimento dele de que — pequena como eu era, uma criança — eu precisava ser controlada, foi a dica de que eu tinha um poder que podia ser restringido. Que eu estava viva o suficiente para ser aniquilada. Que minha sobrevivência era uma ameaça que precisava ser contida.

Estupro e abuso sexual me tornaram um nada e, ao fazerem isso, me tornaram algo.

Diferente do ninguém esvaziado e apagado que meu pai esperava produzir. A filha-boneca, obediente à lei. Filha de Jefté, enviada para onde era mandada. Filha de Ló, fixada na propagação patriarcal.

126 Editado por Roxane Gay

É o fim do mundo. Não é. Não é mesmo.

É o que temos. É o que criamos para "sobreviver". As paredes da visão de mundo suburbana, conservadora e religiosa na qual eu fui criada *eram* finas como papel, a superfície de um jogo de sombras de bonequinhos (Pai, Rabino, Policial) interpretando a mesma história de sempre sobre o poder.

Transformar algo inútil — destruir algo — é poderoso. É uma arma de poder. Sabemos isso em nossos corpos.

É hora de tirar o bisturi de nossa pele e virá-lo. Fazer incisões nas paredes de papel da casa-grande dessa alucinação coletiva do heteropatriarcado colonialista que clama ser a nossa realidade.

Dar asas à nossa raiva. Ser má. Ousar sobreviver.

O Destruidor de Vidas

Nora Salem

Conheço um cara que gosto de chamar de Destruidor de Vidas. Ele nasceu em um pequeno vilarejo egípcio com ambições de cidade grande. Ele se mudou para a então casa da minha família no Cairo para tornar esses sonhos realidade. Ele tinha dezoito anos; eu tinha oito. E por um período de pouco menos de um ano, abusou sexualmente de mim com regularidade.

Costumo chamá-lo de "o Destruidor de Vidas" na minha própria cabeça. Isso o faz soar como um criminoso das antigas, e tento imaginá-lo assim quando penso nele: em uma camisa amarela de seda, cabelo penteado para trás, sapatos de couro um pouco maiores do que seus pés, casualmente recostado em um Fusca, o qual, após sua ação covarde, ele dirige, gargalhando como um maníaco.

Eis uma memória real: eu na cozinha do nosso apartamento no Cairo, empunhando uma faca enorme. Com oito anos, cansada e dizendo a ele que, caso se aproximasse outra vez, eu a enfiaria em sua garganta. Ele riu.

Ainda assim, não contei a ninguém o que ele havia feito.

Passaram-se duas décadas desde então e uma década desde que consegui contar aos meus pais. Por incrível que pareça, foi sobretudo depois que contei a eles que as memórias ficaram mais poderosas, às vezes me consumindo por completo. Alguns analistas chamaram de transtorno pós-traumático. Parece mais com passar meus dedos sobre a ruptura entre a vida que eu vivia e a que vivo agora.

Tentei muitas coisas para fazer com que as memórias e sua vivacidade terrível fossem embora: álcool, drogas, sexo, muito sono mergulhado em antialérgico para evitar pesadelos. E então, quando isso não funcionava, uma lâmina na minha coxa, um cigarro acesso pressionado contra a palma da mão. Tudo isso fazia com que eu me sentisse estúpida e frágil. Às vezes penso que esses sentimentos — fraqueza sem fim, vulnerabilidade total — são os do que mais me ressinto.

Ah, meu amigo, em busca de um absurdo necessário para treinar a tolerância de seu próprio eu... não se detenha por nada exceto por essa razão obscura. Não lamente a guerra que o fez amadurecer assim como o agosto amadurece as romãs nas encostas de montanhas roubadas.

— Mahmoud Darwish

As memórias voltam aos bocados e pedaços; não há um enredo consistente. Aprendi que contar uma história costuma criar um sentido onde não há nenhum, então me recuso a preencher as lacunas. Aqueles que pedem mais detalhes — pais, amigos, idiotas em uma oficina de escrita — são como cães mordiscando meus pés enquanto tento fechar os portões do inferno. Deixem-me em paz. *Deixem-me em paz.*

O que ele fez de fato comigo é confuso, em parte porque a memória prega peças, e em parte porque, naqueles momentos, fiz algo que um psiquiatra chamaria de dissociação, e em parte porque eram atos que eu, uma menina de oito anos, não entendia. Eu me lembro de fragmentos: uma língua pressionada em minha boca pequena; uma mão na minha calcinha; o peso dele em cima de mim, dor; a sensação do ar sendo sugado do meu corpo.

Eu sou uma romã. Eu sou uma romã. Eu sou uma romã. Eu posso mastigar minha própria polpa doce e cuspir as sementes.

***

Meus pais planejavam ficar mais tempo no Egito, mas, após um ano, minha mãe e eu voltamos à Califórnia, onde fui criada. Voltamos, eu e minha mãe, menos dois corpos. Deixamos meu irmão mais velho enterrado em um túmulo não muito longe da casa em Almançoura onde meu pai fora criado; ele se mudou para o Kuwait. Eu sabia que minha família dilacerada não aguentaria outro golpe. Essa, junto com a minha sensação de culpa, eram as razões principais para não contar o que o Destruidor de Vidas havia feito comigo.

O ano em que voltamos foi um borrão: chorei muito, mas nunca em casa. Na maioria das vezes, chorei no banheiro da escola.

O que há nos segredos que os confere tanto poder? Mais pertinente: por que eu era tão obcecada em manter os meus? Por que por tanto tempo?

Talvez uma pergunta ainda melhor seja: quais são os segredos que guardamos de nós mesmos? E como conseguimos fazer isso?

A ideia de que um segredo será revelado sempre leva a um desses dois cenários: morte e destruição, ou autodescoberta e recuperação além de nossos sonhos mais loucos de unificação. E, na maior das sagas, ambas ao mesmo tempo.

— Mary Ruefle

Quando eu estava no ensino médio, era obcecada por *Um casamento à indiana,* de Mira Nair, um filme sobre uma família punjabi aristocrata organizando um casamento para a filha. Não era apenas porque eu amava Bollywood. Era porque eu fiquei encantada pela interpretação de Shefali Shah para Ria Verma, a prima mais velha, solteira e boa amiga que foi abusada sexualmente quando criança. Perto do fim, em um esforço para proteger sua prima pequena, Ria "se expõe" como sobrevivente.

Minha parte favorita do filme era o momento em que chove na festa de casamento, apenas algumas horas após o momento conflituoso, e Ria corre para fora, de braços abertos, o rosto voltado para o céu — a imagem perfeita da serenidade e do deleite.

Hoje em dia acho isso hilário, mas na época eu tinha absoluta certeza de que contar o meu segredo me traria aquele tipo de alívio eterno. Uma vez que tivesse coragem para contar, pensava eu, minha vida estaria resolvida. Talvez seja por isso que eu continuava sempre adiando: enquanto permanecesse em silêncio, a possibilidade daquele tipo de liberdade estava ao meu alcance.

O dia em que finalmente contei aos meus pais foi quase o pior da minha vida, menos pior apenas do que o dia em que perdi meu irmão.

Eu estava destruída ou unificada pela revelação? Nenhum dos dois. Ambos. Acho que o júri ainda está decidindo. Ruefle está certa sobre sagas, mas aplicar a mesma lógica a uma vida inteira — na qual a destruição e a autodescoberta acontecem de novo e de novo, como as rodas que mantêm toda a geringonça torta fazendo barulho — é mais complicado.

Eu me pergunto o que o Destruidor de Vidas acha do segredo dele. Imagino se ele escolheu esquecer ou se reescreveu sua história de uma forma que lhe eximisse da culpa. Imagino se contou a alguém. Imagino se, quando contou, chorou de alívio, se sentiu renovado. Imagino se uma mulher o deixou chorar nos ombros dela, e se essa mulher já havia prometido amá-lo eternamente ou se apenas fez isso na cabeça dela.

Sei uma coisa sobre Destruidores de Vida: eles sabem quando você está na mão deles.

Eu gosto de pensar que sou uma boa pessoa: a maioria dos animais realmente gosta de mim e ajudei alguns amigos a fazer mudança. Será que Deus (ou seja lá qual força move esse universo) não concorda? Se não, gostaria de dizer que realmente fui até o limite das minhas forças para provar que não mereço o que ele fez comigo ou que, no mínimo, mereço alguma retribuição cósmica das grandes por isso.

Contudo, ele fez o que fez, e meus pesadelos são a prova viva disso. Às vezes, são apenas memórias esparsas — uma apresentação de slides de horror, retrospectivas de alguns dos piores momentos que vivi. Com maior frequência, são mais metafóricos: sonho com salvar garotas — por volta da mesma idade que eu tinha na primeira vez — de prédios em chamas ou navios afundando, mas nunca consigo. O sonho sempre termina comigo vendo-as sucumbir nas ondas ou virar cinzas.

Em outro sonhodelo, eu mesma estou em um oceano: quilômetros e quilômetros de água luminosa e turquesa, mas não há vida alguma em volta. Não há peixes, não há corais, nem mesmo plâncton. Apenas eu, e água até onde a vista consegue alcançar.

Não quero escrever sobre mim desse jeito, embora eu vá ser assim para sempre. Mas não serei? Que prova tenho do contrário?

Não importa o que acontece com os nossos corpos durante a vida... Eles permanecem nossos.

— Maggie Nelson

Na primeira vez que li isso, me senti reconfortada. Sublinhei a passagem. Fui lembrada que, independentemente do fato de que alguém certa vez pegou meu corpo e fez uso dele, ainda era eu quem o possuía de verdade. Mas, uma vez, pensei nisso como um lembrete de que levo esse corpo (tenho esse, e apenas esse) comigo para todos os lugares, então levo tudo que aconteceu comigo junto. Estamos acorrentados um ao outro — esse corpo e eu. O corpo aguenta; a mente lembra.

Estou arruinada, afinal? Responder a isso requer que eu imagine um universo no qual isso nunca aconteceu comigo. Como eu seria? Agiria? Como amaria?

É muito difícil imaginar; a dor de me imaginar e imaginar minha vida sem esse tipo de trauma é quase física. Não consigo fazer isso por muito tempo.

Quando o faço, de qualquer forma, a primeira coisa que vejo é a feliz ausência da dor emocional com a qual vivo há duas décadas. Mas é quando chego no que preencheria os espaços vazios que a dor deixaria para trás que fica impossível. Tenho a sensação de que pode haver vidas sem fim que não vivi nem poderia viver: a garota sem medos ou pesadelos, a garota para quem a confiança não é uma proeza impressionante, a garota que consegue viver em sua própria pele sem nunca saber que essa capacidade é uma benção.

O que acontece é que eu consigo imaginar um mundo no qual nunca conheci o Destruidor de Vidas ou, pelo menos, um no qual ele nunca teve a oportunidade de arruinar a minha vida. Mas o universo em que algo assim jamais poderia acontecer comigo — ou no qual, mesmo que eu nunca fosse machucada dessa forma, poderia ser a garota dos meus sonhos — muito provavelmente não existe.

Isso me ocorre porque, de certa maneira, aconteceu de novo: passos diferentes, mas a mesma sintonia. Foi no meu primeiro ano na faculdade, em uma festa. Eu disse a ele: "Não, eu não quero transar com você". Mas quando ele estava dentro de mim, não gritei. Não gritei por ajuda ou o empurrei, mesmo que tivesse feito exatamente isso algumas semanas antes, quando, em outra festa, outro homem tivesse posto para fora um pau indesejável.

Talvez eu estivesse apenas esgotada.

Tendo vivido duas histórias drasticamente diferentes de abuso sexual, aprendi algumas coisas interessantes sobre reações. Quando alguém ouve um relato de abuso infantil, geralmente responde de uma das duas formas: (1) um olhar de absoluto horror e compaixão, com uma espécie de impulso quase incontrolável de consolo (independentemente do seu estado emocional no momento) ou (2) um olhar de absoluto horror, com uma espécie de impulso quase incontrolável de fugir de você.

Por outro lado, quando alguém ouve um relato de estupro de uma mulher adulta em uma festa, as reações são muito mais variadas. Você estava bêbada? Vocês já tinham transado antes? Pode ter sido algum mal-entendido?

As pessoas sempre reagirão de maneiras diferentes à história de uma criança que sofreu abuso e à história de uma mulher jovem que foi violada por um amigo em uma festa cheia de bebidas. É compreensível, já que são histórias muito diferentes. No entanto, de muitas maneiras, elas estão intimamente entrelaçadas: as duas acreditam na posse do corpo vulnerável, seja feminino, infantil ou ambos. A ideia de que uma violação é muitíssimo pior que outra é provavelmente um raciocínio não muito diferente do que se passa na cabeça de um estuprador em um encontro.

Os que têm nojo da ideia de tocar uma criança podem ser exatamente os mesmos que apalpariam uma mulher adulta em um beco ou num trem lotado — ou pior.

134 *Editado por Roxane Gay*

***

No primeiro romance da *Tetralogia Napolitana* de Elena Ferrante, Gigliola, a amiga de infância da narradora homônima, é estuprada por dois irmãos ricos que aterrorizam a vizinhança. No terceiro, *História de quem foge e de quem fica*, Gigliola, seduzida pelas promessas de prestígio e riqueza, está casada com um desses estupradores. O marido dela, Michele, a trata mal, batendo nela e traindo-a com muitas outras mulheres. A narradora, Elena, visita Gigliola, que era antes orgulhosa e bonita, e escuta sobre sua desgraça mais recente:

> *E me perguntou de repente, quase como se de fato quisesse um parecer: você acha que eu existo? Olhe pra mim, na sua opinião, eu existo? Bateu a mão aberta no peito farto, mas o fez como para me demonstrar na prática que a mão a trespassava, que seu corpo, por culpa de Michele, não existia. Ele tinha tomado tudo dela, logo, desde quando era quase uma menina. Ele a consumira, amarrotara e, agora que tinha vinte e cinco anos, já se habituara, nem sequer olhava mais para ela.*

Eu me reconheci nessa cena instantaneamente. Meu maior medo é que eu não seja de fato real. De todos os meus pesadelos, os piores, sem sombra de dúvida, são os que me acordam em pânico e me forçam a perambular pelo quarto em busca de alguma prova inegável da minha existência. Vasculho gavetas e prateleiras, pego joias que minha mãe me deixou, olho para os livros em cujas margens escrevi. "Sim, aqui está você", digo para mim.

Talvez a coisa mais horripilante do sexo não consensual seja que, em um instante, ele a apaga. Seus próprios desejos, sua segurança e bem-estar, a propriedade do seu corpo, que pode muito bem ser a única coisa que você tinha certeza de possuir — tudo isso se torna irrelevante, até inexistente. Você não precisa ser uma criança inocente e indefesa para ser modificada por isso.

Quando eu estava estudando fora em Salvador, na Bahia, uma noite voltei tarde ao apartamento da minha família anfitriã. Era um prédio bonito perto da costa, vigiado por um porteiro jovem e bonito. Às vezes ele me elogiava ou fazia uma piada nojenta quando eu passava. Sabendo o que acontece geralmente com mulheres que ignoram essas cantadas, eu entrava na brincadeira, agradecia, ria. Naquela noite, entretanto, o porteiro queria provas da minha afeição. Ele me seguiu até o saguão e começou a me apalpar. Tentou me beijar, e eu o empurrei. Finalmente, entrei no elevador e apertei o botão para fechar a porta. Foi quando ele desistiu. Eu me lembro perfeitamente da imagem do braço dele recuando logo antes de ser esmagado por duas placas de metal.

Quando contei a história a uma amiga, ela balançou a cabeça.

— Você não deveria tê-lo encorajado — disse ela. — A culpa foi sua, de mais ninguém.

Fiquei com raiva na hora, mas, em retrospecto, vejo que minha amiga acreditava na mulher que era intocável, a mulher que podia fazer as coisas certas, a mulher que podia apenas "ser cuidadosa" e, portanto, escapar dos horrores que esperam tantas de nós. Ou talvez ela acreditasse que as coisas que acontecem com muitas outras mulheres não têm nada a ver com o que poderá acontecer ou acontecerá com ela. Está errada, é claro. Mas sua vontade de acreditar revelou uma esperança que ainda parte o meu coração.

Por que contar essa história, afinal? Por que contribuir com esse compêndio de histórias sobre garotas sendo abusadas? Por que fazer todas essas perguntas que não têm respostas?

É difícil admitir, mas parte disso tem a ver com a necessidade de audiência. Não existimos sem outras pessoas; portanto, nossa dor não é real até que outra pessoa olhe para ela e diga: "Caramba, isso deve doer mesmo". Quando você está perdida no horror das suas próprias memórias, ou quando suas ações ocasionalmente provam a dominação abominável que elas têm sobre você, o antídoto para não perder a cabeça é ter um punhado de pessoas ao redor que conhecem o seu ferimento e confirmarão a existência dele.

Mas por que passar horas mergulhando na profundeza disso, sabendo que só reacenderá a batalha? Por que dividir com estranhos?

Em *Amada*, de Toni Morrison, ela conta os horrores de uma desumanização, que ainda hoje, mesmo após múltiplas leituras, eu não consigo compreender por completo. Ao fim das trezentas páginas do livro, Morrison responde questões semelhantes com a elegância e a clareza complexas de que só ela é capaz: "Não é uma história para transmitir. Essa não é uma história para transmitir".

Estou escrevendo isso para as outras garotas, algumas das quais podem ser da minha família. Para os meninos, também. Estou escrevendo para a amiga que disse que a culpa era minha. Estou escrevendo isso para integrar uma coletânea de outras histórias ruins e tristes como essa, porque talvez a coletânea diga algo que sozinhas não podemos dizer.

Como todos os escritores que leio, estou escrevendo para provar que existo.

O Destruidor de Vidas não me destruiu sozinho. O mundo que o criou, sim — o lugar que continua manufaturando réplicas dele e continua a criar as circunstâncias nas quais ele e suas réplicas prosperam.

O que se pode fazer sobre isso?

Penso no Egito como um tipo de lar, mesmo que eu tenha passado apenas um ano contínuo lá, e quase todo esse ano tenha sido excruciante. Conheço muitas pessoas que poderiam tecer fortes argumentos sobre por que não posso reivindicá-lo como meu lar — argumentos dos quais eu não discordaria.

Ainda assim, minha mente teimosa mantém essa ligação. E, quando penso no Egito como lar, há apenas uma memória que sempre volta: estou na terceira série, e é uma noite quente em Mit Garah, o vilarejo rural familiar onde a maior parte da minha família vive. Atravessamos a estrada de terra em frente ao prédio de quatro andares onde todos — tias, tios, primos, avós, sobrinhos, sobrinhas — vivem juntos e entramos no canavial, nos campos de algodão, e pegamos um caminho mais curto para o pequeno rio que o atravessa. O sol está prestes a se pôr, o céu está banhado em rosa e laranja, e o minarete a apenas duas quadras se prepara para soar o azan, o chamado para a oração do Maghrib, a oração do crepúsculo. Nós (as crianças, apenas as crianças) procuramos sapos. São pequeninos e preciosos, do tamanho de uma unha, e muito, muito saltadores. Apanhamos montes deles, mas nunca ficam quietos. Então, no fim, não os pegamos de verdade.

Em dias bons, penso no meu coração como um daqueles sapos. Meu trauma, meu transtorno pós-traumático, as batalhas constantes na minha mente, todas as maneiras surpreendentes com que o estrago ergue sua cabeça — todos esses são os copos nos quais colocamos os pequenos sapos, ou as pequenas mãos que usávamos para tampá-los. Ainda assim, o sapo escapa: não apesar da pequenez ou da vulnerabilidade, mas precisamente por causa delas.

E então há o chamado para a oração, e, enquanto nos reunimos para rezar, os sapos voltam para as águas a que são destinados.

Todas as mulheres cheias de raiva

Lyz Lenz

Toda terça-feira à noite, eu me encontro com mulheres cheias de raiva.

Elas não parecem cheias de raiva, não a princípio. São como você espera que as mães do Meio-Oeste sejam — calça jeans, suspiros pesados, sem grandes afetações. Tecnicamente, elas não vêm visitar essa casa vitoriana em Iowa porque estão cheias de raiva. Vêm para o que é anunciado como estudo da Bíblia, mas na verdade é muito mais.

Eu escolho pensar nisso como terapia em grupo.

Eu me inscrevi nessa aula, que agora conduzo, quando tinha 25 anos e estava cheia de raiva. No ano anterior, meu padrasto tinha morrido e minhas irmãs Becky e Cathy haviam sofrido um grave acidente de carro, que tirou temporariamente a capacidade de Cathy de andar. (Quando ela conseguiu andar outra vez, descobriu que não poderia ter filhos.) Durante sua longa estadia no hospital, naqueles dias nebulosos em que não sabíamos se viveria ou morreria, o que ninguém discutia abertamente, eu tive que lutar contra a minha família para manter o homem que havia abusado sexualmente da minha irmã por três anos quando Cathy era adolescente fora do quarto dela na UTI. Ele estava casado com outra irmã e disse a todos que estava ali para apoiar Cathy.

Quando o vi entrando na sala de espera do hospital, fui ao banheiro e vomitei. Então dirigi até a minha casa e contei tudo a uma amiga, que tinha passado para deixar uma lasanha congelada. Ela me levou de volta ao hospital e me fez contar a verdade a uma assistente social, que contou aos médicos, que barraram o homem do quarto do hospital.

Do outro lado do hospital, muito longe de Cathy na UTI, Becky discutia comigo aos berros em sua cama de hospital. Mesmo com vinte anos, mesmo machucada, ela não aceitava a cisão da família. O corpo dela estava inteiramente apoiado em suportes e cada palavra lhe causava uma dor indescritível, mas ainda assim ela gritava comigo.

— Como pôde contar nosso problema para todo mundo? Como pôde fazer isso com a mamãe e o papai? Como pôde? Você nunca sabe quando calar a boca!

Minha mãe ficou no canto do quarto, olhando para mim enquanto Becky gritava. Talvez outra irmã estivesse no quarto, também. Tudo que me lembro é do silêncio dela enquanto Becky gritava, a voz forte apesar da dor.

Saí do quarto e fechei a porta. Eu ainda conseguia ouvi-la enquanto voltava para o saguão. Ninguém nunca mais falou sobre isso de novo.

Dois meses depois, eu me vi no chão da minha sala, de bruços e aos prantos. Eu me levantei e senti como se pressionassem minhas costelas contra o piso de carvalho. Estava mais cheia de raiva do que podia imaginar, mas não tinha onde colocar aquela raiva. As prateleiras do meu coração estavam todas ocupadas.

Desci o quarteirão até um abrigo para mulheres na minha vizinhança e me inscrevi em uma aula. Conheci a diretora uma vez na igreja que eu frequentava. A aula era anunciada como transformadora — descrição que aparecia na capa de todos os materiais e que era usada pelas mulheres que tinham participado dela. A aula em si era quase boba, nos forçando a escrever cartas para quem tínhamos sido no passado, repetir afirmações umas para as outras, segurar uma boneca bebê e fingir que éramos nós. Mas o mantra era "sentimentos são para serem sentidos", e isso era exatamente do que eu precisava.

Porque eu precisava encontrar um lugar onde pudesse sentir aquela raiva.

Agora, eu medio essa aula nas noites de terça-feira, ouvindo as mulheres exporem a própria raiva. Ela as segue pela porta. "Onde posso colocar isso?", querem saber. "Onde posso depositar?" Eu bato nas almofadas ao meu lado. "Coloque aqui."

Os provérbios no Velho Testamento aconselham que é melhor viver no deserto ou numa laje do que na mesma casa que uma mulher cheia de raiva e litigiosa. Minha mãe recitava esse verso para as minhas irmãs e para mim quando nos rebelávamos contra injustiças — nossos shorts eram muito curtos, nossas vozes, muito altas, a combinação deve ser usada sob vestidos, os pratos devem ser lavados enquanto nossos irmãos brincam. As palavras eram usadas para nos silenciar.

A bile quente da nossa raiva era engolida. Isso nos tornou rudes e insuportáveis.

— Ninguém vai querer você com toda essa raiva — disse minha mãe enquanto eu, cheia de raiva, fazia as malas para a faculdade.

Eles não queriam que eu fosse, não para uma faculdade luterana. Queriam que eu fosse para algum lugar mais "cristão". Ou apenas ficasse em casa. Gastei tudo que eu tinha para me candidatar, encontrar uma forma de pagar as mensalidades e então ir embora. Fui alimentada apenas pela raiva. A raiva foi a única coisa que me tornou forte o suficiente para abandonar o único lar que conheci. Eu me apeguei a ela e a nutria todas as noites, recitando a ladainha de ofensas dos meus pais repetidamente na escuridão do meu quarto. Eu precisava ir embora. Precisava que a minha raiva me ajudasse.

Minha mãe ficou junto da porta na noite anterior à minha partida. Eu tinha costurado minha própria calça de pijama porque ela se recusou a comprar para mim. Tinha conseguido bolsas de estudo e subsídios quando meus pais se recusaram a pagar a mensalidade. Enquanto eu carregava a mala com toalhas roubadas do armário dela e um relógio do quarto de hóspedes, ela me observava, calada.

Então disse:

— Pare de sentir tanta raiva. Você vai afastar todo mundo.

Sua voz era calma e baixa. Não olhei para ela, mas me concentrei em minha mala pesada. Suas palavras eram um aviso gentil e bondoso; que ela mesma deve ter aprendido, empacotando sua própria raiva, de alguma maneira fazendo com que coubesse por completo em seu coração.

Toda mulher na minha aula entra na sala com uma carga pesada. Elas aprenderam as mesmas lições que eu e minha mãe. Se estiver cheia de raiva, homens correrão para a laje, fugirão para o deserto; sua raiva a deixará sozinha. Sua raiva a tornará detestável. Elas suspendem a mala de emoções contrabandeadas até o colo. "Onde posso colocar isso?"

Nossa sociedade tem um local para agressores de fato: a cadeia. Existem sistemas e processos para lidar com eles e reabilitá-los. A fé com a qual cresci clama perdão para os agressores, mas e as mulheres cheias de raiva? Devem ficar em silêncio.

Agressores têm uma patologia. Há um sistema para lidar com eles. Há medidas cautelares e mandados judiciais e aulas para lidar com a raiva. Certa vez, ouvi uma notícia sobre agressores sexuais que tinham sido retirados de suas casas por leis que os obrigavam a ficar longe de escolas. Um hotel abriu as portas a eles para que não ficassem desabrigados. Até eles tinham um teto sobre a cabeça.

Minha raiva ainda era sem-teto.

Jesus pode virar mesas com raiva. Nós falamos de homens e da raiva deles como se fosse algo digno de louvor. "Os homens ficam com raiva, saem na porrada e está acabado", dizemos. "As mulheres são umas vacas; nunca deixam pra lá."

É porque nunca podemos deixar pra lá. Onde colocaríamos essa raiva? Em que sistema? Em que crença? Que instituição tem espaço para ela? Paciência? Compreensão para lidar com uma mulher cheia de raiva?

Sandy, uma mulher de um dos meus grupos de terça-feira à noite, fala suavemente, mas carrega anos de abuso e dor. Ela me contou uma história de um grupo de homens em sua igreja que criticavam sua aparência.

— Isso — disse ela, em uma voz que eu tive que me inclinar para ouvir — me deixa com raiva e, bem, não é legal, é?

Eu bato na almofada ao meu lado.

— Que diabos legal tem a ver com tudo isso? Coloque sua raiva aqui, minha amiga. Coloque nesse sofá ao meu lado.

Eu só consigo mediar esse curso uma vez por ano. Tenho medo que a raiva me quebre.

***

Minha mãe me disse que estou cheia de raiva desde que nasci: a memória familiar, entretanto, sustenta que eu era uma criança feliz até o momento em que não era mais. Eu começava a gritar inconsolavelmente, de repente.

— Você simplesmente tinha esses chiliques, como se precisasse botar tudo pra fora — minha mãe gosta de dizer, sorrindo.

Eu nunca soube se as histórias eram apócrifas ou profecias autorrealizáveis.

No dia em que minha mãe condenou completamente minha raiva, estávamos na suv dela. Estávamos na frente da casa dos meus pais na Flórida, que era de estuque verde, comendo hambúrgueres. O gramado espesso estava coberto com os flamingos de plástico cor-de-rosa que acendiam do meu pai. Nós tínhamos passado o dia resolvendo coisas na rua e falando sobre o meu casamento.

Minha mãe estava com raiva de mim. Com raiva porque eu não tinha aceitado a sugestão de usar flores de seda. Com raiva porque eu queria comprar flores de verdade, mesmo que isso significasse mais trabalho. Ela estava irritada por causa do dinheiro também: eu tinha aceitado dinheiro dos meus sogros para ajudar com o casamento e estava lançando mão de minhas próprias economias para pagar por tudo. Isso a deixou transtornada, mas o tempo apagou da minha memória os motivos específicos.

— Eu abomino essas flores falsas — declarei.

O gosto de maionese e carne ainda estava na minha boca. Mesmo antes de dizer essas palavras, eu sabia que elas fariam minha mãe estourar.

Ela desligou o carro e segurou o volante com força. O ar estava parado entre nós. O estalar do motor esfriando parecia um aviso. Eu segurava minha coca. O copo estava frio e flexível. Eu estava suando. Pensei: "Eu deveria abrir a porta, deveria ir embora". Eu sabia que algo estava prestes a acontecer. Mas me voltei para a minha mãe.

— Você sempre foi cheia de raiva — disse ela. — Você sempre teve raiva de mim. Sempre me odiou. Até quando era pequena. Você sempre foi brava.

— Isso é ridículo — respondi. — Como um bebê pode ser bravo? É só um bebê, e você só está assim por causa das flores.

Ao dizer isso eu sabia que ela não estava daquele jeito só por causa das flores. Era por causa de outra coisa. Algo que, aos 22 anos, eu podia sentir se movendo dentro de mim, mas não podia ver. Eu sentia estremecendo os lugares onde eu estava, onde eu sentava, onde eu deitava. Mas não conseguia dar nome. Minhas palavras fizeram as pálpebras dela se contraírem. Ela não estava olhando para mim. A mandíbula dela se contraía e relaxava. Contraía e relaxava. Eu abri a porta e saí. Pelo resto do dia, a raiva da minha mãe, que ainda pairava entre nós, me fez vibrar até eu ir embora para Mineápolis, onde terminei de planejar o meu casamento.

Nós tivemos flores de verdade — hortênsias e rosas.

Eu sei agora que aquele momento na suv, entre os cheiros de nossos hambúrgueres gordurosos e a coca aguada nos copos de isopor, era o mundo da raiva da minha mãe. Um mundo vasto que envolvia muitas pequenas dores e até mesmo algumas muito grandes, luto, ansiedade e os segredos enfiados entre elas. A mãe dela estava lá também, espreitando em algum lugar abaixo da pilha de guardanapos brancos ou das embalagens dos canudos no chão. Eu só posso imaginar o que mais estava lá — o próprio casamento dela, seus próprios medos e perdas particulares. Ela não tinha mais para onde levá-los, então ali apareceram, tropeçando em uma conversa sobre falso e verdadeiro, hortênsias e rosas.

"Por que está tão cheia de raiva?", exigiu saber um namorado, uma vez. Ele ouvia Korn e Metallica, vociferando as letras das músicas que retumbavam em seu quarto do dormitório; eu adorava ouvir "Minority", do Green Day, a todo o volume, gritando: "Eu não preciso da sua autoridade/ abaixo a maioria moral!".

Ele pensava que era engraçado e até peculiar: minha raiva em uma playlist era bonitinho. Minha raiva na cara dele quando tirou sarro dos *Monólogos da vagina* não era.

— O que quer que tenha acontecido com você, não é suficiente para você ficar puta desse jeito — disse ele.

Terminamos o namoro na semana seguinte.

Anos depois, alguém me enviou um e-mail após ler um artigo que escrevi. "Não sei de onde vem essa raiva toda", explicou a pessoa, "mas saiba que aconteceu pior com alguém. Por que está com tanta raiva? Não é para você ter tanta raiva."

A raiva é sempre reservada para outra pessoa. E, ainda assim, estive em uma sala com uma mulher que escapou de uma guerra, que perdeu o pai numa limpeza étnica, cuja mãe queimou seu cabelo, cujo primo a estuprou.

— Que direito tenho de ter raiva, quando estou viva? — disse ela.

Raiva é o privilégio das pessoas realmente arrasadas, e, ainda assim, nunca conheci uma mulher arrasada o bastante para se permitir estar cheia de raiva.

Uma mulher cheia de raiva deve responder por si mesma. As razões pelas quais sua raiva tem que ser subjugada, examinada e debatida. Minha raiva deve aguentar o escrutínio do tribunal, de procedimentos probatórios. Devo provar que vem de algum lugar justificável, e não apenas porque uma vez algum homem tocou minha irmã. Ou porque uma vez algum homem tocou alguma mulher e continuará a fazer isso. Ou porque meu salário é desigual e o salário de mulheres negras é ainda mais desigual que o meu. Ou porque eu tive que fazer meu marido dizer aos meus pais que parassem de me forçar a encontrar o agressor da minha irmã para uma sessão de conciliação, porque eles não me escutavam, porque minha vagina cheia de raiva me deixava muda.

Eu costumava imaginar que matava aquele homem. Eu imaginava de maneiras diferentes todas as noites antes de ir dormir. Minha raiva me acalmava. Mas nos meus sonhos era a vez dele de me matar.

Mulheres cheias de raiva sempre são as vilãs.

Uma Medeia traída sacrificando seus filhos, o produto do útero dela sendo o único caminho do seu controle. Glenn Close em *Atração fatal* cozinhando coelhinhos e atacando com uma faca. A personagem de Brontë no sótão, queimando a tudo e a todos com sua raiva.

Em *Domestic Tranquility* [Tranquilidade doméstica], F. Carolyn Graglia afirma que, quando era feminista, vivia cheia de raiva e era infeliz, e submeter-se a papéis de gêneros a deixava tranquila e em paz. Em um acampamento batista de verão, quando eu tinha doze anos, um instrutor descreveu pejorativamente Virginia Woolf como apenas "outra mulher cheia de raiva".

Nossa raiva nos sabota. Por que mais nos esforçaríamos tanto para tentar controlá-la? Escondendo lágrimas no banheiro do escritório, cerrando a mandíbula com a mãe em uma SUV, sorrisos apertados, brancos, desesperados para os homens cujas palavras e mãos sobem por nossas pernas.

Minha própria família parou de falar comigo por um ano porque eu estava com raiva demais por causa do abuso da minha irmã.

— Não dá para falar com você quando está assim — disse-me uma das minhas irmãs ao telefone.

— Por que você também não está assim? — perguntei.

— Raiva nunca é a resposta — disse ela.

Algumas semanas depois de minha família parar de falar comigo, meus pais celebraram o Natal com o homem que abusou da minha irmã. Na NFL, homens que são acusados de estupro e violência doméstica logo retornam aos campos — se, em algum momento, for exigido que partam. Mas mulheres cheias de raiva nunca têm permissão de ser mais do que choros estridentes pelos cantos.

Perdoar o agressor. A única solução para a raiva feminina é parar de ser cheia de raiva.

E, ainda assim, Jesus virava mesas nos templos, a raiva dele era enaltecida. O rei Davi clamando aos céus que cuspisse fogo em seus inimigos é enaltecido como um homem atrás do próprio coração de Deus. Um homem cheio de raiva no cinema é o Batman. Um músico cheio de raiva é um membro do Metallica. Um escritor cheio de raiva é Tchekhov. Um político cheio de raiva é apaixonado, um revolucionário. É Donald Trump ou Bernie Sanders. A raiva de um homem é uma maré poderosa o bastante para virar uma eleição. Mas a raiva de uma mulher? Ela não tem espaço no governo, então tem que inundar as ruas.

Então todas as terças-feiras eu me sento junto a um coro de mulheres cheias de raiva. Juntas descobrimos nossas harmonias impetuosas. Mulheres cheias de raiva lutam. Mulheres cheias de raiva se importam. Mulheres cheias de raiva falam, gritam e soluçam suas verdades.

Na aula, seguramos bonecas bebês e falamos com elas, aprendendo como conversar conosco outra vez. Escrevemos cartas às nossas versões passadas, dando àquelas menininhas uma chance de gritar e se enraivecer.

Às vezes, preciso entregar uma lista de sentimentos.

— Use esta lista para ajudar a identificar como se sente — falo.

Em meus seis anos ajudando nessa aula, descobri que, apesar dos conselhos para homens na internet, as mulheres são na verdade muito boas em lidar com os fatos de suas vidas, mas não com seus sentimentos.

— Você precisa dar nome aos seus sentimentos — digo a elas.

Todas estremecemos um pouco só de me ouvir falar, mas eu não invento desculpas — não mais, de qualquer forma. Minhas palavras podem ser parecidas com a besteira New Age, mas tudo mais que pertencer a nós, que seja nosso, devemos poder nomear. Esse presente foi dado a Adão no jardim. É o presente que tento dar às mulheres nessa sala fria com correntes de ar, na mansão de cem anos que agora abriga aquelas de nós que estão cansadas, alquebradas e cheias de raiva.

Até agora ninguém que veio até a casa fugiu para o deserto ou para a laje. Eu perguntei à mulher que fundou a casa se ela sabia que estava apenas abrindo as portas para algumas mulheres cheias de raiva. Ela riu.

— Eu também preciso de um lugar para colocar a minha raiva. Eu fiz por mim.

Então aqui é um tipo de Éden, onde as criações que nomeamos foram criadas em nós há muito tempo, mesmo antes de nascermos, a raiva escorregando pela dupla espiral, passada por nossas mães. Nós depositamos nossa raiva em pacotes organizados, as malas roubadas, cansadas demais para nos importarmos se estamos perseguindo alguém até uma laje ou um deserto.

Às vezes, imagino se os Provérbios não foram repreensões de uma mulher cheia de raiva, mas sim um aviso sobre a profundidade, a extensão e o escopo de sua ira. A raiva de uma mulher precisa da casa inteira; vá para algum outro lugar. Qualquer outro lugar. A raiva dela não vai embora.

Boas garotas

Amy Jo Burns

A verdade que ninguém lhe contou é que, para que uma boa garota sobreviva, ela deve fazer algumas coisas desaparecerem. Você sabe porque costumava ser uma das boas garotas; você costumava saber como esquecer.

Mas a verdade que não está dizendo a si mesma agora é que você não precisa mais ser "boa", não mais. Você precisa ser notada, e, para ser notada, você precisa se deixar lembrar.

Você estava caminhando sozinha no bosque na tarde em que lembrou do homem que jurou esquecer. Doze anos tinham se passado desde que fez aquela promessa aos dez anos, e esse nome pertencia a um homem cujos segredos você, uma vez, conheceu bem, embora ele só soubesse de um dos seus. Ele foi o único professor de piano que você teve, e você era apenas uma de suas muitas alunas. Na época, você era uma das boas garotas dele. Na época, ele a ensinava como fazer algumas verdades desaparecerem.

No outono de 1991, sete de nossas colegas no oeste da Pensilvânia desafiaram suas virtudes de boas garotas quando revelaram que seu professor colocara as mãos nelas durante as lições, tocando-as levemente ao compasso do metrônomo.

Você, entretanto, temia as consequências de dizer a verdade mais do que o fardo de ficar em silêncio. Sua doutrinação na irmandade de boas garotas começou muito antes de seu professor de música colocar as mãos em você. Boas garotas sabiam como manter um sorriso a postos (para que não fosse chamada de arrogante), como entregar o dever de casa a tempo (para que não fosse chamada de preguiçosa) e como manter a boca calada (para que não a chamassem de encrenqueira). Aquelas de nós que escolheram manter a boca calada não precisaram que lhes dissessem para fazê-lo.

A resposta às acusações seguiu um ritmo desajeitado, a forma com que as negações dele afogaram a honestidade delas, e a forma com que uma cidade inteira estava indignada, mas não em simpatia às vítimas. Pais, professores e até mesmo colegas chamaram esse homem de vítima de uma conspiração tramada por garotas — boas garotas como você —, cujas mochilas estavam cheias de bilhetes de autorização dos pais e estojos de aparelhos odontológicos, cujas cabeças estavam cheias de palavras soletradas e capitais estaduais. Muito do furor espalhado não foi porque um crime tinha acontecido, mas porque essas meninas tiveram a audácia de *dizer* que um crime tinha acontecido.

Uma boa garota aprende rápido, e isso é o que você, sempre uma boa garota, aprendeu: não importa o quanto seja boa, um homem sempre será melhor.

As pessoas da sua cidade — pequena em tamanho e grande em ilusão — orgulhavam-se de ser uma comunidade virtuosa com homens corretos no comando. O seu professor de piano era um membro do clã de líderes mais poderoso da cidade — homens que ensinavam ciência e matemática a crianças na escola, treinavam um esporte no ensino médio e tocavam o órgão da igreja todos os domingos. Atacar ou questionar um daqueles homens era criticar a própria cidade, e você não ousaria blasfemar o único lugar que a ensinou a se proteger do resto do mundo. Você era, afinal, apenas uma garota. Talvez você fosse, de fato, predisposta a fantasias, assim como esses homens que lutaram em guerras lado a lado e caçavam veados lado a lado asseguravam que você era. Você sabia que uma garota, até uma boa garota, era na melhor das hipóteses uma fonte duvidosa e, na pior delas, uma mentirosa.

Após a identidade de quem havia dedurado ter sido descoberta, aquelas garotas que não eram você se sentavam sozinhas nas mesas durante o almoço, eram encurraladas por outros estudantes depois da escola e tinham que frequentar as aulas dos professores que tinham doado dinheiro para o fundo legal do homem que havia abusado delas. A família de uma das jovens aca-

150 Editado por Roxane Gay

bou saindo da cidade, porque o ambiente tinha ficado hostil demais. Outra era a sua melhor amiga; ela não sabia que você tinha mentido quando disse que ele não tinha tocado em você. Você não ousava contar a ninguém — nem para ela, nem para si mesma. Você sabia que uma boa garota tinha que esquecer para poder sobreviver.

Outra mentira que lhe diziam é que a passagem do tempo suaviza uma ferida. Mas, quando completa dezoito anos, o peso de ser uma das boas garotas a faz ceder. Sorrisos demais, segredos demais, regras demais. Quando adolescente, você não confiava em ninguém. Não importava o quanto suas notas fossem boas ou quão ileso estivesse o seu coração, o segredo sangrava de dentro para fora — mesmo depois de todos terem esquecido qual era o segredo. Não há caminho mais solitário do que aquele que uma boa garota forja para si.

Ainda assim, você se sentia claustrofóbica na cidade que cultivava colheita após colheita de boas garotas, apenas para que entregasse sua inocência como pagamento pelas fantasias dela. Você não queria ser oferecida em troca de nada. Então, você resgatava a si mesma na educação superior no norte do estado de Nova York, a seis horas de casa.

Até que, em uma tarde fria de outono durante o seu último ano na faculdade, o nome do seu professor de piano pisca na sua mente. A boa garota em você não podia mais frear as lembranças; sua memória não prestou atenção à sua virtude. As folhas que se espalhavam no caminho naquele dia eram brilhantes e frágeis, não como as que o pessoal da cidade costumava amontoar em pilhas e queimar nos fins de semana. A casa do seu professor de piano — e o porão escuro onde ele dava aula enquanto deixava as mãos vaguearem por você inteira — estivera escondida entre uma multidão de árvores. Folhas tinham sempre camuflado o caminho que levava a essa porta nos primeiros dias das lições de cada outono.

Ele ensinara alunos na sua cidade por décadas, até que finalmente se declarou culpado e foi para a cadeia por um ano, as folhas envelhecendo de esmeralda para rubi, para dourado, para então se transformarem em cinzas e começar tudo outra vez, acolhendo cerca de cem alunos no porão dele em aulas de meia hora cada. Quando você começou as aulas, pagou uma fortuna de boa garota para ser a pupila dele, para ficar ao seu lado sob o holofote dele. Quando as lições acabaram, tinha mesmo ficado.

Enquanto estava no bosque, você sentiu o rosnado do nome dele nos seus lábios e estremeceu com a memória do dia em que as mãos dele descobriram o seu corpo.

Estava quente naquela tarde de verão, e você tinha acabado de ir nadar antes de ir para a casa dele. Você tinha se inscrito em aulas de verão com ele, esperando melhorar para o recital do ano seguinte. A aula começou como qualquer outra — você aqueceu os dedos tocando escalas musicais e depois percorreu as teclas, insegura e tímida. Então sentiu a mão dele rastejar da sua axila para o peito, um movimento sedoso e tênue. Você arqueou as costas alarmada, mas continuou tocando, brincando, exatamente como boas garotas deveriam fazer. A música acabou, e ele tirou a mão. Quando a aula terminou, você correu para o carro em que sua mãe esperava e foi para casa com as janelas abertas. Você passou os dedos pelo cabelo, ainda molhado com água da piscina. Continuou com as aulas e nunca disse uma palavra.

Antes daquele dia no bosque no norte do estado, quando não pôde não se lembrar, não havia pensado muito sobre o seu antigo professor de piano, mesmo que ainda sentisse a influência dele. Mas logo você descobriu que, quando tentou ser honesta pela primeira vez sobre o que aconteceu, dizer a verdade parecia quebrar um osso torto outra vez. Ao longo dos anos você se acostumou tanto com o peso de encobrir os crimes desse homem que demorou para se dar conta de que precisava se livrar dele. Mas você fez mesmo assim, atrapalhada a princípio, falando a verdade para suas colegas de quarto, algumas poucas amigas e até mesmo para um ou dois estranhos. Era como descobrir o seu próprio tesouro dúbio; você precisava de mais alguém para verificar sua existência. Mas ninguém sabia o que dizer.

"Eu sempre soube que algo estava errado com você", admite uma amiga.

"Deus a perdoou por mentir, agora que você confessou", alegou outra.

"É por isso que você não come?", pergunta outra pessoa. "Por que é que as mulheres sempre colocam a culpa dos seus problemas nos homens?"

Culpá-lo pelos seus problemas? Você levou doze anos para atribuir qualquer culpa a ele. Como uma das boas garotas, você se convenceu de que acobertar as "indiscrições" do seu professor de piano era a coisa altruísta a se fazer, a coisa feminina a se fazer. Era o tipo de alegação que poderia arruinar a carreira de um homem, pelo amor de Deus. Mas nós, garotas, nos

152 *Editado por Roxane Gay*

recuperamos rapidamente. Nós encontramos resiliência na servidão a um mundo masculino, na falta de sentido dele.

Você levou doze anos para constatar que ser "boa" levou seu professor de piano para todos os lugares, e você para lugar algum. Então você decide, pela primeira vez na sua vida, que não será mais uma das boas garotas. Você decide que "boa" não é um adjetivo que deveria ser aplicado a uma pessoa, já que só a transformava em inumana e inanimada, como um pedaço de queijo ou uma aquarela.

A boa garota não é nada mais que um mito. Ansiamos por ela pela mesma razão que ansiamos por uma utopia: nenhuma existe.

Então, você se senta para escrever a respeito, e escreve, escreve, escreve. Escrever sobre isso é como cair do céu; o dia em que alguém quer publicar, você aterrissa com um estampido. Sim, você está exultante, mas também percebe que não pode mais esconder. Todos saberão o seu segredo; todos saberão que o seu professor de piano colocou as mãos em você e que você mentiu sobre isso.

O engraçado é que logo você percebe que na verdade não se importa que estranhos saibam. Você nem se importa que amigos e conhecidos saibam. O que a preocupa é que todos que ainda vivem naquela cidade saibam, todos que saberão que você não é mais uma das boas garotas.

Ainda assim, quando lhe perguntam sobre o que é o seu livro, a mesma estranheza cansada ocorre quando você usa palavras como *sexual* e *abuso* — palavras que, quando combinadas, são mais sujas na boca do que qualquer xingamento. Você se acostuma. Aquele desconforto é o motivo de ter escrito o livro, afinal.

Você passa o verão tentando se preparar para algo para o qual não tem como se preparar. Uma voz dentro de você diz que publicar a sua história custará tudo que considera precioso. A voz soa muito como a solidão.

Você tenta combater os seus medos ao lembrar-se por que escreveu o livro: porque o silêncio não era a cura que todos juravam ser. Você repete o mantra de novo e de novo, até no meio da noite, quando o seu marido dorme tão tranquilamente ao seu lado. Parte de você espera que, uma vez que as pessoas da sua cidade leiam o livro, entenderão a importância de falar a verdade, mesmo depois de vinte anos.

Mas então, alguns dias antes do lançamento do livro, a história sobre a coisa rude e egoísta que você fez se espalha.

Você se prepara; você se programou para esse tipo de repercussão. Você esperava que os comparsas do seu professor de piano saíssem das casas de repouso para defender o velho amigo. "Quem você pensa que é?", você espera que um deles pergunte. "Você não vive aqui há anos." Você acha que não se importaria se eles perguntassem, não importa o quão público fosse.

Não são eles, entretanto, que vêm atrás de você. Os que vêm atrás de você não são homens, afinal: são garotas muito parecidas com você, algumas são filhas dos apoiadores mais fiéis do seu professor de piano. Você não esperava que a reação viesse de mulheres que você imaginava que encontrariam alívio nas suas palavras; você não esperava que as boas garotas se virassem contra uma delas.

Alguns dias antes do lançamento do seu livro, você recebe uma mensagem de uma antiga participante do seu grupo de torcida. "Espero de verdade que não tenha escrito sobre mim", diz em tantas palavras. "Eu tenho pessoas a proteger."

"Você está lucrando à custa de uma lembrança horrível", diz outra pessoa. "Espero que aproveite o dinheiro."

"Ela é uma mentirosa", xinga mais alguém em uma rede social. "A verdade será revelada."

Outra chama você de covarde. E outra ainda a convida para um jantar apenas para dizer que você virou a agressora ao trazer tudo isso à tona novamente.

"Você costumava ser uma das boas garotas", todos parecem dizer. "Quando você se perdeu?"

Você sai para caminhar no dia de outono do lançamento do livro, e o céu branco a lembra do primeiro dia em que lembrou das mãos do professor de piano em você. Agora parece um novo tipo de lembrança, um reconhecimento. Você diz a si mesma: "Eu não estou com medo. Eu não estou com medo. Eu não estou com medo".

Mas você está.

Você escolhe aceitar que não pode legislar sobre as reações de ninguém. Em vez disso, reconhece algo familiar nas vozes que a condenam: elas estão com medo, assim como você. Você lembra como o clima ficou pesado em

1991, como era inseguro sentir-se como você se sentia. Você escolhe ouvir as críticas, até as que a comparam ao próprio professor de piano; você também escolhe não responder. Você ainda não tem certeza se essa é a decisão certa, porque só parece tornar as pessoas mais agressivas.

Você faz sessões de leitura do livro e responde a perguntas. Você aprende a olhar as pessoas nos olhos. Seu coração dói pelas jovens mulheres que ficam após os eventos para fazer confidências, porque entendem com facilidade por que você manteve o segredo por tanto tempo. Você começa a entender por que não é seguro para alguns homens e mulheres dividirem alguma vez os seus segredos: as famílias implodirão, o trabalho estará em risco, os casamentos poderão terminar. Isso você sabe: a verdade pode libertá-la, mas a verdade também lhe cobrará um preço.

Você será chamada de corajosa de novo e de novo, o que vai odiar. Ninguém quer que soe reducionista, mas soa. Você se incomoda porque eles não usam corajosa como sinônimo de super-heroína, mas corajosa-câncer, corajosa-arma-na-cabeça.

Pessoas também dispararão elogios ao seu marido como cupidos disparam uma flecha. "Uau", dirão. "É um cara e tanto esse que você tem, apoiando você assim. A maioria dos homens não o faria." E você concordará sem pensar duas vezes. Seu marido é o melhor homem que conhece. E, ainda assim, você se perguntará por que o sarrafo para o apoio dele é tão baixo. Por que ele não deveria ficar orgulhoso por estar ao seu lado? Por que ele deveria estar envergonhado por algo feito contra a mulher dele, muito antes de se conhecerem?

Após um ano, você vai ficar maravilhada ao se dar conta de que o livro lhe devolveu a voz. Ao se dar conta de que não perdeu os amigos que pensava ter perdido por não ser mais aquela boa garota que conheciam, e descobre que nunca foi por isso que eles amavam você, no fim das contas. Você receberá algumas mensagens das suas colegas vítimas do professor de piano — algumas que falaram e outras que não — e lerá todas essas cartas em voz alta para si mesma, até memorizá-las. Uma mulher viajará mais de três horas para ouvi-la ler. Outra sairá das sombras para apoiá-la. Outra escreverá para dizer que ela acha que o livro pode ser o início da redenção do que aconteceu. Você vai pensar: "Eu não acreditava nesse tipo de redenção, mas essas mulheres mudaram minha forma de pensar".

E depois que o barulho cessar e que você voltar à sua mesa e à sua vida quieta, verá que mudou. Não pelo livro em si, pela aceitação ou pela censura, mas pela importância de falar a verdade primeiramente para você. A constância, a solidez, a companhia que reside nisso. Você escreverá uma carta para aquela boa garota que ainda está guardada em você. Quando envelhecer, você lhe dirá, não vai deixar para trás o que aconteceu, mas também não vai deixar que isso a impeça de seguir em frente. Você manterá isso no seu bolso de trás, em vez de viver com tudo isso amarrado no pescoço. Logo, não sentirá mais falta da garota que era antes daquela tarde. Há coisas melhores a ser do que boa.

MÁXIMA RESISTÊNCIA: A LEI E A MULHER QUEER OU COMO ASSISTI A UMA AULA E OUVI MEUS COLEGAS HOMENS DEBATEREM A DEFINIÇÃO DE FORÇA E CONSENTIMENTO[*]

V. L. Seek[**]

I.

Aos 21 anos, minha vida era composta de saias curtas, vinho tinto e muita conversa fiada sobre a vida depois da faculdade.

Aos 22 eu tinha me mudado para o Oeste e estava no primeiro ano da faculdade de Direito, saindo vez ou outra, estudando casos jurídicos à

---

[*] Na faculdade de Direito, você aprende a escrever artigos acadêmicos para publicação em revistas acadêmicas de Direito, que é a arte de construir o título perfeito, de tornar sexy sua análise estudantil de uma pesquisa árida e da lei constitucional, de disfarçar seu ensaio altamente teórico em algo não tão político e, portanto, não tão polêmico. Você aprende a arte de escrever notas de rodapé de um parágrafo citando precedentes obscuros ou definindo uma palavra aparentemente óbvia com trinta e poucos sinônimos. Este texto não é nada disso, suas bordas não são arredondadas e suas palavras são obviamente polêmicas (embora eu tenha dificuldade em lembrar de qualquer artigo sobre estupro, jurídico ou não, que não seja motivo de debate). Mas nós perdemos tempo demais amaciando as arestas de nosso discurso e embotando nossos argumentos legais para guiar a reforma da lei até o resultado que desejamos no caso do estupro. Nós perdemos demais. (N. A.)

[**] Muitos artigos acadêmicos criticam a lei, mas criticar a academia tem outro tipo de propósito e guarda outro tipo de risco, especialmente para alguém que mora nessa torre de marfim. Eu penso nesse tipo de coisa quando assino com meu próprio nome. E quando eu, por outro lado, escolho usar um pseudônimo, fico imaginando se estou contribuindo para aumentar o problema ou se ainda estou lutando por uma solução. (N. A.)

exaustão e me acomodando ao conforto de uma namorada a distância, com milhares de quilômetros e uma tela de computador separando nossos corpos. Minha mãe nunca me ensinou a tricotar, mas, de alguma forma, aprendi sozinha e consegui transformar, com profundidade e perícia, fios de desilusão e negação no cobertor sob o qual eu enterrava meus pés para mantê-los quentes na novidade que eram aquelas noites do Colorado. Sim, faz frio aqui, eu dizia a meus amigos, mas não tão frio quanto você imagina.

II.

É preciso que a mulher resista o máximo possível, por todos os meios ao seu alcance.

O Estado vs. McClain, 149 N.W. 771, 771 (Wis. 1914)

Naquele verão no qual eu tinha 21 anos, logo antes de meu último ano da faculdade, trabalhei como estagiária em um colégio interno particular em uma cidadezinha do nordeste. Para chegar lá, tomava o trem de Baltimore. Eu era a única pessoa a descer naquela parada. O trem tinha esvaziado em Nova York e não encheu mais, então passei a maior parte da viagem olhando pela janela e romantizando os próximos meses. Minhas mochilas estavam espalhadas por diversas cadeiras, e a segurança que eu sentia naquele isolamento não me surpreendeu. Minha parada não tinha estação nem plataforma. Arrastei minha bagagem escada abaixo e me vi na frente de um galpão da companhia ferroviária, com um gazebo forrado de bandeiras patrióticas. Esperei meu táxi por duas horas, com a nítida impressão de que todo mundo que passava por mim sabia que eu não era dali. No táxi, o motorista concordou com um suspiro quando eu disse para onde queria ir. Subimos a colina.

Algumas atividades do trabalho eram exatamente como eu tinha imaginado: levar os alunos à loja de doces na cidade, ensinar escrita a alunos do oitavo ano já treinados para escrever suas dissertações de admissão para universidades, supervisionar os jogos e piqueniques do 4 de Julho (aquele verão estava seco demais para fogos de artifício), contemplar os degraus e salas que ostentavam placas e nomes de ex-alunos que tinham se tornado presidentes.

Mas havia as coisas que eu não tinha imaginado. A caminhada de vinte minutos até o único bar da cidade, para onde íamos todas as noites, de salto alto. O lugar sob as árvores onde as pessoas iam fumar, a alguns passos dos limites do *campus*. O café da manhã diário com outras estagiárias, que apareciam de manhã com um olho roxo e um sorriso ("Eu não conseguia sentir meu rosto") e falavam sobre as drogas que tinha tomado na noite anterior.

Não era permitido consumir álcool dentro da escola, então quem estava de folga e tinha idade para beber fazia uma peregrinação todas as noites até aquele único bar. Algumas noites voltávamos cedo, outras voltávamos com os sapatos de salto nas mãos e, algumas poucas vezes, voltávamos de táxi (era sempre o mesmo motorista). As bebidas eram baratas e eu tinha acabado de fazer 21 anos.

Nossa última noite foi também a primeira vez que pudemos beber na escola: os alunos já tinham ido embora para as férias de verão, e os dormitórios estavam vazios pela primeira vez em seis semanas. A noite foi toda planejada, começando no dormitório de uma colega e parando em mais seis outros, antes de terminar no bar da cidade. A procissão seria à fantasia, então passamos o dia em um brechó montando nossos trajes. Gastamos nosso último pagamento em álcool, e eu me lembro muito bem daquela loja de bebidas e daquela garrafa de vinho. Eu me lembro de segurá-la pelo gargalo quando cheguei ao quarto de minha amiga para a primeira festa da noite. Eu me lembro de segurá-la ao meu lado durante as fotos em grupo. E eu me lembro de vomitá-la na manhã seguinte.

Chegamos à primeira festa às oito. Ali pelas oito e meia a minha noite tinha acabado; nunca cheguei ao bar.

Na manhã seguinte eu estava deitada em um box de chuveiro daquele primeiro dormitório, sob um jato de água. Apesar da água quente estar ligada no máximo, ela parecia gelada contra minha pele. Não sabia quantas horas tinha passado ali no chão. Estava tremendo. Minha calcinha estava do outro lado do quarto. Eu só pensava em limpar o chão onde tinha vomitado. Tirei minhas roupas encharcadas e tentei parar de tremer. Eu me enrolei em uma toalha. Ela mal cobria meu dorso. Em um espelho, vi arranhões nas minhas costas e marcas roxas no meu peito (eu só notaria os hematomas em minhas coxas mais tarde). Coloquei minha blusa novamente para cobri-los. Ela estava pesada, e me fez tremer mais ainda. Andei de volta para meu prédio e chamei um segurança para me deixar entrar, pois não tinha conseguido encontrar minha chave naquele banheiro. (Minha amiga devolveria minha bolsa mais tarde naquele dia. "Você esqueceu isso quando saiu com...", disse ela em um tom de cumplicidade brincalhona, sugerindo que não sabia de nada.) Eu não olhei para o segurança. Sabia que ele estava pensando que eu tinha bebido demais na noite anterior — que eu tinha deixado isso acontecer.

Por muitos anos, aquela noite foi culpa minha. Eu sabia o que era estupro. Eu sabia o que era consentimento. Sabia da primeira e da segunda ondas feministas. Conhecia a teoria queer. Mas eu engoli a culpa como aquela garrafa de vinho tinto, e repeti para mim mesma as mentiras que me acompanhariam pelos anos seguintes. "Você é a única culpada. Não foi assim tão ruim. Você está bem. Você está viva. Pelo menos você mal se lembra do que aconteceu. As marcas já desapareceram. Você pode esquecer tudo. Ninguém nunca precisa saber." Mesmo hoje, essas mentiras parecem familiares, confortáveis, de uma forma que as palavras *sobrevivente* e *vítima* nunca foram.

III.

Em um caso civil, a corte pode apreciar evidência oferecida para demonstrar o comportamento ou a predisposição sexuais da vítima se o valor da evidência for substancialmente maior que o perigo de danos a qualquer vítima e de prejuízos injustos para qualquer das partes. A corte só pode apreciar evidência sobre a reputação da vítima se a própria vítima tiver colocado sua reputação em debate.

Regras federais de evidência 412(a)(b)(2)

No início da faculdade de Direito, você tem um idealismo difuso a respeito da lei. Logo depois de escrever uma dissertação para o comitê de admissão sobre justiça para todos e sobre como quer mudar o mundo por meio da lei, você é lançada em uma sala com colegas que aparentemente querem a mesma coisa — professores e debatedores, membros das Forças de Paz da

ONU, jornalistas. Não demora mais do que uma semana de aulas baseadas no método socrático, da redação estereotipada das leis e do esforço para decorar os casos para aquele idealismo desenfreado e aquela paixão se consumirem.*
Eu, entretanto, me apeguei ao ideal da faculdade de Direito, apesar de minhas notas ruins e dos professores perguntando por que eu não estava na classe de revisão da lei ou no julgamento simulado ou no tribunal simulado, apesar das aulas das quais eu saí no meio, quando não conseguia fazer minhas mãos pararem de tremer.

Na disciplina sobre Lei Criminal havia um capítulo inteiro dedicado ao estupro. Era meu segundo semestre, quase dois anos depois de ter sido estuprada. Naquela época, o debate sobre os méritos dos avisos de gatilho estava ganhando espaço, e foi abordado em nossas aulas. Meus colegas de classe não hesitavam em invocar a Primeira Emenda** ou o argumento da bola de neve; eu não me envolvia nem me importava. Eu não refletia sobre como minha experiência passada afetava meu presente: avisos de gatilho eram um debate acadêmico, não prático. Transformar duas páginas de fatos em uma enérgica nota sobre "a questão de como definir força" era um meio para me tornar uma advogada, não um meio de finalmente ficar em paz com meu próprio estupro.

Nós mal chegamos à segunda aula antes que as perguntas — repetitivas e exploratórias — começassem a destruir a dissociação protetora que eu usava para permanecer distante. Como definimos força? O que quer dizer "resistir o máximo possível"? Como definimos consentimento? Do ponto de vista da produção de evidências, podemos perguntar o que ela estava vestindo? Quando podemos perguntar sobre parceiros sexuais anteriores, experiências e inclinações?

---

* Não estou querendo dizer que todas as pessoas interessadas em justiça social que vão para a faculdade de Direito se tornam robôs defensores das grandes corporações. Você também não deve concluir que todos os advogados concordam com o espírito de "pergunte, mas só até determinado ponto" com o qual estou familiarizada. Mas há uma razão pela qual estes são os momentos dos quais me lembro e as pessoas que não consigo esquecer. Foi mais difícil pensar em quais exemplos excluir do que encontrar os exemplos para mencionar. (N. A.)

** Emenda da Constituição Americana que garante a liberdade de expressão. (N. T.)

A cada pergunta, a cada caso e a cada comentário ansiosamente feito por algum colega, eu ficava cada vez mais gelada. Não conseguia parar de tremer. A temperatura da sala era de 25 graus e eu estava usando um casaco de inverno. Disse a mim mesma que estava apenas zangada. Havia muitas razões para toda aquela raiva: o patriarcado, os precedentes na lei contra estupro, a morosidade da reforma penal. Eu tinha muitas razões diferentes que não eram "eu fui estuprada". Eu tinha tantas razões além do trauma revivido. Naquela noite, chorei enquanto conversava com minha namorada e não consegui explicar o motivo.

Na disciplina sobre Evidência, aprendemos como desacreditar o depoimento de uma testemunha. Aprendemos sobre as exceções que nos permitiriam introduzir nos autos o histórico sexual da vítima, para enfraquecer o argumento de que ela foi estuprada. Quanto você tinha bebido naquela noite? Você diria que esse é o tipo de roupa que você usa normalmente para sair? E você deu a ele seu número de telefone? Você normalmente aceita que qualquer homem te pague uma bebida? Você já tinha tido relações sexuais com ele? Quantas vezes, mais ou menos? E todas aquelas vezes foram consensuais? Alguma vez você disse não? Você não gritou? E você continuou tendo um relacionamento com ele? Mas agora é difícil lembrar o que aconteceu naquele dia, não é? Em Ética, fiquei sabendo que um advogado que recolhia dinheiro de um grupo de amigos para um jogo de futebol, mas ficava com o dinheiro para si, perdeu sua licença. E também fiquei sabendo de um advogado experiente que assediou sexualmente uma advogada repetidas vezes, mas não perdeu sua licença porque o tribunal considerou que a conduta de apalpar o corpo da mulher diariamente não constitui "depravação moral". Nos seminários, eu escrevia artigos com fatos que não me saíam da cabeça,[*] e isso me fazia brigar com minha namorada, pois é mais fácil acusar do que admitir. Nos estágios obrigatórios, conversava com meus amigos defensores públicos que me contavam como fazer uma testemunha parecer uma "vaca mentirosa" quando estivesse depondo. Nos corredores, comentávamos as

---

[*] Incluindo: a maioria dos estupradores são reincidentes. Um trauma nunca é completamente superado. Em 1825, uma condenação por estupro exigia o testemunho de duas testemunhas do sexo masculino. Nas zonas rurais dos Estados Unidos, o número de estupros aumenta durante a temporada de caça. (N. A.)

aulas e criticávamos nossas colegas. "Eu acordei depois de uma noite inteira fazendo sexo bêbada e me arrependi, mas *eu* não chamei aquilo de estupro", me disse uma garota. Era minha amiga mais próxima.

Aquilo me isolava, talvez me fizesse reviver o trauma, mas eu não me permitia usar essa palavra. Trauma era para outras pessoas, eu pensava. E então eu não falava muito durante as aulas. Não tinha interesse em debater a lei, em resumir um caso, ou em comentar a intersecção entre os avisos de gatilho e a Primeira Emenda. Mas a faculdade de Direito — o Direito como era ensinado, como era aprendido, como os meus colegas mal o questionavam e como eu o entendia — era um aviso de gatilho. Aquela noite, quando eu tinha 21 anos, tinha inserido uma bala na agulha. E passei os últimos três anos tentando sair da linha de tiro.

IV.

Ela precisa seguir o instinto natural de qualquer mulher orgulhosa, resistir, com mais que meras palavras, à violação de sua pessoa por um estranho ou por um amigo indesejado. Ela precisa deixar claro que considera tais atos sexuais abomináveis e repugnantes ao seu sentimento natural de orgulho.
Estado vs. Rusk, 424 A.2d 729 (1981) (Cole J., discordando)

Há uma arte em se enganar, e eu sempre gostei de ser a melhor em tudo. Para mim, sair do armário como uma mulher queer e como uma sobrevivente de estupro são coisas que sempre estiveram intrinsicamente conectadas. A maneira como eu acreditava em mentiras fáceis para evitar meu próprio trauma era a mesma maneira que usava para justificar permanecer no armário. Era sempre "depois", "algum dia", ou "não é problema dos outros".

Mas, naquele verão, quando eu tinha 21 anos, pensei que "algum dia" estava mais perto do que eu imaginava, porque havia uma garota. Eu treinei falar aquelas palavras no espelho, na esperança de ver refletida uma versão mais honesta de mim mesma. *Queer. Lésbica. Sapatão.* Eram palavras estrangeiras, mas saíram de uma boca que as entendia do mesmo jeito. Parecia errado dizer aquilo em voz alta, mas minha língua sabia pronunciá-las, e eu ouvi minha própria verdade emergindo de um corpo que tinha passado anos se convencendo do contrário. Eu queria me assumir. Queria dizer minha verdade. Queria dizer para aquela garota que eu amava que havia uma razão para eu ter dado o nome dela para todas as mulheres sobre as quais escrevia. Eu estava apaixonada pelo nome dela e pelo jeito que ela ria de mim.

Eu tinha planejado me assumir lésbica no último ano da faculdade, mas aqueles planos mudaram depois do verão. O que tinha parecido tão próximo de emergir eu fiz submergir novamente. O que eu tinha romantizado como sendo dizer minha verdade foi totalmente enterrado em dúvidas. Dúvidas sobre minha identidade, sobre aquela noite, sobre se valia a pena. Eu me entreguei à vergonha porque era familiar. Estava aterrorizada com as perguntas dos homens com quem tinha transado ou com quem tinha namorado. E eles todos? Estava aterrorizada que alguém de alguma forma descobrisse que eu tinha sido estuprada e me dissesse que era por isso que eu era gay. Estava aterrorizada que isso fosse verdade.

A vergonha e a dúvida contra as quais eu lutava no campo da minha sexualidade foram facilmente transferidas para o meu trauma. Não me surpreendem as estatísticas mostrando uma maior prevalência de violência contra pessoas queer. Também não me surpreende que 46% das mulheres bissexuais sofram essa violência, comparado aos 14% e 13% no caso de mulheres heterossexuais e lésbicas, respectivamente.[*] A cultura da vergonha e do silêncio escondem as sobreviventes de violência sexual, mas as pessoas queer também são muitas vezes consideradas o outro. "Como você descobriu que era gay?" é outra versão de "Posso acreditar em você?".

Quando a sua verdade é questionada de forma tão inerente, é mais fácil se calar a dizer qualquer coisa. Eu sei disso porque vivo em um bastião do progressismo, me alinho a pessoas de mente aberta, passei a vida devorando a literatura feminista sobre a teoria queer, passei anos na terapia, décadas na

---

[*] Centers for Disease Control, "The National Intimate Partner and Sexual Violence Survey: An Overview of 2010 Findings on Victimization by Sexual Orientation" (2010) [Centros de Controle de Doenças, "Pesquisa nacional sobre parceiros íntimos e violência sexual: Um panorama das conclusões de 2010 sobre a vtimização por orientação sexual "]. (N. A.)

yoga e meses meditando para crescer, me curar e entender, e, mesmo assim, apesar de tudo, quando escrevo sobre aquela noite ainda tenho dúvidas se minha história é crível.

V.

Se eu estivesse tentando convencer você sobre uma posição legal, pararia por aqui. Resumiria meus argumentos, citaria precedentes e proporia uma solução viável. Mas uma conclusão me parece inalcançável, se ainda estamos empacadas no debate sobre os fatos, tentando decidir em quem acreditar e o que é verdade. Estamos presas em um sistema legal que nunca favoreceu as mulheres nem nunca acreditou nas sobreviventes. E estamos atoladas em um diálogo circular e acusador, um diálogo tão poderoso que invalida nossas experiências, nossos traumas, nossas verdades — um diálogo tão poderoso que nós começamos a duvidar se nossa experiência realmente existiu.

Corpos contra fronteiras

Michelle Chen

A violência sexual é uma epidemia global que está em toda parte, e ainda assim não está em lugar algum, precisamente por permear todas as facetas de nossa presença no mundo, ecoando através de nossa cultura política e popular, ricocheteando nos muros de concreto que definem nossas fronteiras.

Minha exposição ao conceito de estupro como um fenômeno de massa global e à violação dos corpos de mulheres nas fronteiras dos Estados-nações surgiu, infelizmente, da maneira como costuma surgir para muitas americanas: por meio de artigos na imprensa, de análises antissépticas dos relatórios de campo de organizações humanitárias, de estudos sociológicos. E enquanto meu trabalho como jornalista muitas vezes examina questões como a violência sexual e de gênero com um olhar crítico, quase sempre isso se dá a distância — talvez aprender como se afastar emocionalmente do assunto seja o preço a ser pago por aquelas que trabalham na mídia para se "aproximar" de uma história.

Esse é o assunto que quero revisitar neste texto. O outro lado de se tratar as "vítimas" ou "sobreviventes" como sujeitos de uma narrativa é que esse processo de intelectualizar o problema também exige uma hábil transmutação do sujeito em objeto. E objetificar pessoas que viveram violência sexual não é um bom lugar para se começar, ou terminar, uma história — não a sua própria, nem a delas. Eu sei que nunca poderei "restaurar a dignidade" de vítimas que nunca conheci de verdade. Meu objetivo não é "dar voz" a pessoas silenciadas por políticas e projeções de nossas ansiedades sociais coletivas (ou ser sua ventríloqua). Quando analiso a experiência da violação sexual na fronteira, trago em minha análise minhas próprias experiências com a opressão de gênero, mas não ouso reivindicar o contar daquelas histórias como um direito exclusivo, quando, em muitos casos, as histórias são tudo o que aquelas pessoas podem levar consigo. Estou apenas tentando explorar territórios supostamente fixos, rígidos, oficiais — e olhar além do muro. Talvez assim nós, como contadores de histórias, possamos revelar as pessoas reais por trás daquelas "linhas inimigas", revelar nossas famílias ao encarar o "alheio" e testemunhar as guerras ali travadas, quando nações trocam corpos por poder político e subtraem das pessoas seu direito a si mesmas.

Desamparado e em fuga, o refugiado está vulnerável a todo tipo de dano — do desabrigo à má-fé —, mas a violência sexual é o mais íntimo e mais público ato de brutalização, e irrompe sempre que as leis e normas sociais se dissolvem. Como corpos transientes, à deriva em busca de um lar, a violência de gênero pode alicerçar uma taxonomia social de dominação e opressão, separando as estupráveis daqueles com o poder de estuprar, conectando as esferas masculina e feminina, carcereiro e prisioneiro. Ou pode também criar novas hierarquias entre a "nação receptora" e o "refugiado" indesejável, o ocupante e o ocupado.

Fronteiras nacionais são as comportas do corpo político. Uma vez que uma fronteira é cruzada, todos os outros limites se tornam um pouco débeis — a carne é perfurada, a parte mais fácil de perfurar. As correntes de migração em massa tanto romperam quanto endureceram as divisões sociais, de formas ao mesmo tempo aflitivamente familiares e inimaginavelmente violentas.

Mas alguma forma de patriarcado persiste atravessando todas as fronteiras e entre elas, mesmo em um espaço de anarquia, quer se origine dos atores de um conflito militar, de agências de ajuda e de instituições religiosas, ou da pobreza corrosiva, expondo as comunidades migrantes à mais selvagem forma de roubo.

O lugar onde a violência sexual é mais rapidamente transformada em arma é aquele onde os outros instrumentos sociais se desequilibraram: a interface entre duas sociedades. A dominação sexual, aquele alicerce familiar da cultura de todos os Estados-nações, preenche os espaços liminares abertos pelo deslocamento em massa.

Existem no mundo 65 milhões de pessoas oficialmente reconhecidas como tendo sido deslocadas à força — um deslocamento populacional sem precedentes desde a Segunda Guerra Mundial —, desde crianças em idade escolar, fugindo sozinhas como "menores desacompanhados", até exilados esgotados, que esperam indefinidamente, às vezes por anos, para poder voltar à sua terra natal dizimada pela guerra. Dezenas de milhões são considerados "deslocados internos", dentro de seus próprios países. Outros 150 milhões são considerados trabalhadores migrantes, que são, em certo sentido, refugiados da pobreza. Chamar esse êxodo de "crise" é na verdade um equívoco, já que a migração é o estado constante da existência de uma parte considerável da população. Mas os holofotes geopolíticos iluminaram determinadas falhas geológicas entre o Norte Global e o Sul Global.

Uma delas é nos Estados Unidos — a fronteira com o México, por onde dezenas de milhares de refugiados da América Central, muitos deles mães com filhos em busca de asilo, passaram desde 2014. O outro grande ponto de travessia norte-sul são as fronteiras ao longo do sul da Europa, da costa mediterrânea da Itália aos Bálcãs, onde centenas de milhares de refugiados sírios e afegãos se aglomeram por mar e terra. As costas da Austrália também atraíram um fluxo de refugiados nos últimos anos, e barcos vindos das áreas conflagradas do oceano Índico encalharam em suas praias.

Os padrões da violência sexual perpetrada contra esses imigrantes são praticamente impossíveis de medir em termos estritamente numéricos. De uma forma geral, as agências de ajuda e os pesquisadores informam que, nas rotas típicas de migração "irregular", a violência de gênero é endêmica. Violações sexuais — cujo alvo primário são mulheres e meninas em trânsito, que formam uma grande minoria da população migrante global — se alinham ao prisma da violência estrutural, com raízes dos dois lados da fronteira.

As fronteiras que os imigrantes cruzam são locais de imenso sofrimento. No entanto, cada corpo na fronteira é um espaço de disputa onde os refugiados negociam segurança ou desapropriação, dependendo de quem está fazendo a travessia e de quem é atravessado.

RISCO CALCULADO

Quando questionados, a maioria dos imigrantes diz que a viagem em si não é mais perigosa do que permanecer parado. As pessoas não se deslocam por ignorância ou por puro pânico; elas respondem racionalmente a eventos irracionais. Por que permanecer em um lugar quando a opressão ou a calamidade destruíram todas as razões para ficar? Guerra, genocídio, perseguição étnica e desastres ecológicos deixam os migrantes com a escolha impossível entre a violência conhecida e o perigo desconhecido.

Apesar de as mulheres serem uma minoria entre a população total de migrantes, em países arrasados pela guerra e pela pobreza, as restrições culturais e estruturais da opressão de gênero podem dar ainda mais razões para que desejem ir embora. Uma camponesa adolescente grávida, tornada órfã por uma guerra civil, pode migrar internamente em busca de um emprego em uma fábrica da cidade ou tentar a sorte em um barco clandestino; ela pode estar mal informada quanto aos riscos relativos de uma viagem marítima, mas sabe que suas chances são trágicas, quer fique ou parta.

Pular em um barco velho e acabado com destino à costa italiana, onde um em cada 88 migrantes morreu em 2016, ou cruzar o deserto do Arizona, onde milhares desapareceram durante a década passada, é um risco calculado.

E o risco de abuso sexual é visto como um custo inevitável da transgressão política. No vasto e fortemente vigiado corredor ao longo da fronteira entre o México e os Estados Unidos, as organizações de ajuda estimaram em 2014 que 80% das mulheres e meninas foram estupradas em trânsito — um aumento claro de um estudo da Anistia Internacional de 2010 que mostrava que 60% eram estupradas. Essa tendência coincidiu com o recente aumento no número de meninas jovens viajando sozinhas da América Central para os Estados Unidos.

Entretanto, a vitimização em trânsito é apenas uma das extremidades da série de violências de gênero que assolam Honduras, El Salvador e Guatemala. Os três pequenos países da América Central no centro do êxodo regional apresentam também algumas das maiores taxas mundiais de homicídios de mulheres — um produto das políticas transnacionais de guerra às drogas e décadas de crise política e econômica. Garotas são regularmente

170 Editado por Roxane Gay

aliciadas por gangues ou ameaçadas de estupro. Mães deixaram de mandar suas filhas à escola para mantê-las a salvo. E quando se esconder em casa se torna perigoso demais, as jovens vão para o norte, se juntar a milhares de crianças e adolescentes "desacompanhadas", marchando sozinhas pela fronteira, violáveis a qualquer momento.

Como a advogada de direitos humanos Elvira Gordillo explicou em uma entrevista à *Splinter*, as migrantes tipicamente "sabem que o preço a pagar para chegar aos Estados Unidos… é ser sexualmente violada".

Do outro lado do Atlântico, migrantes do Oriente Médio e da África se lançaram às praias nas costas da Itália e da Grécia e se apinharam na orla da Europa Central e do Leste. Enquanto milhares de mulheres morreram a caminho da "Fortaleza Europa", muitas das que chegaram às fronteiras do mais rico bloco econômico do mundo acabaram definhando indefinidamente em centros de detenção, presas à burocracia da concessão de asilo. Uma agitada população-fantasma de migrantes "irregulares" ou é filtrada por um regime profissionalizado de ajuda humanitária ou cai no submundo das indústrias de contrabando e tráfico humano.

Os ministros da União Europeia, enquanto isso, permanecem continuamente em um impasse nas negociações de uma política continental de reassentamento humanitário, reduzindo os corpos dos refugiados a pautas políticas em Bruxelas enquanto sobreviventes de estupro são obrigadas a acampar ao ar livre ao longo das fronteiras.

ESTUPRO DE SOBREVIVÊNCIA

As piores violações na maior parte das vezes ocorrem antes das migrantes chegarem à Europa. Na rota pela África até o extremo norte da Líbia, um país assolado por uma guerra civil e o principal ponto de partida de barcos de travessia clandestina do Mediterrâneo, a violência sexual se torna um perigo rotineiro, levando as mulheres a se injetarem antecipadamente com anticoncepcionais para prevenir a gravidez.

O estupro é endêmico nos campos de migrantes no entorno do porto líbio — algumas vezes em instalações oficiais, outras em depósitos onde os contrabandistas mantêm a carga humana antes de mandá-la para o mar. Uma mulher da Eritreia descreveu à Anistia Internacional como o estupro era sistematizado em seu campo na Líbia: "Os guardas bebiam e fumavam haxixe, depois entravam nos alojamentos, escolhiam quais mulheres queriam, e as levavam para fora. As mulheres tentavam resistir, mas, quando você tem uma arma apontada para a cabeça, não tem muita escolha se quer sobreviver. Eu fui estuprada duas vezes por três homens... não queria perder minha vida".

A vulnerabilidade à violência sexual também está articulada a outras hierarquias sociais: refugiadas mais ricas têm o dinheiro e os contatos para comprar acesso a rotas mais seguras; migrantes africanas negras em geral estão sujeitas a mais abuso do que as companheiras de pele mais clara; a exploração sexual e laboral se misturam, gerando subcategorias de estupro como "sexo de sobrevivência" ou "sexo de proteção".

Em um estudo sobre a migração africana para a Europa nos últimos anos, as pesquisadoras Sharon Pickering e Alison Gerard citam uma migrante, Aziza, que descreve o clima de coerção sexual durante sua retenção sob guarda armada em um campo na Líbia: "A sobrevivência é difícil, porque você não é livre. Tem gente vigiando, e você precisa negociar para sair dali. Algumas pessoas pagam em dinheiro para sair, outras fornecem sexo ou são estupradas".

Em um estudo conduzido pela ONU, "Oumo" recordou a banalidade do sexo transacional, ao qual se submeteu duas vezes, primeiro para obter um passaporte falso, depois para conseguir lugar em um barco clandestino da Turquia para a Grécia. "Eu não tinha escolha. Tinha medo de enlouquecer." A noção de consentimento oferecido livremente fica embaçada; o custo de voltar para casa, em vez de seguir em frente, é alto demais.

Sexo transacional também pode servir como um meio de obter segurança econômica. A devastadora pobreza que aflige as famílias sírias refugiadas na Jordânia gerou uma epidemia de casamentos infantis, uma permuta prática da pureza e da juventude por "proteção" marital, frequentemente entre jovens adolescentes e homens muito mais velhos.

A indústria do trabalho sexual corre paralela ao casamento, como outra instituição de sexo de sobrevivência. Entretanto, como a prostituição está

172 *Editado por Roxane Gay*

associada à pobreza e à transgressão social, as refugiadas que entram na indústria do sexo — em geral por não conseguirem outro trabalho — se arriscam ao estigma social e à prisão, em contraste às esposas que trocam a "segurança" pela submissão.

A questão da "escolha" se dissolve nessas periferias sociais. A agência de uma mulher é mediada por necessidades básicas, e o sexo se torna o último valor restante para negociar a sobrevivência.

Quer seja com refugiadas sírias ou com sobreviventes de guerras de gangues em Honduras, a violação sexual nas rotas de migração é um símbolo cruel da desapropriação de uma comunidade e da perda massiva de dignidade. E, no entanto, a institucionalização da predação sexual revela certa economia política na ausência do Estado, na qual o estupro serve de último recurso para os dois lados da rachadura social. Na sua travessia, a migrante nunca está realmente criando seu próprio caminho, mas sim sendo empurrada por correntes geopolíticas.

À MERCÊ DE ESTRANHOS

Mesmo nas supostamente mais civilizadas instalações "humanitárias" oferecidas por países ocidentais aos migrantes, a cultura do estupro é reproduzida na dualidade segurança e desvio. A onda migratória amplia as relações de dominação colonial.

Em abrigos temporários no Norte Global, a exploração sexual e o abuso doméstico persistem, em geral porque são normalizados no funcionamento diário de um dado campo. Os relatos de abuso vêm tanto de migrantes quanto dos encarregados da segurança. Mesmo nos centros de detenção da Europa melhor financiados e regulados, as mulheres estão expostas a enormes riscos de trauma sexual, bem como a isolamento social e a barreiras de acesso a serviços de saúde mental.

Refugiados podem em breve ser impedidos de entrar em todo o território europeu; no final de 2016, o clamor público no Ocidente contra migrantes levou os ministros da União Europeia a desviarem milhares de refugiados sírios da Grécia para campos ainda mais precários na Turquia, efetivamente fechando a fronteira e, de acordo com organizações humanitárias, negando tratamento e alívio cruciais a incontáveis sobreviventes de traumas.

Nos Estados Unidos, Raquel, uma ex-detenta da América Central, contou a advogados da ajuda humanitária como tinha fugido da violência das gangues em sua terra natal, em busca do que ela pensava ser uma vida de relativa segurança, apenas para terminar em um centro de detenção federal e ser abusada sexualmente por um funcionário da imigração: "Eu pensei que ele fosse me matar. Achei que, se minha vida ia terminar daquela forma, devia ter ficado em meu país, onde pelo menos teria passado mais tempo com meus filhos. Ele entrou na minha cela e começou a abrir as calças e arrancar minhas roupas. Ele mostrou suas partes para mim. Ele estava furioso porque eu me recusava a tirar a roupa".

Apesar de ter sido libertada da detenção e ter obtido asilo, ela continuava traumatizada pelo abuso sofrido à porta do refúgio. "Eu fugi de um problema em meu país e encontrei outro aqui", testemunhou. "Eu tinha medo de todo mundo nas ruas, homens e mulheres, especialmente se eles se aproximavam ou me tocavam... Eu chorava à noite e tinha dificuldades para dormir. Todas as vezes que fechava os olhos, eu o via."

O regime de "administração da fronteira" na Austrália também gerou uma colônia em miniatura no centro de detenção isolado de Nauru, um pequeno atol no meio do mar, onde centenas de "gente dos barcos", incluindo inúmeras crianças, foram despejadas. A instalação é mantida bem longe das vistas do público, mas milhares de relatórios dos funcionários, recentemente vazados, que datam desde 2013, incluem denúncias de ataques e agressões sexuais contra crianças, revelando camadas de cumplicidade entrelaçadas na burocracia humanitária.

De acordo com um artigo de 2015 do *Guardian*, várias crianças detidas relataram terem sido molestadas por guardas de segurança. Mas suas denúncias documentadas eram aparentemente rebaixadas silenciosamente para infrações menos sérias.

Uma jovem iraniana foi encontrada traumatizada, mordida e machucada do lado de fora da instalação em maio de 2015. Seguiram-se duas tentativas de suicídio — uma da própria vítima e depois uma de sua mãe, que havia sido detida em isolamento enquanto sua filha estava hospitalizada.

Uma detenta somali que relatou ter engravidado em decorrência de um estupro tentou abortar, mas foi inicialmente impedida de ir à Austrália para o procedimento hospitalar. Enquanto isso, apesar do clamor popular, funcionários do governo impediram que casos de abuso fossem criminalmente processados e que a política de detenção fosse modificada.

Mas os anos de silêncio do governo conservador da Austrália sobre Nauru não refletem apenas constrangimento ou incompetência. O silêncio sistemático foi exatamente pelo que o governo pagou esse tempo todo: de 2013 a 2016 o governo enterrou aproximadamente 10 bilhões de dólares em seu sistema de "proteção de fronteiras", só para manter os refugiados em alto-mar.

IMAGINAR OS MIGRANTES

Em contraste ao muro de silêncio em torno do estupro na migração, a cultura do estupro se tornou comum no discurso político sobre políticas de imigração, embora de um ângulo distorcido: os homens migrantes (negros, pardos ou muçulmanos) são estereotipados como estupradores na Europa e nos Estados Unidos, alimentando o medo de que eles tenham chegado ansiosos para atacar a honra das mulheres "nativas" (brancas).

Na véspera de Ano-Novo de 2015, as comemorações nas ruas de Colônia, na Alemanha, foram perturbadas por denúncias de ataques sexuais públicos contra mulheres. A polícia e a mídia rapidamente levantaram suspeitas de que os responsáveis eram refugiados árabes e do norte da África. Essas alegações inflamaram o medo do público de que os jovens refugiados sexualmente depravados fossem uma ameaça à segurança das cidades alemãs. Nas manifestações de protesto, surgiram cartazes contra os "imigrantes estupradores".

Ironicamente, os mesmos comentaristas conservadores, que com frequência subestimavam outras questões ligadas à violência de gênero, condenaram fervorosamente a "cultura do estupro" supostamente herdada das sociedades muçulmanas. O furor midiático foi comparável ao alarmismo de Donald Trump na campanha de 2016 sobre os "estupradores" mexicanos inundando a fronteira. Alguns jornalistas culparam os liberais por amolecer a vigilância contra os imigrantes em nome de uma ingenuidade "politicamente correta".

Nas semanas seguintes, a análise de mídia da cobertura dos casos de assédio sexual revelou não um padrão sistêmico de ataques realizados por imigrantes, mas sim uma preponderância de boatos e hipérboles. As denúncias disfarçadas de cavalheirismo contra homens imigrantes, entretanto, tinham menos a ver com os fatos ou a proteção à dignidade das mulheres europeias e mais com reforçar o patriarcado cultural que o sustenta.

O vilipêndio de homens muçulmanos e a criminalização da migração em geral, no Norte Global, se provaram profundamente desestabilizadores e alienantes, resultando em, entre outros problemas, uma marcação de gênero regressiva nas questões de reassentamento e integração. O discurso atual em torno da política migratória tende a distinguir "mulheres e crianças" como uma categoria separada de vítimas (aquelas consideradas merecedoras de "resgate") dos homens e meninos (que são vistos como pervertidos ou terroristas em potencial). As regulamentações europeias de asilo e ajuda humanitária, por exemplo, têm tipicamente excluído refugiados sírios do sexo masculino, com exceção de crianças, idosos e pessoas com deficiências, alegando motivos de segurança nacional. Mas os defensores dizem que essa divisão leva à desumanização de todos os migrantes. Quando mulheres e crianças têm prioridade exclusiva no reassentamento humanitário, o governo pode acabar por desfazer os próprios laços sociais necessários para que essas pessoas reconstruam suas vidas.

Sob os programas convencionais de realocação, as populações de refugiados são separadas em retratos unidimensionais como encargos públicos ou criminosos. A desigualdade de gênero é intensificada, mesmo para as mulheres e crianças "resgatadas", quando os países anfitriões oferecem poucas oportunidades para que os refugiados realmente restabeleçam seu tecido social na forma de comunidades coesas, com sua integridade cultural e política preservadas.

A violência estrutural que cerca os refugiados repercute o legado do imperialismo no Sul Global: na paisagem marcada pela desapropriação massiva e sistêmica, a cultura do estupro não é "estrangeira", na verdade ela é essencial à cosmovisão ocidental. O estupro é parte integral das culturas de guerra, colonização e deslocamentos forçados que transformaram a opressão de gênero e a violência sexual em uma moeda de troca global do desespero.

Ao falar sobre as deficiências estruturais dos recursos humanitários para tratamento e monitoramento das refugiadas sobreviventes de estupros, a psicóloga Katie Thomas escreveu: "Os atores combatentes governamentais e não estatais em geral compartilham uma desvalorização das mulheres. Nenhum outro ferimento físico com lesões tão severas como aquelas causadas pela violência sexual poderia ser ignorado ou não priorizado sem indignação internacional".

Falamos sobre o estupro durante a migração como uma experiência "inimaginável", um crime relegado às margens da civilização. Mas não conseguiremos dar sentido à cultura do estupro de modo mais abrangente, ou ao sentido do gênero na migração, até entendermos que tanto a ordem social dentro das fronteiras quanto o caos fora delas se entrelaçam em um único conceito binário que não pode se sustentar.

As histórias de refugiadas refletem a complexidade de se navegar pelo vácuo social entre os Estados. Mas o flagelo do estupro não está enraizado na cultura que cruza a fronteira, mas na cultura das próprias fronteiras. A linha que separa uma sociedade da outra — e "nós" de "eles" — é o que nós fazemos dela. A busca incessante daqueles que cruzam a fronteira por uma segurança real é o terreno comum que compartilhamos — não as fronteiras entre nós.

LIMPAR DE VEZ A MANCHA

Gabrielle Union

VINTE E QUATRO ANOS ATRÁS fui estuprada sob a mira de um revólver no depósito frio e escuro da loja de sapatos Payless onde eu trabalhava na época. Dois anos atrás, fui contratada para participar de um filme brilhante chamado *O nascimento de uma nação*, para interpretar o papel de uma mulher que era estuprada. Um mês atrás recebi uma cópia de um artigo sobre Nate Parker, o talentoso roteirista, diretor e astro daquele filme. Dezessete anos atrás, Nate Parker foi acusado e inocentado de um abuso sexual. Quatro anos atrás a mulher que o acusou cometeu suicídio.

Estradas diferentes circundando uma mancha brutal entranhada em nossa sociedade. Uma mancha esculpida em minha própria história. O estupro é uma ferida que lateja muito depois de se fechar. E, para algumas de nós, lateja alto demais. A síndrome de estresse pós-traumático é algo muito real, que tira lascas da alma e da sanidade de tantas de nós que sobrevivemos à violência sexual.

Desde que soube da história de Nate Parker, eu me vi em um estado de confusão de revirar o estômago. Aceitei o papel por me identificar com a experiência. Também queria dar uma voz à minha personagem, que permanece em silêncio por todo o filme. Em seu silêncio, ela representa incontáveis mulheres negras que foram e continuam sendo violadas. Mulheres sem uma voz, sem poder. Mulheres em geral. Mas mulheres negras em particular.

Eu sabia que podia sair do filme e falar à audiência sobre como é ser uma sobrevivente.

Minha compaixão pelas vítimas de violência sexual é algo que eu não consigo controlar. Ela transborda de mim mais como um instinto do que como uma escolha. Ela me força a falar quando minha vontade é correr do pódio. Quando estou assustada. Confusa. Envergonhada. Eu me lembro dessa parte de mim e tenho que falar com qualquer um que me ouça — outras sobreviventes ou mesmo potenciais agressores.

Por mais importante e inovador que esse filme seja, não posso ignorar essas alegações. Naquela noite, uns dezessete anos atrás, será que Nate tinha o consentimento de sua acompanhante? É bem possível que ele achasse que sim. Mas ele mesmo admitiu que não houve uma afirmação verbal; e mesmo que ela nunca tenha dito não, o silêncio certamente não é igual a um sim. Apesar de muitas vezes ser difícil ler e entender a linguagem corporal, o fato de algumas pessoas interpretarem a ausência de um não como um sim é no mínimo problemático, criminoso na pior das hipóteses. E por isso a educação é tão importante nessa questão.

Como uma mulher negra criando alguns jovens negros brilhantes, bonitos e talentosos, eu sei da minha responsabilidade por eles e por seu futuro. Meu marido e eu enfatizamos a importância de sempre serem mais cuidadosos que seus colegas brancos. Uma lição que nos parte o coração e nos enfurece, mas que é obrigatória no mundo em que vivemos. Passamos horas incontáveis concentrados nas boas maneiras, na educação e nos perigos das drogas. Ensinamos a eles os perigos que estranhos representam e boas escolhas. Mas recentemente eu me dei conta de que precisamos conversar com nossos filhos sobre as fronteiras que não podem ser ultrapassadas. E o que significa não representar um perigo para outra pessoa.

Para isso, estamos nos esforçando para ensinar a nossos filhos o que significa consentimento afirmativo. Explicamos que o ônus de perguntar explicitamente a suas parceiras se elas dão seu consentimento é deles. E explicamos a eles que um dar de ombros, um sorriso ou um suspiro não são suficientes. Eles precisam ouvir um sim.

Independentemente do que eu *ache* que possa ter acontecido naquela noite há dezessete anos, depois de ler todas as setecentas páginas da trans-

180 *Editado por Roxane Gay*

crição do julgamento, na verdade ainda *não sei*. Ninguém que não estivesse naquele quarto sabe. Mas acredito que o filme seja uma oportunidade de informar e educar, para que essas situações parem de acontecer em *campi* universitários, em dormitórios, em fraternidades, em apartamentos e em qualquer outro lugar onde jovens se reúnam para socializar.

Aceitei o papel nesse filme para falar sobre violência sexual. Para falar sobre essa mancha que vive em nossas mentes. Eu sei que essas conversas são desconfortáveis, difíceis e dolorosas. Mas são necessárias. Falar de misoginia, de masculinidade tóxica e de cultura do estupro é necessário. Falar sobre o que pode e o que não pode ser considerado consentimento é necessário.

Pense em todas as vítimas que, como a minha personagem, não falam. As garotas em seus dormitórios, aterrorizadas demais para falar. A esposa que é abusada pelo marido. A mulher atacada em um beco. A criança molestada. As incontáveis almas destruídas por ataques transfóbicos. É para você que estou falando. Isso é real. Nós somos reais. Violência sexual acontece com muito mais frequência do que se imagina. E se as histórias em torno desse filme não provam e enfatizam isso, não sei o que o faz.

Minha esperança é que possamos usar isso como uma oportunidade de olhar para dentro. De iniciar uma conversa. De ajudar as organizações que trabalham duro para prevenir esse tipo de crime. E de apoiar as vítimas. De doar tempo e dinheiro. De assumir um papel ativo em criar uma onda que mude a misoginia encrustada que permeia nossa cultura. E enfim limpar de vez essa mancha.

O QUE NÓS NÃO DISSEMOS

Liz Rosema

ANDO COMECEI A PENSAR BRE ASSÉDIO, OUTRAS MÓRIAS ME SURPREENDERAM.

EU NÃO ACHO QUE TINHA ESQUECIDO. ACHO QUE TINHA ENTERRADO.

EU ME CURVEI PARA PEGAR ALGO NA PRATELEIRA DE BAIXO E ELE ME IMPRENSOU LÁ.

HA HA

MEU DEUS, QUAL É O SEU PROBLEMA?

SAI DAÍ.

EU DISSE: "NÃO GOSTO DELE". ELES DISSERAM: "ELE É UM CARA LEGAL". "... EU SÓ NÃO GOSTO DELE."

TALVEZ, SE **EU** CONTAR PARA AS PESSOAS E **NÓS** CONTARMOS PARA AS PESSOAS AS HISTÓRIAS QUE NÓS ENTERRAMOS.

DAÍ UMA GAROTA DE QUINZE ANOS EM UM TIME DE BASQUETE PODERÁ DIZER: "ISSO É RUIM, SIM. ISSO É ASSÉDIO E EU VOU CONTAR PARA TODO MUNDO".

E É ISSO QUE ESPERO, QUE EU POSSA AJUDAR OUTRAS A ENCONTRAREM UMA VOZ ONDE EU PERDI A MINHA.

VOCÊ JOGA BASQUETE?

Eu disse sim

Anthony Frame

A sequência de abertura do vídeo de nosso casamento consiste de uma montagem de fotos, primeiro as minhas, depois as de minha esposa, e então as de nós dois juntos, seguindo nossas vidas desde as infâncias separadas até nosso encontro e, um ano depois, nosso casamento. Na primeira vez que assistimos, minha esposa apertou meu braço e riu das minhas primeiras fotografias, algumas imagens de um bebê gordinho e depois algumas fotos escolares, indo até o segundo ano do colegial. Naquelas poucas primeiras fotos, o menino, pequeno e robusto, posa sem vergonha, beliscando as próprias bochechas gordas e oferecendo à câmera um grande e adorável sorriso. Na foto da sexta série, entretanto, o menino tinha mudado. Um súbito surto de crescimento tinha alongado e distorcido meu rosto para algo como um nó de madeira; um par de óculos redondos pareciam combinar bem com o cabelo desgrenhado que eu me recusara a pentear. E o sorriso de bebê tinha desaparecido, substituído por algo o mais próximo possível de uma carranca que eu, em meu uniforme de menino privilegiado de escola particular, conseguia invocar.

Minha esposa pausou o vídeo e olhou para mim, inspecionando meu rosto.

— Eu sei — falei. Ao longo dos anos, já tinha ouvido aquilo mais de cem vezes de minha mãe. — Meu sorriso desapareceu.

— Não. Não é isso. — Ela continuou me examinando, olhos nos olhos, e segurou minha mão. — São seus olhos. Eles ficaram tão... Foi naquele ano que aconteceu?

Eu estava dormindo na cama do meu amigo. A noite estava mais fria que o esperado para o verão, mas ainda assim ele tinha resolvido dormir na rede no quintal. Eu, por outro lado, precisava de cobertores e paredes para manter afastados o vento e a chuva em potencial, então, de camiseta e cueca, cambaleei sonolento para dentro da casa e para o quarto dele, pensando nos fogos de artifício do feriado, em milho assado na churrasqueira e no rock clássico tocando no estéreo do pai dele. Os cobertores talvez fossem exagero, mas eu ainda estava entre o sono e a vigília quando o pai dele entrou no quarto, um pouco depois da meia-noite. Eu ouvi primeiro o som dos pés dele se arrastando e se embaralhando, depois a garrafa escorregando de sua mão para o chão de madeira, de alguma forma sem quebrar.

Ele tossiu. Ele praguejou. Tentei manter os olhos fechados, imaginando que ele só queria ver se eu estava dormindo, seguro e confortável. Mas ele grunhiu quando senti seu peso caindo sobre o pé da cama, um som como o dos lobos no zoológico, e senti que seu corpo se moveu, senti quando ele se inclinou sobre mim.

Quando eu abri os olhos, sua barba estava a centímetros de meu rosto, molhada de suor e da cerveja velha que eu também sentia no seu hálito. Os olhos dele estavam arregalados, tão arregalados que parecia que não podiam piscar, e eles examinavam meu rosto, meu cabelo, minhas orelhas, minha boca. Seus lábios primeiro formavam uma linha reta horizontal, depois se curvaram como uma lua crescente em um sorriso, antes de formarem um pequeno orifício, quando ele notou a preocupação em meus olhos.

Ele passou os dedos pelo meu rosto, pelo meu ombro, descendo pelo meu peito e abaixando o cobertor enquanto movia a mão. Eu abri a boca para falar, mas ele colocou um dedo sobre meus lábios.

— Shhh... Está tudo bem. Vou mostrar uma coisa para você.

Com uma das mãos sobre minha boca, ele puxou meu cobertor e enfiou os dedos na abertura de minha cueca. Eu fechei meus olhos bem apertados.

— Não se preocupe. Vamos fazer de você um menino crescido.

No início, ele me acariciou de forma suave e lenta, usando suas unhas bem aparadas, até conseguir uma ereção. Aí agarrou e começou a bombear, as palmas calejadas e secas de suas mãos me friccionando. Eu virei a cabeça, arfando forte e rápido à luz da lua que entrava pela janela. Em algum lugar próximo, alguém tinha começado o feriado mais cedo, e as luzes dos fogos de artifício quebravam a escuridão. Ele sussurrava com um bafo molhado o tempo todo, perdigotos misturados com cerveja pingando no meu rosto, seu sorriso crescendo, aumentando.

— Isso é bom. Bom. Bom menino. Não é?

Foi a primeira vez que eu ejaculei acordado. Quando terminou, ele tirou a mão da minha boca e abriu um sorriso, largo, torto. Ele cheirou meu sêmen, grudado em seus dedos.

— Pronto. Bom menino. Não foi gostoso?

Na escola só para meninos onde cursei o ensino médio, as paredes eram brancas, o chão e o teto eram brancos, a escola era meticulosamente esfregada todas as noites. A limpeza nos aproxima da divindade, nos diziam, e devíamos ter sempre o Senhor em nossos pensamentos. Os esportes eram incentivados pelos padres e pelo diretor porque, como explicavam, o exercício vigoroso é a melhor maneira de afastar pensamentos e impulsos sexuais. Nenhuma das duas coisas funcionou.

Eu tentei me esconder à vista, minha cabeça baixa, minha voz suave, todos os meus movimentos completamente regulares — como minhas notas — de forma a não atrair atenção. Eu me cerquei de amigos ruidosos, perto dos quais podia me tornar invisível. Indefinido e esquecível. Foi a técnica de sobrevivência mais bem-sucedida que encontrei após ser molestado.

O único de nós que poderia ser chamado de descolado era Josh. Alto, jaqueta de couro, o cabelo empapado de gel, ele era nosso deus grunge. Foi com ele que aprendi a xingar como um homem, a inserir palavras como *porra*, *vaca* e *puta* em minhas frases de forma tão natural e frequente quanto a palavra *o*. Ele era um menino ameaçador, mesmo de camisa abotoada até em cima e gravata de presilha. Toda vez que podia, ele nos socava nas costas e na bunda, e daí gritava com os nerds das aulas de matemática. "Indo resolver equações e dar a bunda, suas bichas? Querem levar o Magrelo com vocês?", ele dizia, apontando para mim. "Bando de maricas."

— Cara, com quantos anos as gêmeas Olsen estão agora? — perguntou ele no almoço, ali pelo meio de nosso primeiro ano, colocando o cabelo atrás da orelha. — Com certeza vou bater uma para elas. — Eu olhei pela janela, observando o jardineiro dar voltas pelo gramado com seu carrinho cortador de grama. Josh passou os olhos pela mesa, por nós, enquanto batucava com os dedos. — Qual é! Elas ainda são menores, né? Não vão dizer que nenhum de vocês tinha pensado nisso.

Alguém murmurou que, se está em nosso pensamento, não pode ser errado, e um furioso debate sobre pelos pubianos se iniciou ao meu lado.

Josh olhou para mim. Ele não tinha como saber que meu estômago estava se apertando, que na noite anterior eu tinha sonhado com lâminas de barbear e com um homem que me masturbava, ou que toda vez que eu me tocava não conseguia deixar de pensar na lua e em fogos de artifício.

— Para qual delas você bate uma, Magrelo? E não tente dizer que elas são iguais, ou eu vou ter certeza de que você é bicha. — Empurrei a bandeja do almoço para cima dele. — Que isso, todo mundo já sabe que você bate punheta.

Eu podia contar para ele? Eu tinha tido quatro anos para descobrir como contar para alguém, para qualquer um, o que tinha acontecido comigo, mas Josh nem me deu chance.

— É, eu sabia — disse ele, sem esperar pela minha resposta. Apontou para mim e soltou uma gargalhada. — Você adora bater punheta, não adora, seu merdinha pervertido?

É difícil descrever o que fizemos como trote, pelo menos no início. Dois outros alunos do segundo ano estavam só zoando um pouco com Stephen, o menor calouro em nossa equipe de corrida cross-country. Enquanto esperávamos nossos pais do lado de fora do prédio da escola, nós o empurramos para o lado quando ele estava trocando as chuteiras por um par de tênis de corrida. Fred o segurou contra o muro enquanto eu peguei um tênis e joguei para Matt. Brincamos de bobinho por algum tempo, Stephen tentando pegar o tênis quando cruzava o ar acima de sua cabeça. Ele estava rindo, gostando da brincadeira, ou pelo menos gostando de ter sido incluído de alguma forma.

Quando finalmente deixamos Stephen pegar seu tênis, Matt bateu no ombro dele e disse que ele tinha espírito esportivo. Stephen, agachado no chão, enfiando o pé no seu Nike, sorriu para nós, seu sorriso largo, seu cabelo bagunçado na cabeça depois de todos aqueles pulos. Eu de repente o odiei. Odiei como ele era pequeno. Odiei o modo como ele se conformou em ser objeto da brincadeira. Odiei sua fraqueza. Antes de saber o que estava fazendo, o empurrei com força contra o chão de concreto. Ajoelhei em cima dele, gritando:

— Seu veadinho escroto! Vê se cresce, seu imbecil!

Eu continuei empurrando o menino contra o chão, mesmo quando o ouvi chorar. Queria ouvi-lo gritar.

O técnico assistente apareceu, avaliou a situação e, depois de Matt e Fred contarem a ele o que tinha acontecido, me arrastou para a sua sala. Enquanto ele gritava comigo, comecei a soluçar. Não conseguia me explicar porque não entendia: eu nunca tinha sentido aquele tipo de fúria antes, não sabia de onde aquilo tinha vindo, não conseguia entender o que tinha acontecido. Em meio a lágrimas, tentei me desculpar, mas minha boca parecia costurada. Parecia que tinha uma das mãos pressionada sobre meus lábios; eu mal conseguia respirar. Rezei para que o técnico visse, rezei para que ele ouvisse os fogos de artifício dentro da minha cabeça, rezei para que ele me abraçasse e me dissesse que no fim tudo ia ficar bem.

Ele olhou para mim e balançou a cabeça.

— Patético — disse. — Me fala, agora você está se sentindo um homem de verdade?

No terceiro ano, demos uma festa na casa de Aaron, só nós cinco, com pizza e luta livre no pay-per-view. Cada um levou uma caixa de cerveja, e Josh levou a namorada, Kate. Ela era uns cinco centímetros mais alta que ele, e estava de top branco justo e uma calça jeans rasgada na curva da bunda.

Enquanto bebíamos e assistíamos à exibição de esteroides na TV, ele sussurrou alguma coisa no ouvido dela e, quando ela riu, ele passou o braço em volta de sua cintura e apertou seu seio, o tempo todo olhando para nós, que olhávamos para ele.

No meio da noite, começou a chover. Eu podia ouvir o vento soprando contra a cerca de alumínio, um assobio sem um tom identificável. Josh cutucou Kate e apontou para Aaron. Ela olhou e assentiu, então foi sentar ao lado de Aaron e começou a lamber sua orelha. Josh mandou Aaron ficar em pé, e, quando ele se levantou, Kate o pegou pela virilha e esfregou. Josh estava com a mão dentro de um dos rasgos do jeans dela. Ela alisou a calça de Aaron para mostrar a ereção, mas estava olhando para mim.

A cerveja na minha mão tinha ficado choca, deixando um gosto rançoso na minha boca. Meu estômago se apertou, e eu podia sentir a pizza do jantar abrindo caminho até minha garganta.

— Quer ser o próximo, Magrelo? — perguntou Kate, me mandando um beijo.

Eu corri o mais rápido que pude escada acima, até o banheiro, e ouvi a gargalhada uivante de Josh atrás de mim.

— Ele, não! Todo mundo sabe que o Magrelo é fresco que nem um unicórnio.

Eu não vomitei, mas, quando saí do banheiro, Josh estava me esperando.

— Você está bem?

Eu assenti e me desculpei, disse que sentia muito por ser fraco para bebida. Sentamos no alto da escada e ele segurou minha mão.

— Cara, você sabe que eu amo você, não sabe?

Eu fiquei olhando para ele. Eu não tinha notado antes quão azuis eram os olhos dele, nem sabia que olhos podiam ter sardas.

Ele tirou meus óculos e passou os dedos pelas minhas sobrancelhas, e depois pela minha triste tentativa de cavanhaque.

— Meu Deus, você tem um monte de pelos. — Ele recolocou meus óculos e sorriu. — De verdade, cara, eu amo você, mais que qualquer dos outros caras. Mais até que ela, e olha que ela eu estou fodendo. Não importa que você seja uma bicha. Quer dizer, não tem importância, né?

194 *Editado por Roxane Gay*

Ele pegou novamente minha mão, e eu o observei acariciar a pele entre o meu polegar e meu indicador. Eu queria retribuir o carinho, mas então um corte em seu polegar arranhou minha mão, só um pequeno puxão na pele, e eu então senti aquelas mãos calejadas abaixando o cobertor, senti o cheiro daquele hálito de cerveja.

Josh não notou qualquer mudança em mim ou, se notou, ignorou e continuou falando.

— Só quero que você saiba que, se alguém mexer com você, qualquer um mesmo, me avisa. Porque eu amo você, irmão. — Lá embaixo, todos estavam rindo, e Kate gritou para nos apressarmos. — Sabe, você poderia dormir com ela se quisesse — continuou Josh. — Ela deixaria. Sei lá, de repente isso ajudaria ou coisa assim. — Balancei a cabeça e me levantei para voltar para a sala, mas ele continuou falando. — Bem, você não precisaria estar lá sozinho. Eu poderia estar junto. Poderia ser, assim, nós três. E, se você não estiver a fim dela, sabe, poderia estar a fim de mim, sei lá.

Pensei em Kate lá embaixo, tentei imaginá-la escutando essa conversa. Tentei me lembrar dos olhos dela, mas não consegui imaginar a cor deles. Eu nem sabia se a cor do cabelo dela era natural, mas Josh a estava oferecendo para mim, como se a menina fosse um brinquedo que nós pudéssemos compartilhar. Ou talvez o brinquedo fosse eu. Agradeci, até me desculpei, apesar de me sentir enojado com aquela oferta, com o que Josh devia pensar de Kate, o que ele devia pensar de mim.

Comecei a descer a escada, mas Josh não se mexeu. Ele só ficou sentado lá, as mãos juntas como se estivesse rezando. Ele me olhou lá de cima.

— Tony? Você também me ama, não ama?

Mais tarde, quando todo mundo já tinha dormido, eu ainda lutava para pegar no sono. As traves de suporte do sofá pareciam se enterrar nas minhas pernas, e toda vez que fechava os olhos via manchas brilhantes dançando na escuridão. A tempestade tinha passado, levando o vento e o frio embora, e eu sentia falta daquele ruído anestesiante. No andar de cima, podia ouvir passos no corredor, alguém se movendo do quarto para o banheiro e de volta, sem se preocupar com o barulho.

Um tempo depois, Kate desceu a escada. Estava só de top e calcinha branca, sem a calça jeans. Ela se assustou quando me viu sentar no sofá, então disse que precisava fumar e perguntou se queria lhe fazer companhia.

O ar lá fora estava fresco. A maior parte das nuvens tinha sumido e, em meio às árvores do subúrbio, podíamos ver as estrelas piscando através da névoa urbana. Kate acendeu o cigarro, tragou profundamente e soprou uma pesada coluna de fumaça no ar.

— Eu sei que você não é gay — disse ela, me oferecendo um cigarro. Eu recusei.

— Eu nunca disse que era — respondi. — E acho que o Josh é o único que realmente acha que eu sou. Na verdade, não faz diferença. E é mais fácil não dizer nada.

— Você não se incomoda? Quando chamam você de bicha?

Eu dei de ombros.

— Eles vão me chamar assim de qualquer jeito.

Sentado ao seu lado, vi que o cabelo loiro era tingido, e a tintura não tinha sido das melhores. Mechas castanhas ocultas perto das raízes tentavam aparecer, criando um efeito de teia de aranha no cabelo dela que só dava para notar de perto.

Ela tragou de novo e, quando soltou a fumaça, disse:

— Insônia é uma merda, né? — Ela esfregou os braços, que estavam arrepiados. Naquele momento quis ter um casaco para lhe oferecer, quis ter braços maiores, mãos que pudessem abrigá-la sem apertar seu corpo. Ela apagou o cigarro na grama. — Eu culpo meu pai — disse ela, de repente. — Tenho certeza de que ele foi o único que ficou mais feliz que eu quando esses meus peitos começaram a crescer. — Ela me olhou com o canto do olho. — Se você bem me entende.

Ela me encarou, e vi meu rosto refletido no castanho de seus olhos. Queria dizer a ela que Josh a estava usando, contar a ela todas as coisas que ele dizia quando ela não estava por perto: que ela era divertida mesmo sendo só para foder, que ele adorava comer o cu dela, que Aaron devia ir ao médico para ver se não tinha nenhuma doença venérea na orelha. Queria dizer alguma coisa. Mas tive pena ou não tive coragem. Eu só fiquei ali sentado, olhando para ela.

196 Editado por Roxane Gay

E ela olhou para mim, concentrada, e soltou o ar rápido.

— Puta merda. Você entendeu mesmo o que eu quis dizer, não é?

O cara com quem eu dividia o apartamento adorava se masturbar. Ele fazia isso pelo menos uma vez por dia, mas geralmente eram duas ou três vezes. Nosso apartamento de dois quartos era pequeno, então eu ouvia todos os rangidos da cama dele, cada movimento da sua mão, todas as palavras. "Porra!", gritava ele a qualquer hora da noite. Ou "Isso!", "Assim!", "Vem, sua puta! Vem!". Ele rapidamente começou a se aproveitar do meu emprego na locadora de vídeo local, onde havia um imenso catálogo de pornografia. Eu logo aprendi a distinguir o som de sua cama se mexendo ou o som do sofá batendo contra a parede da sala. E não importava o volume em que ele assistia aos filmes, sua narração era sempre mais alta. Muitas vezes ele comia um saco de hambúrgueres de fast-food, colocava o vídeo que tinha alugado e ficava bebendo uma cerveja atrás da outra, apontando a lata de cerveja para os peitos das garotas e rindo, com a boca cheia de pedaços de carne meio mastigados.

Uma noite, tirei os olhos de minhas anotações de história dos Estados Unidos e o vi, a cerveja na bandeja, um hambúrguer em uma das mãos e a outra dentro das calças. Ele moía a carne com os dentes, seus olhos ficando cada vez maiores. Eu me levantei e comecei a andar para o meu quarto e, quando passei pela TV, ele tirou o pênis pela abertura da calça e continuou a se tocar. E sorriu para mim.

— Você gosta disso, não é?

Os pelos amarelos mal barbeados acima de seus lábios estavam manchados de ketchup, e pequenos pedaços de carne caíam da boca em sua barriga enquanto ele falava. Eu continuei andando.

— Vamos lá, você não quer assistir?

Eu bati minha porta e o ouvi gritar.

— Eu quero que você assista!

Naquela noite eu acordei quando minha porta se abriu. Ele correu para dentro, sua camiseta molhada de cerveja. Não percebi imediatamente que ele estava nu da cintura para baixo. Me recostei na cama e ele me empurrou para baixo com força. Tentei me levantar novamente e, outra vez, ele me empurrou para baixo. Ele me socou no ombro, depois na perna, rosnando e cuspindo a cada pancada.

— Esse é meu pau! Seu merda! Esse é meu pau!

Eu parei de tentar me levantar, mas ele continuava me empurrando, apertando minha cabeça contra o travesseiro, puxando minhas pernas, gritando o tempo todo.

— Esse é meu pinto! Olha para o meu pinto, porra!

O pênis dele estava lá, ereto, balançando quando ele se movia, pulando para cima a cada vez que ele flexionava o corpo para me bater de novo. Ele me agarrou de lado e me imprensou contra a parede. O LP do Led Zeppelin que eu tinha pregado em cima da cama caiu e quebrou na minha cabeça.

— Esse é meu pinto e você é minha buceta! Entendeu, merdinha? Esse é meu pinto e você vai olhar para ele quando eu mandar você olhar, buceta!

Depois de alguns minutos ele saiu do quarto. Só que, mais tarde naquela mesma noite, eu o ouvi caído do lado de fora de minha porta, batendo a cabeça na madeira. Ouvi sons de latas de cerveja sendo arremessadas contra a parede. E o ouvi chorar, soluçando, gemendo.

— Não me abandone. Porra, por favor, não me abandone. Eu amo você, você não pode me deixar.

Ele batia a cabeça na porta cada vez mais forte.

— Eu juro, se você for embora eu vou me matar.

No dia seguinte ele colocou a bandeja cheia de tacos no sofá, pôs um filme e abaixou as calças. Ele abriu aquele seu sorriso largo.

— Pronto para assistir?

Eu disse sim. Para todos. Todas as vezes.

Quando minha esposa perguntou — logo antes de começarmos a namorar — se eu era hétero, eu disse sim. Quando, algumas semanas mais tarde, ela perguntou se eu era virgem, eu disse sim.

Eu disse sim quando ela perguntou se eu estava bem, primeiro depois que a gente fez amor pela primeira vez, e de novo quando contei a ela sobre o homem e o cobertor e os fogos de artifício.

Eu dizia sim. Sempre pareceu mais fácil. Porque eu não sei se sou gay ou hétero, ou bissexual, ou assexual, ou antissexual. Porque eu só tive um relacionamento, um relacionamento com alguém do sexo oposto, com a mulher com quem me casei. Porque não consigo entender uma identidade sexual que não envolva fúria, ou terror, ou poder. Porque mesmo quando eu me sinto atraído por homens, corpos de homens — até o meu —, meu estômago se revira. Especialmente o meu.

Porque eu ainda sou aquele menino de onze anos, e eu adoro sorrir, e eu quero sorrir, mas aquela mão ainda está cobrindo minha boca.

Então eu disse sim, estou bem, apesar de até hoje, por um instante, minha mente ainda se ausentar todas as vezes que eu tiro a roupa na frente dela. Mesmo que eu fique tenso todas as vezes que ela passa os dedos por meus pelos púbicos. Porque eu a amo e eu adoro fazer amor com ela. Mesmo que, após doze anos juntos, eu ainda tenha dificuldade para iniciar o sexo. Mesmo que, após doze anos, eu ainda a queira cada vez mais, mas não sei se algum dia vou ser capaz de diferenciar esse tipo de desejo do que havia nos olhos masculinos que vi de perto. E se o desejo que me dá enjoo for o que ela vê em meus olhos quando olho para ela?

E eu disse sim porque tenho sorte. Como não tenho um hímen, nunca precisei ter aquela conversa difícil sobre o significado de ser virgem. Como homem, eu sempre pude controlar exatamente como e se e onde minha história é contada. Então eu disse sim, estou bem, porque conheço as estatísticas, porque só aconteceu uma vez, e porque eu não morri, pela minha própria mão ou nas mãos de outra pessoa. Porque, apesar de todas as navalhas que tive nas mãos e depois joguei no lixo, de uma forma ou de outra sobrevivi.

Eu disse sim porque agora os pesadelos são raros, porque não sei como dizer à mulher que amo que, quando eu sonho, a morte nunca é o objetivo: é apenas o resultado óbvio de tentar transformar meu corpo em algo menos perigoso.

Eu disse sim porque estou cansado de usar meu passado como uma muleta para explicar o presente. Porque tudo me faz sentir como se estivesse preso em uma teia de aranha, e no centro estão um par de óculos redondos, um tênis de corrida e um jeans rasgado. E eu não sei se sou forte o suficiente para romper a teia.

Mas eu disse sim porque espero que, um dia, eu seja.

EU DEVIA SABER

Samhita Mukhopadhyay

QUANDO COMPLETEI TRINTA ANOS, pensei que estivesse recomposta: eu tinha conseguido transformar uma vida de professora substituta e frequentadora de raves em uma carreira de escritora e um emprego em estratégia de mídia, apenas pela visibilidade que estava conseguindo com um blog feminista. Eu acabara de enviar minha primeira contribuição impressa, para a antologia *Yes Means Yes!: Visions of Female Sexual Power and a World Without Rape* [Sim significa sim: Visões sobre o poder sexual feminino e um mundo sem estupro], editada por Jessica Valenti e Jaclyn Friedman. Eu estava em negociações para o contrato do meu primeiro livro, finalizando meu mestrado à noite e agendando minha primeira série de palestras em turnê pelo país para falar a jovens mulheres sobre a importância de elas contarem suas histórias.

Eu tinha encontrado a minha voz, e ela ressoava em pessoas que nem sequer me conheciam. Para alguém que nunca pensou que, algum dia, teria uma carreira de verdade fazendo algo de que realmente gostasse, as possibilidades começaram a parecer infinitas. Pela primeira vez, após décadas de notas ruins, ambições profissionais sem sentido e rejeição de empregos, escolas e meninos, eu me sentia digna.

Mas também passava por um término de relacionamento horrível, uma relação tóxica movida pela cocaína e pelo ecstasy que consumíamos quase todos os finais de semana nas raves, além de beber e experimentar só Deus sabe o quê. E, depois do término, eu tinha começado a pirar: minha amiga Jessica chamou de meu "flerte com a putaria". Minha vida se resumia a ir a festas sozinha, ficar fora até as quatro da manhã nos dias da semana, ficar bêbada, acabando em camas aleatórias e fazendo muito sexo casual — geralmente medíocre.

Eu justificava meu estilo de vida com meus ideais políticos: eu era independente, e mulheres independentes podiam transar com qualquer homem aleatório sem remorso ou arrependimento. E também não me prendia a ninguém, porque era uma "garota descolada". "Eu estou lutando contra a heteronormatividade", disse ao meu eu feminista — minha identidade política construída cuidadosamente para desafiar as normas do que era esperado de uma mulher hétero e solteira.

Eu sabia tudo que deveria fazer para não ser estuprada. Mas aconteceu mesmo assim.

Eu o conheci em um bar, e estávamos dançando e nos beijando. O nome dele começava com K, mas eu não consigo dizer com exatidão qual era. Eu definitivamente sabia na hora.

Era alto e bonito, e lembro de dizer a ele que não queria transar.

— Vamos para o seu apartamento? — perguntou ele.

— Não hoje — respondi, bêbada.

Continuamos dançando. E beijando. Não era ruim, mas eu estava cansada e tinha que levantar cedo.

— Eu só quero fumar um baseado e massagear os seus pés — pediu, com doçura.

Eu ri, porque sempre caio na risada quando fico nervosa.

— Beleza — cedi.

Naquele momento, eu estava bem bêbada.

Fomos para o meu apartamento e fumamos maconha; eu ainda estava bêbada. Normalmente, só fico tonta; naquela vez, desmaiei.

Acordei com ele me penetrando na minha própria cama, sem saber como chegamos àquele ponto ou quando subimos as escadas até o meu quarto. Desmaiei outra vez. Recuperei e perdi a consciência pelo resto da noite; pela manhã, acordei completamente, e ele estava tentando de novo. Eu disse não e me esforcei para empurrá-lo. Olhei para o lado, tentando não chorar, e percebi que o desgraçado tinha sido atencioso o suficiente para usar camisinha.

Eu pedi que ele fosse embora; disse que tinha que ir trabalhar. Eu tinha mesmo que trabalhar; fui mesmo ao trabalho, de alguma forma. Tonta com algo mais que uma ressaca, enviei uma mensagem à minha melhor amiga: "Tive uma noite intensa com um cara". Ela apenas disse "Ah, menina", não parecendo muito surpresa por receber outra mensagem assim.

Eu era uma ativista feminista, escritora e influenciadora. Eu devia saber. Aquilo não era estupro. Era apenas uma transa de merda. Eu deixaria para lá.

Não toquei mais no assunto por um ano.

Eu estava folheando a antologia com o meu primeiro artigo, *Yes Means Yes*, quando vi o ensaio de Latoya Peterson "The Not Rape, Rape" [O não estupro, estupro]. Mas, em vez de ficar animada sobre ser incluída em um projeto especial, por ter sido minha primeira autoria em um livro, por ter sido publicada ao lado de pessoas que eu adorava e admirava, senti uma coisa horrível na boca do estômago: naquela noite, no ano anterior, eu tinha sido estuprada.

Eu ainda não queria tocar no assunto.

Fechei o contrato do livro que estava em negociação, para escrever *Outdated: Why Dating Is Ruining Your Love Life* [Obsoleta: Por que os encontros estão arruinando sua vida amorosa]. Era um olhar honesto sobre como as mulheres incorporavam seus ideais feministas em suas vidas românticas, uma publicação voltada para mulheres fortes e feministas que também acabavam por ter uma falha terrível — nós saímos com homens e temos que navegar dentro e fora do patriarcado ao fazermos isso.

Escrevi um livro inteiro sobre amor, namoro e sexo sem mencionar que havia sido estuprada — nem para o editor e nem para a maioria dos meus amigos.

Viajei pelo país, falando para estudantes universitários sobre a importância de as mulheres serem corajosas, falarem por si e contarem suas histórias. Eu virei uma evangelizadora no *campus*, espalhando a palavra dos blogs feministas: os do tipo informativo, conectados, que confronta as injustiças e cobra mudanças. Mulheres me procuravam após as palestras para falar sobre as coisas que enfrentavam: sexismo na escola, a sexualização dos seus corpos, a pressão para ser feminina, a pressão para ter tudo e, é claro, a cultura do estupro no *campus*.

Ajudei mulheres a contar suas histórias sobre estupro sem mencionar minha própria história sobre estupro.

Também parei de transar, por muito tempo. A primeira vez que tive um encontro outra vez, chorei copiosamente, tentando não deixar isso transparecer para homem bastante ávido que deixei entrar em mim. Aconteceu na vez seguinte que transei, também.

Ganhei peso, afundando-me ainda mais na compulsão alimentar e no excesso de bebidas. E também me joguei no trabalho; pelo menos, eu tinha meu trabalho. "Eu ajudo as mulheres a contar suas histórias", pensei. "Minha história não é tão séria, não é tão importante. Eu estou lidando com ela. Eu estou bem."

O abismo entre minha vocação e minha história continuou crescendo, quanto mais eu trabalhava. "Se eu tivesse sido estuprada, ainda poderia ser forte? Ainda poderia ensinar outras mulheres a escapar da pegajosa e dura realidade da cultura do estupro se tivesse sucumbido às forças que silenciam as mulheres sobre seus próprios assédios?"

Eu me calei.

Eu me entreguei: em vez de encorajar mulheres a contarem suas histórias, comecei a editar histórias de mulheres que tinham sido estupradas. Tinha analisado e checado suas histórias rigorosamente, sabendo que provavelmente eram reais, mas tendo que navegar por um sistema profissional — jornalismo — inextricavelmente amarrado ao aspecto legal em que elas não serão levadas a sério ou nos quais os casos são difíceis de ser provados. Tremendo, às vezes, mas editando histórias que eram tão próximas da minha: uma garota inconsciente estuprada na faculdade, uma garota estuprada pelo namorado, uma garota estuprada por alguém que ama, uma garota estuprada em uma festa, uma garota estuprada por um amigo. Mulheres como eu e, ainda assim, não como eu, pois faziam o que eu não conseguia: contar a minha história.

As histórias frequentes de assédio sexual — de R. Kelly ao nosso maldito presidente — me deixam em um estado constante de estresse pós-traumático pós-estupro. Alguns dias, sinto que preciso respirar fundo e me acalmar apenas para ler as notícias, para que eu consiga passar por elas e continuar meu dia de trabalho. Sou duas partes do sistema: sou editora e vítima, sobrevivi à mesma coisa que estou lendo, escrevendo e editando.

As pessoas às vezes se envolvem nesse trabalho para ajudar sobreviventes e para confrontar as próprias histórias. Eu mergulhei de cabeça nele para evitar confrontar a minha.

No ano passado, eu fui convidada para um retiro de contação de histórias para falar sobre como trazer o seu eu mais autêntico para sua vida profissional — como viver uma vida que não é manufaturada pela sua carreira, mas uma reflexão sobre quem você é de verdade.

Foi naquele retiro que meu silêncio começou a se quebrar, após ouvir uma das minhas melhores amigas dividir em uma sala cheia de estranhos algo que eu já sabia: que ela tinha sido assediada sexualmente. Ela tinha aprendido, em algum momento, a fazer mais do que apenas revelar o que acontecera com ela; tinha aprendido a contar essa história de modo que não virasse sua única história. E, enquanto ouvia aquela mulher inteligente, independente e sobrevivente de assédio sexual, enquanto a observava encorajar as pessoas a contar suas histórias, senti que, finalmente, minha história também merecia ser contada. E talvez eu fosse digna de contá-la.

E então a contei.

Não tão alto: encontros silenciosos com a cultura do estupro

Miriam Zoila Pérez

Eu mantenho uma lista de todo mundo que já beijei — 24 pessoas — no meu diário. Comecei em algum momento depois da faculdade, quando minha vida romântica e sexual guinou consideravelmente depois de eu me assumir queer. O primeiro nome na lista nem é um nome — "Meninos na festa de girar a garrafa (idade: onze)". Foram três naquela noite, eu acho; dois deles eram irmãos.

Quase metade dos registros tem asteriscos ao lado dos nomes — minha forma não tão sutil de indicar que fizemos sexo. Já que a vasta maioria das pessoas que beijei (dezoito no total) não são homens cis-gênero, a definição do que constitui "sexo" é um pouco turva; é difícil, até para mim, chacoalhar as definições heteronormativas arraigadas em mim desde a infância. Mal consigo dizer o que eu fiz exatamente com a mulher que é a décima da lista para ser considerado sexo: eu me lembro de termos feito um piquenique no chão do quarto dela; me lembro da cabeceira de ferro forjado; me lembro de ter ficado mais bêbada do que gostaria antes de começarmos a dar uns amassos. Mas, na época que documentei nosso relacionamento, em minha estranha lista que beirava a obsessão, senti que a gente tinha feito sexo. Então fiz uma estrela desleixada ao lado do sobrenome dela.

Há alguns anos, percebi outro padrão entre minhas parceiras sexuais, não documentado a princípio: minhas amantes eram, em sua maioria, sobreviventes de assédio sexual. O fato havia sido registrado no meu inconsciente, mas foi só no verão passado, quando eu e a pessoa com quem estava saindo na época admitimos que não éramos sobreviventes de assédio sexual, que eu percebi como era incomum uma situação dessas no meu histórico sexual.

A pessoa com quem eu saía tinha um histórico semelhante ao meu, de namorar e dormir com sobreviventes, e ela sempre chorava quando tocava no assunto, inconformada com a ideia de que tantas pessoas com quem ela se relacionava tivessem sido agredidas daquela maneira.

O assédio sexual não é mais uma tendência sutil na vida política: ele grita para nós em manchetes, dá cor aos debates eleitorais, molda slogans de campanha e coros de protesto. Mas não precisa ser alto para ser ensurdecedor, para sugar todo o oxigênio do lugar, para cobrir as janelas ou diminuir as luzes.

Na minha vida, o assédio sexual tem sido um sussurro, uma presença inescapável quando faço sexo. Uma companhia silenciosa enquanto estou conhecendo alguém, aprendendo do que gostam e não gostam na cama, como querem ser tocadas, o que está além dos limites. Eu raramente fico sabendo dos detalhes de suas experiências; às vezes, nem sequer se designam sobreviventes. Mas sei que, apesar disso, essas experiências estão lá, como sombras nos cantos de quartos, salas e cozinhas. Aparecem nos sussurros de uma amante — "nunca coloque as mãos em meu pescoço" — e nas lágrimas de outra todas as vezes que teve um orgasmo nos cinco anos em que nos relacionamos.

Envolver-se com alguém de maneira íntima, entrelaçar os lábios com os delas, escorregar a língua na boca, pôr as mãos no corpo delas de maneira que mais ninguém faz é um presente, um ato de vulnerabilidade e confiança. Então, quando o momento mais inevitável vem e eu percebo que, para uma nova amante, esse ato que estamos empreendendo uma vez começou com uma violação, fico com um nó na garganta. O melhor que posso fazer, geralmente, é tentar continuar presente e amando, como um ato de resistência e recuperação.

Eu gostaria de pensar que o fato de que muitas das pessoas com quem me relaciono são sobreviventes é excepcional: talvez porque eu seja queer; talvez porque eu seja latinx, com pais imigrantes; talvez porque muitas das minhas parceiras sejam pessoas de cor e também imigrantes. Eu conheço as estatísticas — uma em cada quatro garotas e um em cada seis meninos (com base em como foram designados no nascimento) são abusados sexualmente na infância; eu sei que, para as pessoas não brancas, especialmente as afrodescendentes e latinas, essas taxas são ainda mais altas.

Mesmo que minha lista de beijos tome uma página inteira do meu diário, minha amostra é pequena. É provável que muitas das pessoas com quem tenho amizade sejam sobreviventes também — ou que muitas se peguem chegando à mesma conclusão, outra e outra vez, com amantes como eu.

Eu sei que meu próprio trauma modela todos os meus relacionamentos e interações: embora eu não seja sobrevivente e não tenha sofrido abuso quando criança, minha dinâmica familiar na infância me ensinou um modo distorcido de me relacionar com os outros. Gosto de dar amor e carinho; mas também sei ser dominante e assumir as rédeas da situação e me portar como um *caballero*, quero dar um toque de romance e recuperar minhas raízes cubanas machistas, mesmo que da minha forma queer e feminista. O problema é que isso significa que meu padrão é colocar as necessidades e os desejos dos outros antes dos meus.

De algumas maneiras, meu instinto de não me colocar nunca em primeiro lugar me ajudou nos meus relacionamentos, particularmente naqueles com pessoas que sofreram abuso sexual: oferecer respeito, atenção e conforto ajudou-as a sentirem segurança enquanto navegavam por seus próprios relacionamentos complicados com sexo e por seus limites como sobreviventes.

No entanto, eu também precisei encarar que, de certa forma, meu altruísmo pode ser o resultado dos meus próprios mecanismos de defesa, e pode reforçar abordagens prejudiciais do sexo. Se eu ler atentamente minha lista de amantes, vou perceber que provavelmente há apenas duas ou três pessoas com quem de fato transei por sentir um desejo real, e não por obrigação.

Então, recentemente, durante o sexo com uma pessoa relativamente nova, nós concordamos de antemão que nos concentraríamos no meu prazer. Alguns minutos depois, eu explodi em lágrimas e chorei por quase dez minutos.

Eu não sabia exatamente o motivo, ainda não sei. Sei que tem algo a ver com o meu namorado da escola — geralmente tem, não tem? Bem, "namorado" provavelmente não é o melhor termo para descrevê-lo: nós nos conhecemos em um grupo jovem em uma viagem de esqui na qual bati uma punheta para ele sem receber nada em troca, nem ao menos um beijo. A falta de retribuição continuou enquanto nosso relacionamento evoluía para um jogo de "defender a meta" — em que eu ficava no gol e ele, no ataque —, incluindo a noite do baile, quando quase o deixei me penetrar no estacionamento de uma farmácia fechada, mas parei logo antes, porque decidi que perder a virgindade na noite do baile — para alguém com quem nem namorava tecnicamente — era muito clichê.

Alguns dos detalhes da noite, uma semana depois, são claros como a água — estávamos no banco de trás do meu Honda Civic de duas portas, estava escuro, estávamos em um estacionamento, e "To Zion", da Lauryn Hill, tocava no som do carro. Eu não estava totalmente certa de que queria fazer sexo com ele, mas os limites que estabeleci eram fracos na melhor das hipóteses, e ele respeitosamente os abordou diversas vezes, até que eu concedi. Foi doloroso e breve — eu lembro que ele não gozou, o que era incomum.

E, embora minha vida não mais envolva ser pressionada a fazer sexo em um carro com um garoto que eu não queria de verdade e de quem nunca gostei, é difícil não questionar por que, nos encontros que eu de fato queria e até dei o primeiro passo, seja raro que eu busque o mesmo prazer que quero dar às pessoas.

Sei que há um abismo enorme entre sentir-se pressionada a fazer sexo por um namorado da escola e ser abusada sexualmente, mas alguma versão dessas violações e tantas outras moldaram tão completamente todos os meus relacionamentos românticos e sexuais que não posso mais imaginar um mundo no qual eu pudesse fazer sexo que não ressoasse com algum tipo de trauma.

O estupro interfere em como eu e as pessoas com quem me relaciono experimentamos momentos de alegria e conexão mesmo com relacionamentos incrivelmente amorosos, solidários e não normativos. A cultura do estupro significa que, mesmo tendo percebido alguns meses depois que aquele relacionamento da escola não era nem um pouco consensual, eu ainda tenho dificuldade para lidar com as repercussões daquela experiência e das muitas que a seguiram. Mesmo que eu tenha tido a força de confrontar aquele namorado no Messenger da AOL para dizer como eu me sentia sobre o nosso relacionamento (na forma de um poema muito emo e mal escrito, é claro), continuei fazendo coisas sexuais que realmente não queria nos anos seguintes.

Quando entrevistei a escritora e ativista adrienne maree brown, falamos sobre o trabalho dela como ativista do prazer, e a perspectiva dela sobre honestidade sexual me fez refletir por dias após nossa conversa.

— O que se torna possível quando estamos sendo verdadeiros um com o outro? — perguntou ela. — Talvez os seus sentimentos sejam feridos quando digo que não gosto do jeito como você me toca.

"Quantas vezes hesitei em dizer a uma parceira do que eu gostava e não gostava, por medo de magoá-la, por medo de ter que consolá-la após aquela revelação?", pensei comigo enquanto ela falava.

— Mas o que é possível depois disso? — continuou ela. — Aprender novas formas de toque. Uma vez que tenha experimentado esse despertar erótico, você não vai conseguir ceder ao sofrimento.

É o que faço agora: não ceder ao sofrimento. Não vou ceder a pequenas concessões dos meus próprios desejos a serviço das necessidades dos outros, por ignorar minhas verdades ou por tentar tomar o caminho mais fácil e ignorar todas as questões que surgem quando faço sexo com alguém. Nós não temos poder algum sobre o que passamos: não podemos mudar quem somos, ou desfazer o mal que foi feito às pessoas ao nosso redor.

Mas eu — nós — posso fazer escolhas diferentes. Posso tentar a cada beijo, a cada toque, a cada orgasmo, com cada pessoa nova que me convida a dividir a intimidade com ela. Fazer com que acredite que outro mundo é possível, e que eu o construo com cada nome que acrescento àquela lista boba no meu diário.

Por que eu parei

Zoë Medeiros

Quando comecei a contar às pessoas o que tinha acontecido comigo, contava a qualquer um que demonstrasse o mínimo de interesse e ia até onde eles eram capazes de ouvir (que era sempre uma fração muito pequena do que realmente aconteceu, e nunca era o bastante). Eu era jovem, e falar sobre isso era novo para mim, e por um momento quase me embriaguei com o poder de falar em voz alta, revelando desvairadamente todos os piores detalhes a quem eu não confiaria o valor da minha passagem do ônibus hoje em dia.

Eu não conto a ninguém agora — nem os detalhes, de qualquer maneira, nem o que realmente aconteceu. Há uma mulher que é uma das minhas melhores amigas e muito querida: nós passeamos juntas com nossos cães, por horas, em qualquer clima; falamos sobre tudo; e se alguém for minimamente cruel comigo, ela grita: "Nós odiamos eles!". E logo trama a ruína imediata. Há um homem, com quem trabalho todos os dias, que conhece a complexidade da minha situação familiar, que me leva café nos dias em que estou caindo de sono na minha mesa, que sempre faz o seu melhor por mim. Não contei a eles. Não vou contar a você.

Não me ajudou contar. Eu sentia uma explosão de clareza momentânea, como andar ao ar livre numa noite fria e sentir aquela pancada de ar gelado no rosto, e então me sentia destruída, todas as vezes.

Aqui vai uma lista de coisas que me ajudaram, sem ordem específica:

O episódio de *Mentes criminosas* (temporada 8, episódio 18) no qual Derek Morgan confronta seu agressor na prisão e então vomita, sozinho, no banheiro.

O livro da série *Kushiel's Legacy*, de Jacqueline Carey, no qual Phèdre e Joscelin resgatam Imriel. O que elas passam para resgatá-lo, e que vale a pena passar por tudo aquilo para levá-lo para casa.

Desistir do Natal. Desistir do Dia de Ação de Graças.

Ler o que outros sobreviventes têm a dizer em suas próprias palavras, e não literatura de outras pessoas escrevendo sobre nós, ou as opiniões de especialistas em saúde mental. Histórias em que sobreviventes contam o que aconteceu, histórias em que não contam, histórias em que explicam por que não conseguem sentar de costas para a porta em um restaurante, ou por que não conseguem entrar em provadores, e como correr maratonas, plantar orquídeas e tricotar os ajudou a se salvar — todos os estranhos truques da vida de que lançam mão para conseguir fazer as coisas.

A subcategoria de mangá romântico em que o amado sobreviveu a algum tipo de abuso, e o amante nunca fala que o amado é sujo ou que não é digno de amor, nunca age de forma abusiva — é apenas uma parede sólida de amor incondicional. (Com sorte, há vingança também.)

Histórias de vingança, em geral, como a cena em que Inigo Montoya mata o homem que assassinou o seu pai, até mais intensas. A vingança não precisa ser especificamente sobre abuso, embora isso ajude.

Evitar mídia sobre viagem no tempo. A fusão de tempos, ir para trás e para a frente entre meses e anos, é muito parecida com flashbacks. Permanecer ancorada nessa linha do tempo é difícil o bastante para mim e não preciso deixá-la por razões recreativas.

Terapia cognitiva comportamental para os ataques de ansiedade que me deixavam de joelhos. Eu escolhi um analista que ria das minhas piadas e tinha um consultório à beira-mar, então foi muito fácil para mim, após uma sessão, olhar para algo maior do que eu, maior do que o que aconteceu, maior do que qualquer coisa e completamente alheio a qualquer coisa que aconteceu, apenas ocupado em ser o mar. Mas a minha irmã teve que me fazer ir à terapia, me ligar e me persuadir a entrar no consultório e me convencer a sentar na sala de espera, e então me convencer a ficar lá, porque eu posso ser tão teimosa quanto insensata, e ela é a minha irmã mais velha e, portanto, às vezes minha chefe. Se você tem alguém que é às vezes o seu chefe, pode ajudar dando a essa pessoa o trabalho de fazer com que você dê o pontapé inicial e inicie seu tratamento.

Às vezes, eu imagino asas negras. Especificamente quando estou deitada na cama à noite, de lado, e imagino alguém se deitando próximo a mim e me embrulhando com asas negras.

Levei muito tempo para perceber que essas coisas ajudavam, e falar sobre isso, não. Quando falava sobre isso, as pessoas choravam, ficavam enojadas, horrorizadas ou diziam que simplesmente não entendiam como alguém poderia fazer aquilo, ou elaboravam ideias sobre as falhas do nosso sistema judiciário e como poderia ser melhor em particularidades que podem ou não envolver a pena de morte.

Ou desejavam em voz alta que pudessem matar meus agressores, como se fosse algo que realmente fariam.

Frequentemente, a pessoa para quem eu tinha acabado de contar precisava que *eu* fosse solidária enquanto passava por uma variedade de emoções e sentimentos, às vezes com muita intensidade, e então em geral falavam que nada mudaria entre nós, que eles não passariam a me ver de outra forma.

E então as coisas mudavam.

As pessoas para quem você contar farão comparações. Elas a compararão a todos que tiveram uma experiência semelhante, e classificarão como você está se saindo de acordo com aquela métrica. *Você é mais ou menos funcional do que sua colega de quarto? Você é mais ou menos sexual do que aquela mulher no escritório? Você é mais magra ou mais gorda que as outras sobreviventes que elas conhecem? Elas viram um caso assim na* TV, *leram um livro sobre isso. Elas podem contar essa história triste ao parceiro durante o jantar e deixá-lo desnorteado?* Vão querer detalhes, quantos detalhes você conseguir dar, até que de repente não vão mais querer, porque se tornou demais para elas.

E então vão rever seus conceitos sobre você. Elas pegarão todas as opiniões que já ouviram de você, cada traço da personalidade, cada ação, para reformulá-los sob a luz do que acabou de contar. Isso será particularmente verdade ao avaliarem seu comportamento sexual e sua aparência. *Deve ser por isso que é uma vagabunda. Deve ser por isso que não sai com ninguém. Isso deve explicar tudo sobre você, na realidade, por que você transa com quem transa e ama as pessoas que ama, ou não faz nenhuma das duas coisas, nunca. Deve ser por isso que você é essa bagunça e eles estão seguros.*

Mesmo as pessoas que estão do seu lado pensarão que você deve ter feito algo para provocar isso. Que não aconteceria com elas, ou com as pessoas que amam, porque as vidas delas são mais organizadas, elas não assumem riscos, não conhecem ninguém que faria algo assim.

Pessoas que fora isso são amorosas e bondosas já me disseram que não entendem como alguém que passa por essas coisas consegue levantar de manhã. Já ouvi pessoas dizerem que prefeririam morrer a ser o que eu sou. Eu já ouvi pessoas dizerem que não acreditam que seja assim tão ruim, que o estresse pós-traumático não existe, que famílias não fazem coisas assim, que só quero chamar a atenção. (E já digo aqui que se alguém me oferecesse um dólar para cada bocado de atenção que ser uma sobrevivente já me deu, eu aceitaria.)

Todos reagirão dessa maneira? Não. É claro que não. E a maioria das pessoas que reage não faz isso por mal; elas só não têm noção. Ainda assim, isso não corrige as coisas.

Não desejo, jamais, impedir que alguém conte sua história. Para muitas pessoas, todas as respostas terríveis são uma razão ainda maior para serem abertas, radicalmente honestas, para revelar onde foram mais feridas. Falar sobre o assunto ajuda muitos sobreviventes, e quero que falemos sobre isso quando e como quisermos. Eu sempre vou ouvir. Quero que todos ouçamos. Quanto mais outros de nós se declararem sobreviventes, mais difícil ficará ignorar que há coisas demais a que sobreviver, ficará mais difícil fingir que isso não acontece ou que só acontece com certos tipos de pessoa.

Mas isso não significa que você tem que contar a história toda para qualquer um que pergunta. Não contar a minha história não significa que não aconteceu. Eu não tenho que ser aberta sobre as minhas experiências, sobre todas elas ou nenhuma delas, para ser uma sobrevivente de verdade. Sou uma sobrevivente de verdade porque sobrevivi, ainda que alguns dias não pareça que eu sobrevivi de modo algum.

As pessoas não podem me dizer o que minha experiência significou, ou onde gostariam de me colocar nos seus panteões de sofrimento. Há um enorme perigo em deixar as pessoas ao seu redor determinarem o que a sua experiência significa para você, e eu descobri que uma das melhores maneiras de combater isso é manter a história para si.

Você pode manter para si hoje e contar amanhã, e pode contar a todos que conhece e então nunca falar sobre isso outra vez. Você não deve nada a ninguém. Sua história não é moeda de troca para amor, para compreensão, para conseguir o que precisa. Você pode conseguir o que precisa sem justificar por que precisa, independentemente do que escolhe revelar e do que mantém privado. Ninguém tem direito a essa parte sua e você não tem responsabilidade — nenhuma — de fazer a sua experiência mais fácil ou mais palatável ao construir uma narrativa que outras pessoas considerem aceitável.

"Eu preciso desse acordo porque eu disse que preciso. Eu não faço isso porque eu disse que não faço." Não cabe a ninguém vasculhar os detalhes da minha vida e determinar se acham que o que aconteceu comigo foi ruim o bastante para que eu merecesse minhas cicatrizes, minhas limitações, meus superpoderes.

Pessoas devastadas entendem isso melhor. Uma das minhas amigas me contou há alguns anos que ela não tinha ninguém próximo que tivesse um relacionamento saudável e funcional com os pais, porque ela não conseguia se relacionar com pessoas assim. Não é uma exclusão deliberada. Pessoas com fundações abaladas entenderão melhor por que, às vezes, você toma certas atitudes para se escorar.

Não é que eu não queira amar pessoas ilesas; eu apenas não as entendo. As escalas são todas distorcidas, as proporções são erradas quando falamos sobre como algo dói. Isso não é um dia ruim no trabalho, não é um término de relacionamento, não é aquela vez em que alguém realmente o magoou. É mais como carregar algo muito pesado, para sempre. Você não consegue descartar; você tem que carregar, e então carrega do jeito que consegue, da melhor maneira.

Uma vez eu estava em um casamento, e uma amiga da juventude, uma pessoa a quem confio minha vida, para quem eu conto minhas coisas para que se tornem reais, queria que eu dançasse com ela. Estávamos muito bêbadas, e eu não queria, então ela agarrou o meu cabelo, de brincadeira. Nós estávamos bêbadas, e ela puxou meu cabelo, e quando me dei por mim eu a pressionava contra a parede, com meu antebraço empurrando o pescoço dela.

Ela pediu desculpas. Eu pedi desculpas.

Pessoas bêbadas são bastante desajeitadas, então ninguém se machucou. Mas eu nunca mais esqueci aquele momento: em um segundo eu estava bem, e no outro não havia nada, e então eu estava pressionando uma das pessoas que mais amo contra a parede.

218 *Editado por Roxane Gay*

Foto perfeita

Sharisse Tracey

Papai nos levou para a Califórnia quando eu tinha cinco anos. Mamãe não gostava de lá. Eu odiava estar lá como filha única principalmente porque, se eu tivesse um irmão ou irmã, teria alguém com quem brincar. Papai disse que eu era mimada, mas, aos treze anos, eu trabalhava mais do que ele. Como Cliff Huxtable, ele passava a maior parte do tempo em casa, enquanto mamãe trabalhava na companhia telefônica.

Meu pai era um fotógrafo freelancer que trabalhava firme por algum tempo até adoecer devido a uma anemia falciforme. Eu nunca o vi de verdade em um ensaio fotográfico com modelos (ou mulheres que queriam ser modelos), mas com certeza vi os resultados nos seus álbuns. Minha mãe não parecia se importar com as fotos — ou, se ela se importava, eu não sabia. Eu nunca ouvi uma discussão sobre as fotos dele ou sobre as mulheres nos ensaios.

Apesar de nos mudarmos muito, sempre tínhamos um quarto escuro onde ele revelava suas preciosas fotos; passava horas lá dentro, mas eu tinha instruções estritas para nunca entrar. Ele cheirava mal após ficar lá, uma colônia cáustica de químicos e Benson & Hedges da qual eu era amplamente poupada porque era raro que ele me abraçasse. A única vez que fiquei próxima a ele foi quando eu o ajudei a testar fotos.

— Fique aqui e olhe direto para a lente, Tracey — dizia ele. — Não se mexa.

Eu olhava para a lente ou para a ponta do cigarro dele; eu era apenas um adereço, uma maneira de testar novos equipamentos e praticar antes dos grandes trabalhos freelances que ajudavam a camuflar o fato de que ele não era o provedor principal da casa.

Aos treze anos, eu e minhas amigas queríamos fotos nossas como modelos glamourosas, os tipos de fotografia que iriam, muito provavelmente, infiltrar todos os centros comerciais norte-americanos. Nossos corações pubescentes estavam fixos em fotos adultas — até mesmo picantes — de biquíni, e concentramos nossas esperanças por elas na pessoa que fotografou todas as garotas em Pasadena — Tate. Eu já havia acompanhado uma amiga da escola e testemunhado a sessão de fotos dela. Eu conhecia as instalações. Segurança não era a minha preocupação.

— Aquele velho na cadeira de rodas? — disse minha mãe quando eu perguntei. — Ah, não, não, não, não. Não confio nele.

— Mas, mãe, ele tira as fotos de todo mundo em Pasadena!

— Sharisse — disse ela —, você não sabe o que esse homem pode fazer!

Na época, não entendi o que ela estava insinuando, mas sim, ele era praticamente o Pornógrafo Infantil nº 1 do Central Casting, um hippie envelhecendo em uma cadeira de rodas, ganhando a vida tirando fotos de meninas jovens em uma casa escura. Mas eu nunca tive problemas com ele; ele nunca disse ou fez algo para mim que tenha parecido errado.

— Por que não deixar o papai tirar as fotos? — perguntou ela. — Ele tira fotos ótimas.

— Papai?

Eu nunca tinha pensado no meu pai. Por que eu pensaria? Eu sabia que ele tirava fotos ótimas, mas nós estávamos falando de fotografias, de biquíni... e ele era o meu pai.

Não era apenas uma questão de modéstia, entretanto; meu pai e eu não tínhamos um bom relacionamento porque eu tinha me recusado veementemente a ser um filho. Eu nunca teria pensado em pedir a ele qualquer tipo de favor; eu não pedia qualquer coisa a ele.

Mas aceitei a sugestão da minha mãe, porque eu tinha treze anos e estava impaciente: eu queria fotos em que me sentisse bonita e importante (e talvez um pouco sensual), e nada proporcionaria isso tão rápido quanto um homem com um quarto escuro e câmera já em casa.

Quando pedi ao meu pai para fazer algo por mim pela primeira vez, eu estava sozinha em casa. Ele disse sim e decidiu fazer na hora: minhas amigas, que sempre foram mais céticas do que eu quanto à sugestão da minha mãe, acabaram ocupadas naquele dia, e então era só eu.

Papai arrumou nossa sala de jantar naquele dia como um estúdio fotográfico, colocando o fundo azul que ele usava com suas modelos reais e sem falar muito. Ele era sempre muito sério quando tirava fotos. Disse para eu colocar meu biquíni, mas na verdade eu não tinha um, apesar dos meus planos com as minhas amigas. Meu último biquíni conhecido tinha se perdido nos seis meses em que ficamos sem teto. De acordo com os meninos da escola, apenas as minhas pernas, testa e sorriso estavam aumentando, mas não minha bunda ou seios. Por mais que eu amasse a água, não tinha por que comprar outro biquíni. Tudo que eu tinha era o meu novo conjunto de calcinha e sutiã azul com bolinhas brancas que mamãe acabara de comprar na JCPenney.

— Não é diferente de um biquíni, Tracey — disse ele. — Modelos de verdade usam muito menos que isso.

Mas eu não era uma modelo de verdade, e ele era o meu pai.

Ele me pediu para pegar óleo de bebê do banheiro, então abriu a tampa rosa e colocou o óleo nas mãos. Ele me mostrou como aplicar, da maneira que suas modelos faziam. Meu pai passou o óleo na parte de cima das minhas costas e nos ombros como se estivesse decorando um dos delicados bolos que fazia. Ele queria que o meu corpo brilhasse.

— Só relaxa, Tracey, você está indo bem, não tem nada com o que se preocupar.

Eu não me sentia à vontade, mas tentei me tranquilizar. "Eu sei que o papai é fotógrafo", pensei. "Eu sei que ele tira fotos boas. Eu sei que a mamãe pensou que era uma boa ideia. Ela não queria que o velho Tate tirasse as minhas fotos. Talvez se a mamãe estivesse aqui eu estaria mais à vontade. Eu deveria dizer algo para o papai, dizer a ele que eu quero esperar."

Eu não falei. Ao contrário, continuei repetindo para mim: "Se quiser virar uma Modelo de Verdade, tenho que me acostumar com isso".

Finalmente a sessão de fotos acabou, e eu fui trocar de roupa no banheiro, quando ele me chamou.

— Sim, papai?

— Preciso que venha aqui um minuto.

Papai teve uma ideia: ele me pediu para deitar na cama para algumas fotos de sutiã e calcinha. Eu estava confusa: todas as outras fotos foram tiradas no estúdio improvisado na sala de jantar.

— Está tudo bem, Tracey — disse ele. — Apenas relaxe.

Ele me deitou gentilmente e, com uma das mãos segurando a câmera, usou a outra para puxar minha calcinha nova azul com bolinhas brancas para o lado.

Pela primeira vez, fiquei feliz em não ter uma irmãzinha.

Contei à minha mãe uma semana depois.

Ela me olhou com perplexidade e então me abraçou com muita força. Perguntou por que eu tinha esperado uma semana para contar a ela, mas eu não tinha uma resposta. Mamãe não falou mais nada: nós só fomos e voltamos do trabalho dela para casa em silêncio.

É claro que o papai negou; eu esperava isso. Eu não esperava que mamãe acreditasse nele, e ela não acreditou.

Então depois de o papai finalmente confessar, eu presumi que mamãe o colocaria na rua; o tempo todo, eu pensei que mamãe ficava com papai porque ele estava doente e ela sentia pena dele.

Mas ela não o fez ir embora.

Era a casa dela, ela pagava as contas e ela trabalhava. Ele, não. Por que ela ainda se importava com ele e o deixava ficar, depois do que ele fez com a filha? Eu estava furiosa; não conseguia entender a dor dela e suas escolhas. Como ela pôde, após tudo isso, amar nós dois igualmente, talvez amá-lo um pouco mais do que me amava? Mesmo que ele tenha me estuprado, era tratado como se nós dois tivéssemos tido culpa; eu apenas me neguei a sentir o meu quinhão de vergonha.

Meu pai frequentava a nossa igreja esporadicamente. A saúde dele era sempre uma desculpa para sua ausência, enquanto a fotografia lhe oferecia inú-

222 *Editado por Roxane Gay*

meras oportunidades para ser visto em seu melhor. Nosso pastor, nossos reverendos e os diáconos tinham todos muito apreço por ele, então, quando minha mãe pediu conselhos da nossa igreja, a questão foi tratada nos mesmos termos que o conselheiro tratara. Ninguém conseguiu acreditar. Eles nos deixaram para lidar com o problema da melhor maneira que conhecíamos, sozinhas.

Um conselheiro colega do papai alertou minha mãe de que ela não deveria expulsá-lo de casa, porque, se meu pai fosse forçado a sair, o dano geral à nossa família poderia ser irreversível. Eu achei muito irônico, já que todas as vezes que o meu pai esteve desempregado, fora esse amigo dele que vinha nos auxiliar. Como conselheiro, ele oferecia seus serviços voluntariamente como um favor ao meu pai. Esse médico, como a maioria das pessoas com quem meu pai tinha contato, acreditava que ele era um homem bom e decente.

— Seu pai me contou o que aconteceu, Tracey — disse o médico enquanto eu me sentava na ponta da cadeira no consultório dele no hospital, duas semanas depois. — Você acha que pode perdoá-lo?

Meus pais se sentaram no sofá do outro lado do consultório, minha mãe de um lado, agarrando a bolsa, e meu pai quieto do outro, a cabeça baixa e os olhos voltados para cima. Era a segunda vez em duas semanas que me pediam para perdoar algo que eu lutava para compreender no nível mais básico. (Papai também me pediu perdão, depois que parou de negar à minha mãe que tinha me estuprado.)

O psiquiatra olhou para mim com expectativa, como se eu tivesse perdido minha deixa.

— Eu vou tentar — respondi.

— Bom, bom, bom, Tracey — disse ele.

— Meu nome é Sharisse — respondi. — Só o meu pai me chama de Tracey.

Papai, e toda a família dele queriam que eu fosse um menino, então nunca usavam meu primeiro nome: todos me chamavam de Tracey porque poderia ser um nome de menino.

— Tudo bem, Tracey... desculpe, Sharisse — disse o suposto médico, com voz monótona. — Eu tive uma longa conversa com o seu pai. Eu o conheço muito bem, sabe. Ele sente muito, e eu não acho que fará isso com você de novo. Foi um caso isolado.

O amigo do meu pai mencionou o estupro com naturalidade, como se fosse apenas um acaso, um infeliz pormenor em um outrora registro imaculado, como aquela vez em que você dirigiu completamente bêbado, ou aquela vez em que roubou a bolsa da sua avó e usou heroína mexicana: aquela vez em que estuprou sua única filha.

— Além disso, você voltará para me ver. Nós falaremos sobre qualquer coisa que estiver confundindo sua cabeça. Você é uma boa menina, Tracey, não é? Diga-me, Tracey, qual é o seu lugar preferido?

— Como assim? — retruquei, sem corrigi-lo outra vez sobre o meu nome.

— Você sabe, o seu lugar preferido! — prosseguiu ele, com entusiasmo, como se fosse uma transição perfeitamente normal após falar sobre Aquela Vez Em Que Seu Pai a Estuprou e Que Nunca Vai Acontecer Outra Vez Ele Promete.

— Eu acho que vocês deveriam ir a algum lugar. Como família. Você escolhe!

— Eu não sei — disse.

— Vamos lá, Tracey — insistiu ele —, qual é o seu lugar preferido? Para onde você *realmente* gostaria de ir? Qualquer lugar!

— Eu fui ao Magic Mountain com a minha turma da oitava série.

— É isso! — disse o homem, batendo as mãos com um sorriso satisfeito para os meus pais apagados. — Magic Mountain. Pronto. Levem ela para o Magic Mountain.

Quando meu pai estava dentro de mim, houve um momento em que não chorei. No minuto antes de chorar, tentei gritar e percebi que nenhum som saía da minha boca.

Então fiquei lá deitada, de olhos fechados, e tentei me distrair com pensamentos sobre algo bom. Pensei no menino que deveria ser o meu acompanhante na viagem de formatura da oitava série ao Magic Mountain. Eu passei todo o segundo semestre apaixonada por aquele garoto, e eu me sentia muito especial até dois dias antes da viagem, quando ele me deu o fora.

— Está gostoso, querida? — disse o papai.

224 *Editado por Roxane Gay*

— Sim... NÃO! — disse, quando registrei que era a voz do homem que me criou por treze anos, e não do menino em que eu tentava me concentrar.

Eu estava sentindo uma dor terrível, rasgando, quebrando e latejando em um lugar que eu não sabia que poderia sentir isso. O peso em cima e dentro de mim, combinados com a tristeza que meu pai causava, eram insuportáveis. Nenhuma escuridão ou fantasia poderia apagar isso.

— Não — falei.

Ele continuou.

— Não! — gritei.

Ele parou.

— Não, não, não — repeti sem parar, enquanto minhas mãos se atiçavam e se espalhavam para tentar cobrir o quanto fosse possível do meu corpo. Meus olhos se abriram, e então ele retomou os empurrões com o meu choro, como se estivesse tentando me silenciar com as batidas, como se estivesse imaginando que meus gritos pudessem ser algo que não dor e terror.

— O que acha, Tracey? — disse o balofo confuso me chamando pelo nome errado, me tirando da memória do estupro. — Seus pais concordaram em levá-la para o Magic Mountain, vocês três. Uma viagem em família!

— Legal.

Tracey estava bem com qualquer coisa que ele dissesse. Sharisse estava despedaçada, ela queria gritar e se recusar a ir e a perdoar, mas Tracey faria qualquer coisa que o analista quisesse se todos deixassem ela e Sharisse em paz.

— Esse é um bom sinal, mãe e pai — disse ele aos meus pais, que ainda estavam rígidos no sofá oposto, sem se tocarem, olhando para qualquer coisa que não o meu rosto. — Isso será bom para todos vocês.

O médico continuou a falar com os meus pais, e eu tentei me desligar, mas não consegui completamente. Divórcio é difícil para qualquer família, explicou, mas seria uma verdadeira tragédia que uma Família Negra se divorciasse. Uma casa destruída é a pior coisa que pode acontecer com uma criança. ("Pior do que ser estuprada pelo próprio pai?", pensei comigo.)

— Os pais de alguma amiga sua são divorciados, Tracey?

— Aham.

— Você é muito sortuda por ter pais que a amam — continuou ele, como se pais que se divorciam amassem menos os seus filhos. — O que aconteceu com você é terrível, mas eu não acho que vá acontecer de novo. Vá ao Magic Mountain, Tracey. Divirta-se um pouco e volte para me contar a respeito.

Quanto mais ele dizia Magic Montain, mais o lugar ganhava uma aura mística, como se fosse uma missão bônus em O Senhor dos Anéis. O Magic Mountain apagaria o trauma do meu estupro, instilaria em mim alguma confiança que eu nunca tive no meu pai e restauraria nossa coesão como Família Negra.

Então nós fomos. Meu pai pagou a minha entrada, comprou um pirulito multicolorido da loja de souvenir e até concordou em ir no meu brinquedo preferido, uma montanha-russa, primeiro, apesar das longas filas.

— Só pai e filha hoje — disse o atendente, alegre, quando finalmente entramos; minha mãe se recusou a andar de montanha-russa.

Meu pai sorriu, mas não mostrou os dentes. Eu apenas olhei para o atendente enquanto ele nos ajudava com nosso cinto de segurança vermelho.

— Dê um puxão para ter certeza de que ela está sã e salva agora — pediu ele.

Meu pai colocou o cinto.

— Ela é a menininha do papai — continuou o funcionário. — Tenho certeza de que não quer que nada aconteça com ela.

Nós partimos.

— Tracey — ouvi, assim que meu dedão do pé encostou no corredor depois de um banho. Era como se ele estivesse escutando, esperando por mim.

— Você vai ter que esperar — falei para meu pai, olhando para o outro lado. — Preciso me vestir.

— Não, não precisa.

Aconteceu três anos depois, eu tinha dezesseis. Minha mão agarrou a antiga maçaneta marrom quando eu me virei para olhar para ele.

— O quê?!

— Eu só quero olhar para você. Só olhar. — Eu o encarei, incrédula. — Se você me deixar olhar, pode praticar suas horas de direção na minha caminhonete.

Isso não ia parar. Ele *nunca* ia parar. O analista, minha mãe, eles estavam tão errados. Eu sabia então que não estava segura — como poderia estar segura dormindo a um quarto de distância do meu estuprador? — e corri para a cozinha para pegar uma faca.

Meu pai estava na porta do quarto dele quando voltei, esperando. Eu empunhei a faca, mas minha raiva parecia apenas diverti-lo. Ele ergueu as sobrancelhas, e eu avancei. Mas minha toalha escorregou, caindo aos pés dele, no carpete azul-noturno, e os três anos de fuga, de vigilância constante, cuidadosamente me escondendo e o evitando, estavam acabados. Eu estava nua na frente dele.

Ele tinha conseguido tudo que queria, e tudo que precisou fazer foi esperar. Eu sabia qual era o próximo item da lista de desejos.

— Você é um filho da puta doente! — gritei, correndo para o meu quarto e empurrando a pesada cômoda de cinco gavetas para bloquear a porta. Eu não tinha certeza se estava me protegendo dos avanços do meu pai ou de uma acusação de assassinato.

— Com quem você acha que está falando, Tracey? — repreendeu.

Ele estava transtornado, pensei, achando que poderia voltar aos privilégios paternos momentos após me fazer aquela proposta, para a filha dele, como se eu fosse uma prostituta.

— Se chegar perto, eu mato você! — gritei.

Não havia lugar seguro para ir, não tinha parentes por perto ou amigos próximos da família nos quais eu pudesse confiar. Eu tinha perdido toda a minha fé nos adultos, então pedi que minha amiga Robin me buscasse; ela não tinha medo dos adultos. Eu também liguei para minha mãe.

— Seu marido fez aquilo de novo — cuspi, em uma mistura de gritos, choro e berros. — Ele fez de novo.

— Do que você está falando? — perguntou minha mãe como se não tivesse ideia do que "aquilo" podia ser.

— Ele fez de novo! — gritei ao telefone. E desliguei.

O telefone tocou, mas o meu pai atendeu na hora. Eu olhei pela janela, esperando Robin aparecer antes de mover a cômoda. Eu teria saído pela janela, mas todas estavam pregadas: logo depois de me estuprar, meu pai me pegou com um menino e pensou que não poder abrir as janelas me manteria dentro de casa. Até onde eu sabia, o perigo real estava do lado de dentro dos vidros.

Uma buzina soou do lado de fora, e eu lutei para empurrar a cômoda da porta em silêncio. Mas, assim que cheguei à sala de estar, com seu piso de madeira, meus passos puderam ser ouvidos. Então ouvi a buzina de novo, três vezes, mais frenética. Hora de ir.

— Aonde pensa que vai, mocinha?

O som da voz dele me fez saltar. Eu sabia que se abrisse a porta e Robin me visse eu estaria segura. Eu só precisava da porta aberta. Eu corri para destrancar a porta e escancará-la.

— Você não vai a lugar algum — disse ele, enquanto eu botava o pé na varanda.

"Só continue andando", disse a mim mesma. "Ignore-o, Sharisse. Apenas continue andando." Mas é impossível.

— Me deixe em paz antes que eu conte a eles o que você acabou de fazer — falei, me virando.

O segredo dele era a minha única arma disponível, e estar do lado de fora me dava mais coragem. Nosso vizinho do outro lado da rua estava na garagem; nosso vizinho ao lado, Andy, estava fumando na varanda; e a família mexicana a duas casas estava no gramado.

— Volta para casa agora.

Robin buzinou de novo.

— Sharisse, vamos — pediu Robin. — Só entra no carro!

— Mas ele fez de novo.

Comecei a chorar. Eu queria que ela entendesse por que, segura fora de casa, eu não podia simplesmente ir embora sem que ele admitisse o que fez.

Meu pai insistia para eu voltar, enfurecido comigo e envergonhado na frente dos vizinhos

— Diga a eles! — gritei, repentinamente corajosa com a raiva e a audiência pública. — Conte a eles como tentou foder comigo agora há pouco em troca de umas horas dirigindo a merda da sua caminhonete!

Ele piscou sob a luz do sol, registrando o que eu tinha acabado de gritar na frente de tantas testemunhas.

— Calada, garota — sussurrou.

228 *Editado por Roxane Gay*

— Vamos, Sharisse!

Com toda a gritaria, eu não ouvi imediatamente o salto da minha mãe na calçada.

— O que está acontecendo aqui? — perguntou ela, observando a cena na nossa garagem.

Eu fiquei furiosa com o olhar de surpresa no rosto da minha mãe. O que ela esperava, afinal? Mesmo depois do incidente três anos antes, ele não mudou a forma como me tratava. Nada mudou.

— Pergunte ao seu marido — disparei, e entrei no carro.

Eu morei com Robin por pouco tempo, mas, por mais que sempre tivesse desejado irmãos, a casa dela era muito cheia. Irmãos e *bullies* da escola tinham passe livre na casa dela, e algumas das melhores amigas de Robin já tinham ameaçado me bater antes. Eu decidi que era melhor me arriscar em casa, onde eu sabia o que esperar. Talvez empunhar uma faca contra o meu pai tivesse lhe mostrado que não devia mexer comigo.

Depois que voltei, escrevi uma série de cartas para adultos — membros da família, pessoas da igreja e bons amigos da minha mãe — pegando o endereço da agenda de contatos da minha mãe e roubando selos da carteira dela.

Nas cartas, escrevi que o meu pai tinha tentado me estuprar pela segunda vez e eu tive que fugir de casa, mas não pude ficar onde estava. Eu pedi às pessoas que me enviassem um pouco de dinheiro, porque meu trabalho de meio-período depois da escola não era suficiente para que pudesse conseguir um lugar por minha conta.

O pai da minha mãe, na Filadélfia, recebeu uma carta, mesmo que eu e o vovô não fôssemos muito próximos. Uma boa senhora da igreja, que era amiga da minha mãe e era sempre gentil com o meu pai, recebeu uma: ela era mulher e eu achei que fosse ajudar. A colega da minha mãe, que tinha uma filha da minha idade, recebeu uma: ela me preparou tacos quando eu tinha oito anos e eu passei a noite na casa dela, então eu tinha certeza de que me ajudaria.

Eu esperei cartas de resposta com cheques por duas semanas e, todos os dias, eu abria a fina caixa preta do correio esperando por cartas endereçadas a mim. Após um mês, ficou claro que ninguém me responderia.

Alguns meses depois, um tio morreu na Filadélfia e minha mãe foi ao enterro. Quando voltou, contou que o meu avô perguntou se as coisas estavam bem, porque havia recebido uma carta minha com algumas "mentiras horríveis". Ela me disse que chorou quando leu a carta que ele guardou e que disse ao pai que era tudo verdade.

— Ele disse por que não mandou dinheiro? — perguntei a ela.

— Ele falou que imaginou que você estivesse mentindo e inventando histórias para chamar atenção — respondeu minha mãe.

— E quando você falou que era verdade?

— Ele não disse nada.

Eu soube depois que todas as minhas cartas chegaram aos destinatários. Cada um deles teve uma conversa com a minha mãe. O consenso se resumiu a uma frase de indiferença comum a todos: *O problema é de vocês.*

— Seu pai está morrendo — disse minha mãe assim que, aos dezenove anos, cheguei em casa do meu novo emprego em tempo integral como recepcionista.

Eu e meu marido, com quem eu estava havia sete meses, decidimos morar com ela porque meu pai estava doente e dividia seu tempo entre um psiquiatra e um hospital na maior parte daquele ano. As internações eram cada vez mais longas, e as poucas vezes em que o via, ele parecia mais e mais decrépito.

— Eu deduzi.

Não parecia ser a resposta que ela procurava; sempre que minha mãe dava qualquer notícia sobre o meu pai, olhava para mim e esperava uma reação, como se eu não tivesse feito o suficiente por ele, como se aquele fosse o dia em que o meu coração descongelaria e eu desenvolveria uma compaixão efusiva por ele — compaixão que a absolveria por escolher o homem em vez da filha todas as vezes.

Aquele olhar me irritou. Ela tinha esquecido que quem estivera na casa com ela nesses últimos anos, com ele, tinha sido eu? Nenhuma filha deveria ajudar o pai estuprador a ir ao médico porque ele está com dor. Minha mãe não tinha percebido como era difícil para mim tentar ignorar a presença daquele homem e me concentrar nela, apenas para dar a ele a ajuda de que precisava?

— Ele precisa do seu perdão, Sharisse — disse ela. — Acho que ele só não se foi ainda por causa disso.

Mas nós já tínhamos feito aquela encenação havia anos com o analista: ele sentia muito, "Tracey" disse que o perdoava, e ele tentou, ainda assim,

230 Editado por Roxane Gay

me estuprar novamente três anos depois. Agora que ele estava morrendo, a única diferença é que tínhamos 99,9% de certeza de que ele não teria forças para me estuprar.

Eu disse não à minha mãe.

Ela me encarou com um olhar de decepção. O sentimento era mútuo.

Mais tarde naquela noite, eu e meu marido, Bryant, conversamos sobre a minha decisão de não visitar o meu pai; ele queria que eu fosse "apenas para que ele morresse em paz". Bryant era uma boa pessoa, e eu queria ser uma boa pessoa por ele — mas me incomodava que ele achasse mais importante que meu pai, e não eu, encontrasse paz. Bryant sabia o que meu pai havia feito, mas de alguma forma os dois tinham se dado bem. Todos que tinham contato com o meu pai gostavam dele.

Eu ficava enjoada sempre que os via juntos rindo, brincando e de papo-furado na nossa sala. Era ruim o bastante que tivessem desfrutado do meu corpo em comum; eu odiava que tivessem encontrado mais do que isso.

Nós fizemos planos para ver o meu pai no dia seguinte.

Foi difícil ir para o trabalho com o peso do perdão nos meus ombros; depois, meu marido me encontrou no hospital. Quando viramos no corredor e chegamos à enfermaria, reconheci as pessoas e ouvi vozes: amigos da família, membros da igreja, colegas de trabalho da minha mãe, todos ali pelo meu pai. As pessoas saíram para me deixar passar e sussurraram, balançando a cabeça em reprovação. De alguma maneira, a vergonha ainda caía sobre mim, a vítima; meu pai seria absolvido na sua morte como foi em vida.

Meu marido segurou minha mão.

— Você quer que eu vá com você? — perguntou.

— Não — respondi.

Minha mãe também se ofereceu, mas eu não queria nenhum dos dois no quarto comigo. Eu imaginei que aquela história com meu pai poderia muito bem terminar da mesma forma como começou: comigo sozinha com ele.

O quarto cheirava como eu imaginava que a morte cheiraria — mantas de flanela e cloro, camuflados em um pot-pourri de talcos de senhora de igreja e perfumes. Meu pai tinha tubos saindo de todas as aberturas que me permiti olhar. Os lábios rachados se abriram, mas nenhuma palavra saiu.

Ele gesticulou para eu sentar perto dele. Os olhos estavam apagados e quietos, mas seguiram todos os meus movimentos.

— Você quer mais luz? — perguntei.

Ele gesticulou outra vez para que eu sentasse na cadeira ao lado da cama dele.

Uma lágrima correu pelo rosto dele. Meu pai virou a mão para trás para que o tubo atingisse a cama e o levantou para cima e para baixo; ele queria a minha mão. Eu hesitei, e ele fez de novo. Outra lágrima.

Eu coloquei minha mão acima da dele e virei minha cabeça para a porta, incapaz de ver aquele último toque dele em mim. Ele apertou minha mão. Eu não me mexi. O som dele tentando encontrar a voz me assustou.

— Você não precisa falar — falei.

— Me desculpe — disse ele, em voz suave.

Mais lágrimas caíram, desapareceram sob o tubo e reemergiram.

— Eu sei — disse. — Eu perdoo você, papai.

Eu estava mentindo, mas sabia que ele acreditaria porque queria acreditar. Ele esperava por isso; todos no saguão esperavam pela mentira, para que pudessem se sentir melhores consigo mesmos. Fiquei pelo tempo que suportei ter a minha mão junto à dele. Eu me inclinei e rocei com os lábios o rosto fino como papel.

— Adeus.

Aquele adeus não foi o fim, é claro. Eu ainda carrego o peso de ser uma sobrevivente do estupro, e da exigência que eu passe uma borracha em tudo que aconteceu para defender o mito da Família Negra perfeita. Eu carrego o peso dado a mim pela Maioria Moral negra, que ignorava os crimes do meu pai e que sabe do de muitos outros homens, que tentaram comprar uma menina de treze anos aterrorizada com uma visita de um dia a um parque de diversões. Eles estavam tão desesperados para projetar a imagem de Família Negra respeitável, correta e impecável no mundo que estavam dispostos a deixar as mulheres e meninas dessa imagem sofrerem.

Nunca pedi para ser uma minoria-modelo. Eu só quis, por alguns minutos, acreditar que poderia ser uma modelo.

Sair de baixo

Stacey May Fowles

Eu falei a palavra não dezesseis vezes.

Não sei se lembro de verdade, exatamente, quantas vezes eu disse não, sobretudo dadas as circunstâncias — a passagem do tempo desmancha qualquer tipo de memória vívida e detalhada, e o mundo faz você duvidar constantemente da legitimidade da sua própria história.

Mas seja lá a razão, esse é o número que repeti na minha cabeça. É o número que usei quando finalmente comecei a falar sobre o que aconteceu comigo. É o número que eu disse aos analistas e psiquiatras, e que sussurrei para amigos próximos em momentos tranquilos e secretos.

Dezesseis.

É quase triste que a minha memória frágil tenha escolhido esse número para usar todas as vezes que eu conto a história, como se dizer não dezesseis vezes fosse tantas vezes mais que uma única e tornasse a minha denúncia mais válida.

Eu disse não mais do que uma dúzia de vezes.

Soa melhor do que dizer uma única vez?

Exatamente quantas vezes eu preciso dizer não para que o que aconteceu comigo seja errado e digno de atenção?

***

Em uma tarde fria de maio, chego para a minha consulta no Centro de Atenção à Violência e Agressão Sexual e vejo que alguém havia dado um pacote de giz colorido aos seus clientes. Com eles, os clientes tinham escrito em todas as paredes bege-institucional da sala de espera.

Eu me sento e espero meu conselheiro me chamar, examinando distraidamente o resultado multicolorido. Presumo que o grafite tenha sido permitido porque hoje é o último dia de funcionamento do centro naquele espaço, que os rabiscos são apropriados apenas porque o prédio velho vai fechar as portas e seu conteúdo e equipe se mudarão para a feliz e radiante sede novinha em folha.

O novo centro de atendimento, me disseram, será mais acolhedor, mais motivador, mais confortável. Terá segurança reforçada e maior possibilidade de anonimato. Terá capacidade maior de proteger seus visitantes mais vulneráveis, as mulheres que vivem com medo dos agressores e preocupadas em serem encontradas. A futura sala de espera será menos claustrofóbica, a mobília, melhor do que um jogo usado de veludo salmão herdado de um generoso membro da equipe.

Claro que eu sei que será melhor, que todos que trabalham aqui, me disseram, estão ansiosos pela mudança há meses, mas eu ainda sinto uma pontada, uma sensação de perda com o fechamento do prédio. Passei muito tempo aqui nos últimos anos. É o lugar humilde e privado onde finalmente encarei tantas coisas. Um refúgio secreto que se tornou seguro e previsível quando todo o resto parecia um trem desgovernado.

A mobília antiquada e a pintura desbotada contradizem o ambiente médico no qual estão alojados e, embora projetado para me deixar melhor, esse lugar nunca me fez sentir que eu estava destroçada.

Um visitante que sentou nessa sala antes de mim acrescentou uma citação da escritora feminista Nawal El Saadawi em vermelho vivo. "Eu falo a verdade, e a verdade é brutal e perigosa."

À minha direita, outra sobrevivente escreveu "O silêncio não será o meu inimigo" em giz azul, acima do que imagino ser o nome completo dela, a data do estupro e o nome do estuprador.

Todos aqui querem dizer algo terrível em voz alta; tantos deles estão asfixiados por vidas que os mantêm em silêncio. Este é o lugar no qual todos estamos finalmente seguros para falar sobre as coisas terríveis e secretas que aconteceram conosco, e desvelar os pensamentos perturbadores que nos atormentaram por horas, dias, meses e anos.

Aqui no centro de atendimento ninguém nos denunciará, e ainda assim luto para falar a verdade. Na segurança dessas pequenas salas clínicas, quando escuto a minha voz articular o que eu passei e como isso me fez sentir ao longo de tantos anos, às vezes sinto que não pode ser real. Conto e reconto, como se para lembrar a mim mesma que, sim, algo terrível aconteceu comigo. Sim, essa é a razão pela qual fiquei desse jeito.

Duvido que alguma vez tenha certeza de como vim parar neste lugar, como minha vida me trouxe aqui, embora repasse o ocorrido de novo e de novo na minha mente.

A caixa de giz colorido ainda está aberta, o conteúdo espalhado na pesada mesa de centro de madeira. Mas hoje eu não tenho nada para escrever.

O que eu lembro: eu estava de bruços quando ele segurou meus pulsos, um de cada lado do meu corpo. As mãos dele eram grandes, fortes e ásperas, mas eram, antes do momento em que ele me segurou, mãos que eu queria que me tocassem.

Eu lutei e me debati quando, por um breve momento, ele finalmente perdeu a força e eu vi uma possibilidade de escapar. Fiz um esforço inútil de me cobrir com as mãos e empurrá-lo para trás com o meu corpo, ainda embaixo do dele. Enquanto eu fiz isso, eu entoei a palavra *não*, até que virou algo como o chamado de um animal lutando para se libertar de uma armadilha, tentando desesperadamente escapar impune de um predador.

Comecei a entrar em pânico. Ele era pesado demais, ao menos vinte quilos a mais do que eu. Eu não conseguia respirar.

Não virou uma palavra sem sentido enquanto eu estava embaixo dele. Evoluiu para um apelo ou uma prece, em vez de uma instrução, como eu pretendia. E então, em toda a sua inutilidade, não era nada além de um choro, um grito feral sem testemunhas.

No escuro, não havia a quem chamar, quem pudesse me ajudar, mas eu gritei a palavra de qualquer maneira, assim como tinham me ensinado.

***

Estou sozinha na sala de espera hoje, como estou na maioria dessas consultas mensais. Saio cedo do trabalho, dizendo ao gerente que tenho um "compromisso" — algo que felizmente ninguém questiona. As consultas são sempre no mesmo dia e hora, segundas-feiras às cinco da tarde, porque são difíceis de remarcar, tanto pela alta demanda quanto pelo desafio do meu anonimato. Para a segurança dos pacientes, as ligações feitas da clínica são sempre de um misterioso número bloqueado, o que sempre dispara uma ansiedade profunda em mim.

A maioria das coisas, para ser honesta, dispara uma ansiedade profunda em mim.

Uma conselheira sempre faz de tudo para, nas conversas codificadas pelo telefone, não trair os segredos que tantas vítimas mantêm dos seus entes queridos e colegas de trabalho.

— Eu não posso falar agora. Estou no trabalho — direi a ela.

É difícil viver de maneira plena e autêntica quando você mantém segredos como esse. É difícil sentir-se viva quando há tantas coisas que não pode dizer. Poucas pessoas sabem por que venho aqui — apenas um punhado a quem julgo seguro para contar: meu marido, meus amigos mais próximos, um colega de trabalho compreensivo que uma vez confiou a mim suas próprias batalhas com a saúde mental e me cobre quando preciso de uma folga. Tenho um círculo íntimo estrito com quem me sinto confortável em compartilhar minha recuperação, como se eu estivesse fazendo algo sujo e errado do qual eu deveria me envergonhar.

Sei que se eu estivesse "doente" no sentido tradicional esse não seria o caso. As pessoas se mobilizariam para me confortar. Enviariam cartões e flores e torceriam pela minha recuperação. Postariam desejos de melhoras em minhas redes sociais. Em vez disso, quando entro no hospital que abriga a clínica, estou equipada com razões aceitáveis para estar ali que a maioria dos sobreviventes já ensaiou, desculpas prontas para o caso de esbarrar em alguém que conheço.

"Tenho um exame médico de rotina. Vim buscar uma receita. Estou visitando o parente de um amigo."

"Não é nada sério, não tem com que se preoucpar", direi, esperando que seja verdade.

Do meu assento na sala de espera, tateio, nervosa, o meu celular, verifico os resultados do basquete e as reprises na televisão, respondo mensagens e tento ignorar a voz abafada de uma assistente de enfermagem no telefone da sala atrás de mim. É provavelmente a mesma enfermeira que me pediu para lhe contar a minha história na primeira vez em que estive aqui.

A indicação veio de um desconhecido — uma médica que estava substituindo a minha médica regular durante suas férias. Com o incentivo de amigos próximos que estavam preocupados com o meu comportamento, marquei uma consulta no mesmo dia e, quando fui levada ao consultório da médica substituta, disse a ela que achava que pudesse estar deprimida, que estava bebendo muito e que tinha dificuldade para comer e dormir.

— Eu estava chorando no banho, sentada no chão. E a ideia surgiu na minha cabeça. Fiquei pensando numa forma de acabar com isso — relatei.

Era um momento que já se aproximava havia muito tempo. Passei a maior parte da minha vida lidando muito mal com o que havia acontecido, lutando com várias encarnações de ansiedade clínica — hipocondria, agorafobia, claustrofobia e ataques de pânico. Eu havia desenvolvido um medo irracional, desesperador e aterrorizante de morrer e de desastres, um impulso de fuga contínuo e uma propensão ao pânico nas horas mais inoportunas. Achava difícil estar sozinha no mundo, mas, ainda assim, achava difícil estar cercada de pessoas. No entanto, a depressão severa era um novo desdobramento, que havia aparado o meu medo constante e debilitante de morrer repentinamente, transformando-o numa opção condenável de fuga.

Na época da minha primeira consulta, eu não dormia direito havia semanas e minha mente estava afundando em um tipo particular de psicose por privação de sono. Uma amiga bem-intencionada tinha me dado um suprimento generoso de remédio para dormir que pegou do namorado, na esperança de aliviar minha exaustão. Às vezes eu contava os remédios e imaginava quantos seriam necessários.

Às vezes eu olhava o conteúdo da gaveta de talheres, estudando as facas e ponderando sua eficácia. Amigos vinham me visitar e me traziam comida em potes de isopor, observando-me comer devagar e mal conseguindo esconder a preocupação. Eu estava em tal estado de desespero constante, exacerbado pela insônia, que chorei histericamente na frente de uma completa estranha, essa médica, enquanto implorava por ajuda.

A médica, cujo nome nem mesmo lembro, me conduziu com calma por um questionário de diagnóstico de depressão e generosamente prescreveu um relaxante muscular. Ela me encorajou a considerar antidepressivos. Ela queria que eu entrasse em contato com o médico da família de imediato para uma série de exames.

Quando por fim consegui balbuciar "algo ruim aconteceu comigo", ela simplesmente sabia.

Sem dizer uma palavra, deslizou um pequeno papel amarelo e quadrado pela mesa. Continha informações sobre a clínica de aconselhamento sobre estupro.

Fiquei impressionada com a facilidade com a qual ela me forneceu o contato, como se já tivesse feito isso centenas de vezes.

A primeira vez que entrei na clínica de aconselhamento, me sentei com a enfermeira, e juntas nós pesquisamos on-line sobre o homem que havia me agredido, para que ao menos eu tivesse a satisfação de outra pessoa saber o nome dele, conhecer a aparência dele e saber onde estava agora. Ela digitou devagar o nome na busca por imagens enquanto eu ditava para ela, e ali entre as fotos estava o rosto sorridente e despretensioso dele.

Um homem, não um monstro.

Eu levantei um dedo devagar para indicar qual era ele entre os muitos homens na série de imagens na tela. Fiz essa busca sozinha tantas vezes, uma ação obsessiva com a intenção de autoproteção, uma maneira bastante inútil de me assegurar de que ele estava longe o bastante de mim, para que pudesse me sentir segura.

Lembro que a enfermeira me contou que na verdade conhecia os nomes e rostos de muitos estupradores — homens de negócios e jornalistas, atletas profissionais e corretores de imóveis, maridos e pais.

Ela agendava exames de DSTs, ajudava as clientes a prestar queixa na polícia e as encaminhava para o aconselhamento psicológico. É também a guardiã dos segredos guardados ferozmente por tantas mulheres. É o repositório inicial para o medo frenético e a vergonha, e é com muita frequência a única outra pessoa que vai saber o que aconteceu com elas.

Ela ficou comigo no seu minúsculo consultório até as dez da noite, muito além do fim de seu expediente, para ter certeza de que eu não era uma ameaça a mim mesma. Eu me lembro de pedir desculpas a ela quando percebi por quanto tempo a mantivera lá, e ela riu gentilmente.

"Não há lugar melhor para eu estar do que aqui com você", foi o que ela disse.

Eu lembro que eu disse não dezesseis vezes e lembro que ele me acusou de ser uma "dramática do caralho". Eles sempre fazem isso. Eles fazem isso antes, quando você se nega, fazem isso durante, quando protesta, e fazem isso depois, quando você chora.

Eu lembro que ele disse para eu não ser tão emotiva, disse para eu relaxar. Talvez ele não tenha dito de fato a palavra "caralho", mas minha memória lembra desse jeito, como se a agressão da profanidade dele também tornasse minha queixa de violação mais válida. Como se me xingar o tornasse um monstro, e não apenas um homem. (Nós sempre precisamos que eles sejam monstros.) Como se a profanidade dele o reinventasse para os ouvintes como alguém capaz de dar medo, assim como ele foi reinventado para mim naquele momento.

Assim como eu fui reinventada.

Há esse paradoxo impossível quando você é vitimizada pela violência sexual. Você quer — você tem que — se convencer de que não foi "assim tão ruim" para ter alguma esperança de cura. Se realmente foi ruim como você sente que é, como você vai conseguir superar isso? Como vai ficar, algum dia, "melhor"?

Por outro lado, você precisa convencer os outros de que foi "ruim o bastante" para conseguir a ajuda e o apoio de que precisa para se curar. Para superar. Para conseguir uma consulta na clínica. Para que amigos venham com potes de isopor com comida quando você não conseguir se alimentar.

Você diz a si mesma o quanto é ruim, e então se anestesia para não ter que pensar em quanto foi ruim. Você repete o ciclo quantas vezes forem necessárias, por tantos anos.

Dizer não dezesseis vezes me torna digna de pena? Me torna digna de ajuda?

Ao contrário da maioria dos profissionais de saúde, minha conselheira sempre me chama na sala de espera na mesma hora. Ela também sempre parece feliz de verdade em me ver. E hoje, como ela sempre fez, pergunta educadamente se estou pronta ou se preciso de mais alguns minutos.

Há algo sobre a pergunta previsível que me encoraja, parece empoderador, como se ela estivesse afirmando que é escolha minha estar ali para contar a minha história todas as vezes que chego. Tiro os olhos do celular e sorrio para ela, digo que sim, estou pronta, enquanto o coloco na bolsa e deixamos a sala de estar, conversando generalidades e trocando gentilezas antes de entrarmos no consultório e fazermos o trabalho necessário.

Os menores gestos fazem esse processo terapêutico diferente dos que eu experimentei antes: uma série de consultas estritamente agendadas de terapia comportamental cognitiva, por 175 dólares a hora, ou uma janela desesperada de quinze minutos com um médico para preencher uma receita muito necessária de relaxante muscular. Nenhuma das minhas terapias prévias realmente ajudou, e minha esperança é que essa diferença traga algum tipo de encerramento.

A promessa de um fim para a dor que sinto é a única coisa que me encoraja a seguir em frente.

Minha conselheira é claramente mais jovem do que eu — com seu cabelo raspado de um lado, as roupas modernas que me confundem cada vez mais à medida que envelheço. Descobrirei mais tarde que, na verdade, temos uma idade muito próxima — início dos trinta —, mas a ansiedade e a depressão têm um hábito nojento de envelhecer você, ou pelo menos é assim que você se percebe. Ela é cheia de otimismo e energia, com um amor pela vida que perdi há muito tempo.

Seria fácil ficar ressentida com ela se não tivesse trabalhado tanto para me ajudar.

Eu já me consultei com inúmeros orientadores, analistas, psicólogos e psiquiatras desde que fui abusada sexualmente pela primeira vez: um orientador infeliz da escola que me arrastou para uma "conversa" após uma professora de inglês sinalizar uma poesia obscura que eu estava escrevendo; uma série de profissionais de saúde mental na clínica da universidade, todos parecendo completamente inapropriados para mim, já que eu era acusada de distribuir camisinhas e dava sinais de ter distúrbios alimentares; e, depois, uma lista em constante mudança de psicólogos caros com sensibilidade variável para os problemas que rondam o abuso sexual e reações a ele.

Uma analista comportamental uma vez admitiu que se sentia incapaz de tratar meu trauma de estupro, que essa não era a sua especialidade e que eu deveria buscar ajuda em outro lugar. Foi uma admissão que me assustou, que fez com que eu me sentisse um caso perdido e impossível de ser recuperada.

Ainda assim, no dia em que conheci essa conselheira em particular, na hora ela já me pareceu notavelmente a mais preparada e compreensiva de todos os analistas que tive, sempre afirmando que estava aberta a qualquer pensamento, impulso, sentimento ou ação estranhos da minha parte.

De algumas maneiras, meu aconselhamento sobre o estupro pareceu inteiramente separado do modelo terapêutico tradicional. É permisivo, se comparado a outros modelos de tratamento, voltado para a redução de danos e garantias cuidadosas. Parecia que, se algo a faz se sentir melhor, era uma opção saudável. Quer dormir o dia todo? Tudo bem. Beber muito? Pode ser uma escolha válida de enfrentamento. Isolar-se através do medo do mundo exterior? A autopreservação é importante.

Para mim, tudo isso é revolucionário, e significa que eu posso finalmente ser honesta com alguém sobre o meu comportamento sem medo de decepcioná-la.

Em geral entro no aconselhamento presumindo que eu estou falhando completamente e lutando uma batalha impossível de ser vencida, que as pessoas na minha vida me consideram um caso perdido, e ela me garante que eu estou fazendo um progresso real e sólido, mas que não enxergo absolutamente nenhum. Minhas sessões com ela são um curto espaço de tempo no qual as expectativas de "melhor" são radicalmente diferentes daquelas do mundo exterior.

No consultório dela, descubro que os menores passos que estou dando para ser emocionalmente livre do meu agressor são na verdade monumentais para alguém que sofre dessa hipervigilância e desse medo que se sucedem após a agressão sexual.

Sinto que tenho sorte por tê-la em minha vida, mas junto com isso há a consciência de que eu não fui agredida de maneira particularmente violenta. Às vezes sinto que o espaço de uma vítima mais necessitada é tomado pelos meus problemas da juventude, que eu deveria ser capaz de lidar com isso sozinha em vez de engolir recursos esparsos e muito necessários por causa da minha incapacidade de seguir em frente.

Quando levantei essa questão na análise, ela me disse:

— A sobrevivente que foi estuprada ameaçada por uma faca sente-se culpada por tomar o espaço de uma sobrevivente que foi estuprada ameaçada por uma arma. Todos acreditam que há sofrimento pior do que o próprio, que deveriam ser fortes o suficiente para lidar com isso sem mim.

Quando você começa qualquer forma de terapia, é geralmente informado de que tudo que diz é confidencial — menos a ameaça de ferir a si mesmo ou outra pessoa. Mas me falaram na primeira sessão na clínica que, embora isso ainda fosse verdade, minha analista entendia a validade da fantasia de machucar o agressor como parte da cura, e que isso não equivalia a uma ameaça.

— Às vezes eu penso nele sendo atropelado por um ônibus — admiti a ela em uma das primeiras consultas.

Ela não ficou nem um pouco perturbada.

— Por que um ônibus? — perguntou, genuinamente interessada.

— Porque não é culpa de ninguém. É um acidente. Rápido e limpo — respondi.

— Você quer que ele sofra?

— Não. Eu não quero esse tipo de vingança. Só quero que ele suma. Eu só quero nunca ter medo de cruzar com ele outra vez.

Minha conselheira me falou sobre as incontáveis mulheres que contam em detalhes como castrariam seus estupradores. Elas descreveram visões deles morrendo em incêndios, sendo espancados até a morte com um taco de beisebol, sendo atacados por animais selvagens. Nesse espaço, nunca sinto que estou frustrando alguém com o que estou pensando, ou como estou reagindo ou superando.

No contexto da terapia por causa de estupro, nossos sentimentos aterrorizantes são parte do processo — como a traiçoeira fantasia da automutilação. Com a recuperação do estupro, é tão normal o impulso de querer desaparecer quanto o de vingança, o de querer morrer.

Minha conselheira tem um conhecimento especializado dos tipos de coisas "inapropriadas" que mulheres dizem nesses consultórios particulares com luz fluorescente, a linguagem secreta na qual falam com ela e entre si. Ela ouviu todo tipo de comentário sarcástico e macabro, de piada obscena e de observações ríspidas de que as mulheres necessitam para tornar a vida tolerável, a escuridão que empregam quando encaram a tarefa inimaginável de simplesmente viver após serem violadas.

Você o conhecia? Você o convidou? Você foi de bom grado? Ele a machucou? Ele tinha uma arma? Ele a forçou? Você vestiu algo que o provocou? Você queria fazer sexo com ele? Você preparou o jantar para ele antes? Você se maquiou? Você disse que gostava dele? Você disse que o amava? Você se arrepende de alguma coisa que fez naquela noite?
Quão ruim foi, de verdade?

Uma vez perguntei à minha conselheira por que ela faz esse trabalho, como ela o suportava todo dia, confrontando todo esse sofrimento feminino pelas mãos dos homens.

— Eu me sinto abençoada em poder ver tantas mulheres sendo tão fortes e procurando ajuda — respondeu, sem hesitar.

A resposta me pareceu ensaiada e impossível, mas eu acreditei mesmo assim. Ela oferece o perfeito equilíbrio entre preocupação e confiança, criando um espaço que cheira a limão e verbena e tem vários materiais de arte que nunca usarei, e livros que nunca lerei, para que possamos ter conversas que ninguém jamais terá comigo. Eu confio nela, e isso é uma coisa monumental quando você aprendeu — foi condicionada — a não confiar em absolutamente ninguém.

Esse virou o espaço seguro onde eu posso finalmente dizer as coisas que precisava dizer havia anos.

— Acho que talvez eu tenha transtorno de estresse pós-traumático relacionado ao estupro — balbuciei.

Usei a internet para catalogar os meus sintomas, com o medo crescente de descobrir que algo estava errado comigo. Neguei por muito tempo a possibilidade e ainda assim volto a ela outra e outra vez. Pesei o estigma de estar doente com a esperança de encontrar alívio. Fui de lá para cá de novo e de novo por anos e finalmente me foi dado o espaço para dizer isso em voz alta.

— Acho que talvez você tenha razão — respondeu ela, como se estivesse esperando todo esse tempo para que eu dissesse isso.

Ela me entrega uma folha de papel. Impresso nela, há um simples questionário que será o primeiro passo no caminho do diagnóstico de transtorno de estresse pós-traumático.

É um passo que esperei décadas para dar.

O assédio sexual deve ser ao mesmo tempo terrível e algo que você é capaz de aceitar — o que pode ser uma coisa insuportavelmente difícil de negociar. A inevitabilidade também deve ser um fator essencial, porque Deus me livre se houver algo que você pudesse ter feito para impedi-lo.

Quantas vezes você disse não?

Percebi que talvez não precise de mais ninguém que pense que foi "ruim o bastante". Não preciso provar que sou digna de ajuda. Não preciso que você sinta pena de mim. O que preciso é o que a maioria das mulheres precisam quando falam sobre a violência sexual que suportaram. Preciso de alguém que escute. Preciso de alguém que acredite em mim.

Sempre que conto a história digo "dezesseis", mesmo que hoje saiba que uma vez foi suficiente.

COLHENDO O QUE A CULTURA DO ESTUPRO PLANTA: AO VIVO DOS CAMPOS DE ABATE DO CRESCER MULHER NOS ESTADOS UNIDOS

Elisabeth Fairfield Stokes

SE NÃO FOSSE POR MEU PAI, que foi o primeiro a me dizer que estupro era errado, e um marido gentil e paciente, acho que eu poderia ter passado o resto da minha vida sem nunca fazer sexo novamente. Eu queria negar que meu corpo é parte de quem eu sou, porque ele tinha sido usado contra mim.

Em 1981 eu tinha dez anos. Estava assistindo a um episódio de *Os pioneiros* com minha família quando minha irmã menor perguntou:

— Papai, o que é estupro?

— É quando um homem coloca seu pênis na vagina de uma mulher sem que ela queira — respondeu ele, no mesmo tom de voz que usava para explicar outros fatos difíceis de entender sobre o mundo, como a ameaça da proliferação de armas nucleares. Minha irmã assentiu e voltou a ver televisão.

Aquele episódio (na verdade eram dois episódios, "Sylvia: Parte Um" e "Sylvia: Parte Dois") acabou por me trazer pesadelos por anos, me fez odiar meus seios quando eles apareceram, e odiar *Os pioneiros*. Nele, uma garota, Sylvia Webb, desenvolvia seios antes das outras meninas de sua classe, atraindo a atenção dos meninos em Walnut Grove. O pai dela a culpou, primeiro pela atenção indesejada, e depois quando ela foi estuprada por um homem com uma máscara de palhaço.

A explicação de meu pai sobre estupro me afetou da mesma forma que sua explicação sobre a Guerra Fria: era abstrata, teórica e aterrorizante. Não combinava com o homem e a mulher rechonchudos e felizes deitados na cama, cercados de corações, do livro de Peter Mayle, *De onde viemos?*, cujo objetivo era ensinar às crianças o que era o sexo. A obra, publicada em 1977, explica que "o homem sente vontade de ficar o mais juntinho que pode da mulher, porque ele gosta muito dela. E, para estar realmente bem pertinho, o melhor é deitar por cima dela e colocar o pênis dentro da vagina".

O ato era claramente o mesmo, mas a ideia de que um homem faria aquilo quando a mulher não queria era no mínimo alarmante. Mas os adultos não têm como saber o que as crianças fazem com as informações que recebem, algo que agora sei, porque tenho duas filhas.

Se, no entanto, a explicação de meu pai tinha sido uma palestra, aquele episódio de *Os pioneiros* foi uma lição objetiva: estupro era um homem com uma máscara de palhaço espreitando você através dos arbustos enquanto você colhia flores, depois agarrando você quando se distraía com uma revoada de pássaros, jogando você no chão e, aparentemente, enfiando o pênis na sua vagina. E era culpa sua, porque você tinha seios.

Sylvia, para quem não assistiu à série, não sobreviveu: ela morre após uma alucinação, na qual usava um vestido amarelo e se casava com um garoto que a amava (observe que o vestido de casamento não era branco).

É difícil subestimar o impacto que aquela série teve sobre a forma como eu encarava meu corpo e minha sexualidade em geral. Quando eu soube, dez anos depois, que Michael Landon tinha morrido, a primeira imagem que me veio à cabeça foi a do garoto na aula de Educação Física no oitavo ano que tinha zombado do meu peito, apontando e rindo porque meus seios pulavam quando eu corria. O pai de Sylvia a tinha obrigado a amarrar os seios até ficarem chatos, para que não aparecessem, e eu queria de alguma forma fazer a mesma coisa, com a certeza dada pela lógica de meu cérebro adolescente de que, agora que eu tinha seios, um estranho espreitando dos arbustos não tardaria a aparecer. Eu me recusava a ir andando sozinha a qualquer lugar.

O mundo em que vivíamos reforçava a sensação de que eu não tinha controle sobre como os homens tratavam meu corpo. Os meninos podiam rir de nossos seios na aula de Educação Física sem serem censurados. Todos os dias, no ensino médio, nossos sutiãs eram puxados, nossas saias, levantadas, nossas bundas, estapeadas de leve quando íamos para a sala de aula. Se os bicos de nossos seios apareciam através da blusa, algum imbecil inevitavelmente falava: "O farol tá aceso hoje?". Nas raras ocasiões em que uma das garotas reclamava das cantadas e dos agarrões para algum professor ou funcionário, a resposta era "É porque eles gostam de você" e, claro, "Meninos são assim mesmo".

Entretanto, o estuprador com máscara de palhaço era o pior cenário. Aquilo era estupro "de verdade"; qualquer coisa menos que aquilo seria supostamente tolerável. Se sofresse qualquer coisa "menos" que aquilo, bem, pelo menos você podia dizer que não tinha sido tão ruim quanto o que aconteceu com Sylvia. O estupro em um encontro era um risco que você corria por ser uma garota e ter aceitado ir a um encontro. O limite entre ser apenas uma garota em um encontro e ser uma "provocadora" nem sequer existia. A mensagem predominante do assédio descontrolado que sofríamos na escola era que, se você fizesse algo remotamente sexual — um beijo, andar de mãos dadas —, estava seduzindo aquele menino, e você era a responsável por qualquer coisa e por tudo que acontecesse.

Aos quinze anos, dois anos antes de eu ser estuprada "de verdade", me vi sozinha em um carro com um jogador de futebol americano por quem estivera apaixonada por um tempo. Ele me beijou; eu estava entusiasmada. Ele começou a desabotoar minha blusa; meu entusiasmo passou. Ele era bem forte, e me segurou, mas não teve tempo de entrar em mim, porque era um adolescente e não tinha muito controle sexual: borrifou minha calça, seu braço prendendo minha garganta, esmagando minha cabeça contra a janela do carro enquanto ele abria minhas pernas. Eu me retorci para o mais longe possível dele, meu pé apoiado no volante, mas ele prendeu meus braços para que eu não pudesse abrir a porta. "A gente ia no baile de formatura", disse ele enquanto vestia a cueca.

Você pode chorar baixinho ou você pode uivar. Você pode gritar suavemente ou você pode rasgar o ar como um míssil. Mas o silêncio é só silêncio. Ele não soa diferente, não importa quão profundo seja. Não é como nada que você ou qualquer outra pessoa possa ver, especialmente quando você não olha mais para espelhos. Se eu não olhasse para mim mesma, poderia fingir que nada tinha mudado.

Mas o silêncio tem cheiro: o creme de espinhas azedo e adstringente dele cortando o ar frio, o sêmen quente e salgado, o suor rançoso como borracha queimada. Também dá para sentir o silêncio, como se você tivesse engolido pedras, principalmente quando sua garganta está machucada onde o cotovelo dele a esmagou, mas sem deixar marcas, e a boca pegajosa dele por todo o seu rosto, a língua um pedaço grosso de carne, viscosa e sufocante, o cuspe seco e áspero dele em suas bochechas.

Mas aquilo não foi um estupro, como eu entendia naquele momento: ele não tinha colocado o pênis na minha vagina sem eu querer. Acho que ainda não tinha ouvido a expressão "abuso sexual", mas hoje sei que foi isso. Naquela época, era apenas eu tomando a decisão errada de entrar no carro dele. Como o pai de Sylvia Webb disse depois de ela ser estuprada pelo palhaço: "Você colhe o que planta". Planta, colhe.

Quando fui estuprada dois anos depois, estuprada de verdade, pênis na vagina, não foi um estranho com uma máscara de palhaço. Não foi um estranho, de jeito algum. Foi alguém que tomou o que queria, porque o mundo o ensinou que, quando se tratava do corpo das mulheres, ele podia fazer exatamente isso.

Último ano do ensino médio: eu tinha bebido e estava semiconsciente em uma cama na casa de uma amiga, minha perna engessada por causa de um acidente de esqui. Um rapaz que eu conhecia entrou no quarto. Eu abri os olhos devagar. Ele estava colocando uma camisinha com uma das mãos e puxando minha calcinha com a outra. Tentei empurrá-lo, e disse "Não, não, por favor, não", mas não podia fazer nada: não conseguia andar sem muletas, tinha bebido, não era forte o suficiente, não tinha como fugir. Uma dor violenta percorreu meu corpo. Senti uma dor queimando meu rosto, meus dedos, meus pés. Quando ele acabou, eu me virei de lado, chorando, dobrando minha perna boa sobre o peito, vendo com os olhos semicerrados a camisinha ensanguentada saindo de mim, o líquido leitoso respingando no chão. Ele me olhou e sorriu. "Por que você está chorando? Você disse 'por favor'. Você estava implorando por isso!"

Não contei a ninguém. Não era um estranho com uma máscara de palhaço, mas dessa vez eu sabia que tinha sido um estupro, e que era culpa minha, por beber, por machucar a perna, por ser uma garota. Plantou, colheu.

Não sou de maneira alguma a única criança dos anos 1980 cujo entendimento da violência sexual foi afetado por aquele episódio específico de Os pioneiros. Aquilo inspirou sites de fãs e algumas obsessões estranhas, coisas como a alucinação de Sylvia antes de morrer com "Hallelujah" como trilha sonora, por exemplo. Eu não consegui assistir a essas coisas, nem a qualquer cena dos episódios originais.

Minha recusa em ver aquilo de novo provavelmente só piora a ansiedade que sinto em relação a palhaços, Os pioneiros e Michael Landon (que escreveu e dirigiu os dois episódios "Sylvia"), mas prefiro os muros que construí ao pânico que aqueles episódios podem desencadear. Não vejo qualquer benefício em me dessensibilizar por causa daquele trauma específico. Apesar do estrago duradouro causado a algumas de nós, a série é apenas uma escaramuça menor nos campos de abate do crescer mulher nos Estados Unidos.

Pensando agora, quase consigo racionalizar aqueles episódios como uma tentativa de comentário social sobre a cultura do estupro. Talvez Landon estivesse tentando apresentar o sofrimento de Sylvia como um microcosmo de situações muito reais vivenciadas por meninas e mulheres, tentando chamar atenção para isso, em vez de apenas classificar como entretenimento. Mas eu realmente não compro essa ideia: sua representação de como uma garota é traída por seu corpo e por sua comunidade quando passa pela puberdade nunca pareceu uma crítica consistente, antes mesmo de a personagem da sra. Oleson reforçar tudo o que eu iria mais tarde internalizar sobre a atenção indesejada que as garotas recebem dos meninos na escola. Ela insistiu que Sylvia estava provocando os meninos, que a menina deveria ser culpada pela atenção que atraía e que, por extensão, deveria ser culpada por seu estupro. A sra. Oleson era o estereótipo da fofoqueira mesquinha. Apesar de o episódio conter uma cena com o conselho da escola se posicionando contra a sra. Oleson sobre a questão de Sylvia estar ou não encorajando os meninos a lhe dar atenção, aquela mensagem não era nem de longe tão forte ou tão clara quanto precisava ser.

Eu nem lembrava que o conselho tinha se posicionado a favor de Sylvia até recentemente, quando li uma sinopse do episódio. Quando eu tinha dez anos, nem sequer consegui entender que estava acontecendo uma reunião do conselho escolar para discutir de quem era a culpa por alguns meninos se esgueirarem até a casa de uma menina para espiá-la se despir. Nesses anos todos, eu só lembrava que Sylvia precisou se levantar e se defender. Se isso era uma crítica social, uma tentativa de lamentar a hostilidade regularmente enfrentada pelas mulheres em todas as frentes, ela fracassou miseravelmente.

Eu conhecia mulheres como a sra. Oleson quando estava no ensino médio; elas eram as mães "cristãs" conservadoras de meus amigos, as mães de vários meninos que puxavam sutiãs e levantavam saias. Essas mulheres proclamavam aos quatro ventos suas opiniões sobre como meninos e meninas deviam se comportar. Uma delas pegou minha amiga Jamie beijando seu filho; ela culpou Jamie, dizendo: "Eu não vou contar para a sua mãe, se você prometer que isso não vai acontecer de novo. Meninos são assim mesmo, e há outras garotas com quem eles podem fazer essas coisas". A visão distorcida das duas coisas para as quais as mulheres supostamente servem — casamento ou sexo, mas não os dois — ainda me dá arrepios. Eu entendi o sexismo e a hipocrisia na época, mas as sras. Oleson do mundo tinham poder demais, então eu não tinha como falar mais alto que elas.

Já foi muito difícil sofrer um abuso sexual aos quinze e um estupro aos dezessete; combinado com isso havia essa lavagem cerebral perpetrada por gente como essas mães, que promoviam a visão bíblica de mulheres como tentações encarnadas, de meninos e homens como vítimas desamparadas de seus instintos carnais quando viam uma mulher, dividindo as mulheres entre Evas e Marias, putas e santas. Eu me senti traída por meu gênero; eu não apenas não podia confiar nos homens, aparentemente não podia confiar nas mulheres também.

Havia, pelo menos na ficção, as mulheres "Ellen Jamesianas", aquelas mulheres no romance *O mundo segundo Garp*, de John Irving, que cortaram suas línguas em solidariedade à mulher que teve sua língua cortada para não poder identificar seus agressores, após sofrer um estupro coletivo. Elas eram separatistas. Não queriam saber de homens; quando a mãe de Garp morre, elas nem sequer permitem que ele vá ao velório, que acontece no centro de apoio a mulheres abusadas e perseguidas. Essas mulheres, eu pensava, realmente se apoiavam.

Encontrei separatistas reais na faculdade, em Smith, mas as piadas sobre dois homens mortos no fundo do oceano como "um começo" não me soaram engraçadas. Ainda havia, afinal, a expressão "Smith para trepar, Holyoke para casar"* — outra daquelas dicotomias de puta ou santa. No meu primeiro fim de semana como caloura, em uma mesa de estudo na biblioteca, vi que alguém tinha desenhado a imagem de um pênis ereto, completo, com as bolas e os pelos, e escrito: "O que poderia ser melhor que um desses grande e duro?". Outra pessoa tinha rabiscado logo abaixo: "Cortar ele fora!".

Eu não conseguia me identificar com nenhum dos dois lados: não havia qualquer prazer no sexo para mim, mas eu também não odiava os homens. Eu ainda não entendia direito o panorama da minha faculdade; parecia um progresso em relação à misoginia que eu tinha deixado para trás, mas essa visão de mundo que pregava homens-só-para-sexo-ou-homem-nenhum também não parecia muito animadora.

Enquanto eu achava interessante confrontar metade da população mundial por ter criado uma cultura em que muitas mulheres quase nunca se sentem seguras, e entendia como era tentador culpar os homens por tudo, eu não tinha energia para sentir raiva o tempo todo. Eu também não era gay, embora parecesse fácil ser gay na Smith — especialmente depois do que eu tinha passado, depois do que muitas mulheres passam. Tentar ser gay, no entanto, parecia um caminho para, talvez, me sentir protegida da violência, do abuso, das minhas próprias ideias distorcidas sobre meu corpo e minha sexualidade. E eu achava que mulheres não iam me machucar.

Mas não era verdade, e não havia nem conforto nem segurança em fingir ser algo que eu não era. Mulheres são apenas pessoas, para o bem ou para o mal, como o exemplo da sra. Oleson tinha mostrado. Maldade é maldade aonde quer que você vá, e eu também encontrei um bocado dela em Smith. Os homens não eram o problema.

Por algum tempo, quando estava na casa dos vinte anos, fingi orgasmos com homens, apenas para que o sexo (nas raras ocasiões em que fazia sexo) terminasse logo. Eu queria ser amada, mas não tocada. Eu *queria* querer

---

* Smith e Mount Holyoke são duas das melhores e mais famosas faculdades americanas exclusivamente para mulheres. (N. T.)

sexo, e me conformei com o pequeno consolo que estar próxima de alguém me trazia, mas o ataque, o estupro e os silêncios sobre eles, tinham criado uma desconexão quase total entre minha mente e meu corpo. Foi só quando o cara com quem eu acabei me casando deixou claro que sabia que eu estava fingindo e me pediu para parar, que comecei a me importar se estava ou não gostando do sexo. Eu só sabia que meu corpo era útil para os desejos de outras pessoas, não para os meus. Houve ocasiões, aqui e ali, em que eu tinha sentido algo como atração física ou excitação sexual, vislumbres ou goles de algo delicioso, mas fugidio. Não era o suficiente, entretanto, para que eu acreditasse que qualquer coisa boa poderia aparecer se eu confiasse naquelas sensações ou mesmo as explorasse, se eu voluntariamente entregasse meu corpo a outra pessoa. Havia prazer em ser desejada; isso eu podia controlar. Não havia prazer em desejar. Eu tinha medo demais.

Um palhaço tinha se apossado de minha mente, e um homem tinha colocado seu pênis em minha vagina quando eu não queria, e o mundo, eu tinha aprendido, era um lugar que não condenava a violência sexual; ele a aceitava e a perdoava. Eu queria acreditar que cada dia sem sexo me levava mais e mais longe do homem com máscara de palhaço, do jogador de futebol no carro, da camisinha ensanguentada. Eu queria que aquelas coisas se tornassem memórias distantes, até se dissolverem permanentemente.

Mas precisei carregar tudo comigo, porque elas são parte de minha história. Velei por muitos anos aquela mulher que teria sido se não tivesse assistido àquele episódio de *Os pioneiros*, se não tivesse me encantado com aquele jogador de futebol, se não tivesse sido estuprada. Ela nunca teve uma chance de viver.

Este é o legado do estupro, as inúmeras mortes que as mulheres morrem apenas tentando continuar a existir no mundo como ele é.

Tenho filhas agora. Não posso protegê-las. Não posso entrar na cabeça delas e torná-las destemidas, ou saber o que elas estão pensando; sei que suas mentes são tão inacessíveis para mim quanto a minha era para meu pai. Mas posso tentar equipá-las. Posso ajudá-las a acreditar que há algo nelas que é inextinguível, algo impossível de matar. Eu me forço a acreditar que elas podem crer em tudo isso sobre si mesmas, mesmo nos dias em que tenho que lutar com as lembranças do que aconteceu comigo.

Elas nunca me perguntaram, ou ao pai, o que é estupro: nós já explicamos para elas. Falamos sobre como é errado que a indústria de entretenimento seja obcecada por violência, especialmente por violência contra mulheres. Falamos sobre o significado de as mulheres serem majoritariamente retratadas na cultura pop ou como vítimas, putas, virgens ou fofoqueiras, e por que isso não é correto. Dizemos a elas que podem escolher viver suas vidas de uma forma que não seja definida por nada que acontecer com elas, algo que eu mesma não fui capaz de fazer.

Elas ouvem. Fazem que sim com a cabeça. Descartam o que insulta suas almas. Elas são mais fortes do que eu.

É isso que elas colhem; é isso que eu planto.

Ondas de luz invisíveis

Meredith Talusan

UMA NOITE, EM MEIO a uma mudança de casa, quando estava morando com cinco outras recém-nômades no Harlem, encontrei Paul em nossa cozinha. Ele tinha trabalhado com uma das mulheres com quem eu dividia o apartamento durante uma viagem à China com um grupo de ajuda humanitária, e estava ali para fazer uma visita. Ele era fluente em mandarim e tinha se formado em linguística em Yale antes de se alistar na Marinha, onde trabalhou no setor de inteligência em Washington, D.C. Talvez tenham sido aquelas experiências que deram a ele o ar de eficiência que eu associava tanto a linguistas quanto a militares. Eu o desejei desde o primeiro instante em que o vi, da forma que desejava homens que não estava acostumada a ter: um daqueles homens brancos, fortes e bonitos da televisão que eu cobiçava em minha juventude nas Filipinas.

Mas também sabia que havia algo de errado em desejá-lo, então meus olhos se voltaram para o chão quando ele disse "olá", e eu tentei me manter fora do seu caminho durante a semana em que ele ficou em nosso apartamento.

Daí ele foi junto quando nós saímos para dançar, em uma festa secreta no Brooklyn, na última noite dele na cidade. Eu estava vestindo um jeans justo e um top curto de Lycra preto, exibindo meus braços torneados por horas na academia, o decote fazendo meus seios parecerem maiores do que eram. Não sou muito de beber, porque acho constrangedor o rosto vermelho da "rosácea asiática", mas logo depois de virar uma única dose de vodca sabor cranberry que ele me ofereceu, me senti mais livre para abraçá-lo e sentir o cheiro de seu suor.

No fim da noite mal tínhamos conversado, mas ele tinha me erguido até um balcão, para eu descansar as pernas, que enrosquei em seu quadril, e meus lábios não resistiram a tocar seu pescoço. Entretanto, eu fiquei sóbria durante a viagem de táxi de uma hora até o apartamento, onde consegui deixá-lo no corredor e me fechar sozinha em meu quarto.

Ele estava esperando por mim quando abri a porta novamente, tarde o suficiente, na manhã seguinte, para o sol de verão estar brilhando forte às minhas costas e para a presença dele ser uma surpresa. Assim como o seu beijo, e a sua língua quente explorando minha boca.

— Vou embora daqui a uma hora — disse ele.

Ele provavelmente suspeitava que bastaria encostar seus lábios nos meus para que eu me derretesse toda. Eu confirmei aquela suspeita — mas com o desejo veio também uma necessidade de me livrar dele para poder seguir com minha vida. Era mais fácil aceitar nossa atração do que ouvir aquela parte de mim que sabia que isso seria um erro, me render à diversão em vez de dizer o não que eu queria dizer.

Eu tinha quase trinta anos, mas nunca estivera antes em uma situação em que me sentisse tão indecisa sobre alguém por quem estivesse fisicamente atraída. Talvez fosse apenas preconceito, pensei, o fato de ele ser militar aguçando a sensação de que ele me queria, mas não me respeitava, o fato de eu não sentir que fosse certo que ficássemos juntos. Entrei em um acordo: disse a mim mesma que só precisava fazê-lo gozar, que uma vez satisfeito ele iria embora e eu não precisaria de mais nada. Não permiti que ele me despisse após entrarmos em meu quarto. Ele se deitou no futon no chão de madeira e eu me concentrei nos movimentos da minha boca, o ato que já tinha me dado prazer e que dera novamente, independente de minhas outras preocupações. Eu ficava maravilhada com a cor quase branca da ejaculação, que tinha um gosto estranhamente delicioso, antes de meus pensamentos se voltarem para algo além de sexo, para como eu tinha prometido a mim mesma não me envolver com homens por algum tempo — muito menos com

256 *Editado por Roxane Gay*

ele —, porque eu tinha começado a depender deles para me sentir como se não fosse desabar a qualquer instante.

Mas ele sabia como amolecer minhas barreiras, e então lá estávamos nós, eu não disse não, uma parte de mim queria mesmo, e então fizemos.

Ele foi embora da cidade e fiquei preocupada — talvez até obcecada, como tinha antecipado que ficaria —, ignorando os sinais e vendo apenas como em teoria ele era bom, um homem formado em Yale que falava várias línguas e ficava lindo de uniforme, o tipo de homem que fui ensinada que nunca poderia ter. Quando começamos a nos corresponder, ele me explicou por e-mail que tinha acabado de terminar com uma namorada chinesa, logo antes de voltar ao país, e que ele gostava de garotas asiáticas em geral.

Nas minhas mensagens eu flertava, quase como se estivesse pré-programada; me deixei levar pelo joguinho da futura namorada, apesar do pedaço do meu cérebro dedicado à autopreservação saber que ele só queria me foder por ainda não ter conseguido. Talvez eu quisesse acreditar que, se deixasse ele me foder, então não seria mais verdade que ele não me respeitava. De qualquer forma, eu era fraca demais para dizer não, e nenhum tribunal objetivo me consideraria estuprada apenas porque eu queria dizer não, nem eu ia querer que ele fosse acusado disso — mesmo que tenha havido momentos em que pensei se era mesmo certo me sentir estuprada, ainda que isso não tenha acontecido.

Em vez de ceder a essas ideias, eu sugeri encontrá-lo em Washington D.C., e planejamos programas e passeios turísticos, como ir à Casa Branca e ao Lincoln Memorial. Mas, quando cheguei, ele resolvia transar todas as vezes que estávamos prestes a sair.

No domingo de manhã, eu estava no quarto dele, de frente para a cama, olhando para a varanda pela janela de parede inteira, ciente de que tinha que trabalhar no dia seguinte, mas determinada a visitar um museu com Paul, a me sentir parte de um casal, e não uma transa qualquer. Fazia dias que não saíamos do apartamento, e os lençóis brancos eram um amálgama úmido de nosso suor e nossos fluidos. Eu instava minha mente a se sentir feliz consigo mesma, a gostar de se sentir ousada, enquanto colocava os brincos, terminando de me arrumar — estava usando uma blusa de seda preta, uma saia longa violeta-escuro com centenas de pequenas pregas, de um estilista famoso, a qual vendi para um brechó depois daquela viagem, apesar de ser minha favorita.

Tínhamos concordado em não tomar banho, para poder sentir o cheiro do sexo em nossas peles, e ele me disse para não usar nenhuma roupa de baixo. Eu estava muito concentrada tentando achar o buraco na minha orelha para perceber que ele tinha voltado para o quarto, e não senti quando ele ergueu minha saia. Ele estava dentro de mim antes mesmo que eu pudesse pensar em protestar, e eu não protestei, porque queria, ou me convenci a querer, ou meu corpo queria, porque por tanto tempo eu achei que não merecia estar com homens como ele, mesmo que a parte mais importante de mim quisesse que ele parasse, exatamente porque eu queria me sentir como se merecesse estar com qualquer homem antes de deixar que alguém me penetrasse novamente. Mas como eu podia dizer não ao desejo? Como eu podia dizer não a ser graciosa e divertida, como aquelas garotas asiáticas normais de quem ele gostava?

Por anos eu recontei essa história e disse "Teria sido estupro se não tivesse sido tão gostoso", e então pensava se poderia ter sido estupro, mesmo que tenha sido tão gostoso.

Eu deixei um poema bobinho sobre seu travesseiro antes de sair para pegar meu trem, e ele me agradeceu por e-mail, mas só depois que perguntei se ele tinha visto. Eu não tive mais notícias dele até uma noite, sete anos depois, quando uma de minhas colegas de apartamento daquela época — a que tinha mantido contato com todo mundo — deu uma festa em sua casa nova, e eu identifiquei aquela voz charmosa de bajulador antes mesmo de me lembrar de seu rosto. Senti quando ele me abraçou de forma íntima demais — como alguém que tivesse transado comigo mais de uma vez —, e foi só então que soube com certeza que aquilo não tinha sido algo que eu desejei fazer, algo que eu nunca teria desejado se dependesse só de mim, pela forma como meu corpo tentou esquecer o contato antes mesmo que nossos corpos se tocassem.

— Estou aqui com meu namorado — falei, após o olá.

— Bom ver você feliz — respondeu ele, como se soubesse ou pudesse presumir.

Eu fiquei na festa, para provar que ele não me afetava, me misturei e circulei entre aquela gente bem-sucedida, em órbitas que algumas vezes me levavam até ele. Sentindo sua presença naqueles salões como ondas de luz invisíveis, entendi que talvez nunca me livre do sentimento de ser grata a ele por ter me fodido, por ter me feito sentir que eu podia ser tão bem fodida, que eu conseguia despertar o desejo de um homem tão bonito e forte e inteligente. Entendi que teria que viver com o fato de ser o tipo de mulher que pode — ou provavelmente sempre vai — se sentir agradecida ao homem com quem ela não queria transar, mas que provavelmente não a estuprou.

Também tenho que viver com o fato de ser o tipo de mulher que pode — ou provavelmente sempre vai — se sentir culpada por nunca ter dito àquele homem que ela é trans.

Voltando para casa

Nicole Boyce

Dois dias depois

Preguei uma toalha na janelinha da porta da frente. Nunca tinha pensado sobre isso antes, sobre aquela janela. Era pequena e decorativa. Quem a pôs ali? Talvez fosse para ser charmosa, um capricho decorativo em nossa casa alugada pós-faculdade. Talvez fosse, de alguma forma, funcional — uma maneira de observar os esquilos ou manter contato visual com o carteiro.

Eu nunca tinha pensado muito sobre aquela janela antes, mas, dois dias antes, um homem tinha se masturbado olhando para mim da estação de trem perto de casa. Agora, aquela janela parecia apenas o que realmente era: um buraco na parede. Com os dentes, cortei longas tiras de fita adesiva. Já tinha fechado todas as cortinas, trancado todas as portas. Minhas colegas não estavam, então eu tinha passado as últimas duas noites na casa do meu namorado, evitando voltar para casa. O incidente na estação de trem — eu tinha me convencido disso nas últimas 48 horas — tinha sido proposital. Não tinha sido um homem se masturbando perto de uma plataforma ferroviária, mas sim um homem se masturbando ao me olhar, a dois minutos da minha casa, encravado nas banalidades familiares que acompanhavam minha rotina diária: o aroma da churrascaria próxima, os anúncios automáticos na plataforma, os arbustos perto dos quais eu ficava todos os dias, a caminho do trabalho.

Ele tinha se masturbado me olhando perto da terceira melhor broa de milho da cidade.

Ele tinha se masturbado me olhando na plataforma onde um dia, no colégio, eu tinha sido beijada.

Ele tinha se masturbado me olhando.

Ele tinha se masturbado me olhando.

Então prendi uma toalha naquela janela. Parecia uma coisa idiota. Ela toda hora caía. Eu assistia a *Everwood* no meu quarto e ia checar a toalha a cada hora, me sentindo ridícula. Mas eu estava muito sozinha naquela noite, e a janela parecia ser a única vulnerabilidade restante na casa: o local perfeito para um homem ficar, os olhos encostados no vidro, e continuar a me olhar como tinha começado duas noites antes.

Quando você não anda sozinha à noite, perde a quietude do mundo. O mundo é, você ouve dizer, muito pacífico após as duas da manhã. Disseram a você que o mundo fica cor-de-rosa — coberto de uma calma normalmente só possível com o uso de protetores auriculares. Você imagina outras pessoas aproveitando esses bolsões de silêncio. Você as imagina caminhando por ruas vazias, se sentindo seguras e solitárias, tendo insights brilhantes de madrugada. Elas devem encontrar guaxinins, gatos vira-latas — criaturas cuja ousadia aparece ao pôr do sol. Você quase não conhece essas criaturas. Encontrá-las não é sua prioridade.

Dois minutos depois

Eu estava ao celular. Era minha primeira chamada para o número de emergência da polícia, e parecia uma transgressão: era mesmo uma emergência? Na escola, quando crianças, eu e meus colegas tínhamos sido ensinados que chamadas injustificadas eram passíveis de multa. "Não ligue para a emergência porque sua irmã cortou sua franja curta demais." Mas lá estava aquele homem se masturbando: o perfil de seu corpo nos arbustos, o movimento de sua mão. Então eu estava ao telefone, meu sangue raspando minhas veias.

Polícia? Bombeiros? Ambulância? O atendimento parecia lento demais. Qual é a sua emergência?

Eu contei à operadora que o homem mantinha o capuz sobre o rosto com uma mão, a outra mão em seu pênis. Disse a ela que ele tinha corrido quando peguei o telefone... em que direção ele foi? Acho que na direção do shopping — ele foi na direção do shopping. Contei a ela a altura e o peso aproximados do homem, e que ele tinha erguido a calça de moletom antes de correr.

Então a chamada terminou. A primeira chamada. E aí veio uma chamada de confirmação da polícia. ("Isso acontece com frequência, infelizmente. Vamos mandar um carro para a área.") Então eu estava embarcando no meu trem, ainda pensando nas pernas fortes do homem. Será que eram peludas? Devia ter mencionado isso para a polícia? Eu já duvidava do que tinha visto.

Se você me perguntasse, algumas semanas depois, se os joelhos do homem eram carnudos ou angulosos, eu não saberia dizer. Ele já era um vulto se perdendo no horizonte, absorvido e dispersado por minha vizinhança. Foi a experiência mais vívida que tive em toda a minha vida na qual meu cérebro não conseguia listar todos os detalhes.

A alguns detalhes eu me agarrei, ainda que irrelevantes: estava ouvindo Bonnie "Prince" Billy quando notei o homem; a camiseta que eu usava — longa e preta — exibia um decote tão modesto quanto meus seios pequenos permitiam.

Depois eu fui a um show e bebi duas cervejas Steam Whistle e fiquei acordada até as três da manhã. Eu ri com minhas colegas e conversei sobre trabalho, e não falei nada sobre o incidente, porque masturbadores não são conversas de bar.

Quando você não anda sozinha à noite, economiza uns vinte dólares por mês em comida de rua para curar bebedeira. Mas você toma táxis para voltar para casa, então evita aquela variedade calórica de estabelecimentos informais de comida deliciosa e gasta o dinheiro mesmo assim. As pessoas contam a você sobre uma lanchonete gourmet que abriu recentemente perto da sua casa, e sobre como eles servem pequenos pastéis poloneses junto com as batatas fritas canadenses. Aquela lanchonete poderia até ser A Fantástica Fábrica de Chocolates de Willy Wonka, se dependesse de você. Você não come batatas fritas às três da manhã. A segurança é sua comida caseira.

Três anos depois

Minha universidade — em outra província — estava em alerta vermelho. Tinham acontecido seis ataques sexuais nos últimos sete meses, com a frequência aumentando ao longo do tempo. Um homem andava seguindo mulheres, agarrando-as e tentando derrubá-las. As mulheres tinham lutado com o agressor. Cartazes com retratos falados do suspeito foram colados por todo o *campus*. No desenho, o suspeito usava um capuz. Ele tinha maçãs do rosto protuberantes e uma testa quadrada.

O clima no *campus* — onde eu morava, trabalhava e estudava para minha pós-graduação — estava tenso como um elástico esticado. As pessoas cochichavam entre as aulas; instrutores tocavam no assunto de forma branda ("Tomem cuidado"). Nesse mesmo semestre a universidade já estivera mergulhada em controvérsia, depois que alguns estudantes, em um evento da semana de recepção de calouros, foram denunciados por cantarem: "Gostamos delas novas! N é na bundinha! O é um bom oral! V é na vagina! A para Adolescente! S é Sem pedir!".

Quando os ataques começaram a acontecer, minha residência colocou cumbucas com apitos de alerta cor-de-rosa nas áreas comuns. Estava sentada ali um dia quando uma colega — que recentemente tinha se mudado dos Estados Unidos para o Canadá — pegou um dos elegantes apitos de plástico. Ela riu, então disse (parafraseando): "Isso é ridículo. As canadenses não têm ideia do que é perigo. Se vocês entendessem metade das merdas que acontecem nos Estados Unidos, não estariam soando alarmes por causa de algumas 'tentativas' de estupro".

Aquela aluna continuava a ir para a biblioteca a pé tarde da noite. Enquanto isso, eu — junto com várias outras — suportava as esperas cada vez mais longas do *Safewalk*.* As alunas em nossa residência organizaram um grupo de acompanhantes voluntários, que ficavam de plantão para encontrar quem precisasse nos pontos de ônibus. Durante o jantar, no refeitório, as pessoas falavam de supostos encontros com o agressor, com o ar de dúvida de quem conta histórias de fantasma.

"Acho que o vi perto do ponto de ônibus. Ele estava parado lá, e aí correu — acho que queria me interceptar. Eu fui correndo para casa."

E então, em um e-mail geral, a universidade por fim declarou abertamente o que nós passamos o semestre inteiro ouvindo extraoficialmente: "Não ande sozinha à noite".

Eu li aquela declaração e pensei: "Esta é a mensagem errada. Está mal direcionada e culpa a vítima".

Eu li aquilo e pensei: "Que bobagem".

Mas eu também li aquilo e pensei: "Eu não ando".

E em um lugar quieto e complicado dentro de mim — onde a lógica é assediada pelo medo, e o medo se disfarça de proteção — pensar naquelas palavras, "Eu não ando", fez com que eu me sentisse segura.

Quando você não anda sozinha à noite — especialmente quando você também não tem um carro — é uma encheção de saco para seus amigos. Eles se cansam de ter que levar você para casa. Alguns deles são muito legais — andam com você até sua casa mesmo em noites geladas. Outros suspiram e dizem: "Será que você não pode ir sozinha, só desta vez?".

Os amigos mais frustrantes são os incertos. Quando sai com eles, você passa a noite toda tomando coragem para perguntar se vão acompanhá-la até sua casa. Algumas vezes eles dizem sim; algumas vezes, não. Você nunca sabe qual será a resposta, então passa o tempo todo distraída com isso, enquanto os outros jogam conversa fora comendo nachos; você só consegue ouvir o tique-taque de seu relógio interno, contando os minutos até a hora

---

* *Safewalk* é um serviço existente em várias universidades dos Estados Unidos e do Canadá, que fornece acompanhantes para pessoas que precisam se locomover a pé pelos *campi* durante a noite. (N. T.)

de sair do restaurante. O som reverbera em seu peito. Talvez um amigo leve você até em casa uma vez, mas, da próxima vez que houver um jantar, aquele relógio vai estar lá outra vez. Você consegue sentir a tensão nas palmas das mãos enquanto come ceviche. O relógio existe para aquele momento final: o momento em que você chega a salvo em casa. Naquele instante: ping! Você sente uma calma tão grande que fica até assustada.

Duas semanas depois

Escrevi sobre o masturbador. Escrevi sobre ele porque piadas são antídotos — elas sugam o poder de nossas lembranças, certo? Então eu postei um texto no Facebook. Escrevi que, no meu mundo, a masturbação só deveria existir no filme *American Pie* ou oculta pelo véu duplo das portas trancadas e da culpa católica. Brinquei sobre minha chamada idiota para a emergência. Brinquei sobre o capuz, a calça de moletom, as pernas fortes.

E aí fiquei esperando pela superação. Por aplauso. Por cumprimentos e alívio rápido. Pela chegada de um certificado na minha casa, dizendo: "Você é Forte e Consciente".

Nenhum certificado chegou. Em vez dele, preocupação. Outras mulheres me mandaram mensagens. Perguntando se eu estava bem. Disse a elas que sim, mas não estava. Algumas eram mulheres que conhecia bem; outras eram mulheres que eu mal sabia quem eram. "Também aconteceu comigo", disseram algumas daquelas mulheres. Um homem olhando pela janela do quarto. Um estranho se masturbando no trem, em Londres. "Ele estava bem ali, no assento à minha frente", disse aquela mulher. "Eu fiquei aterrorizada. Mudei para um banco diferente e esperei até a próxima estação."

Uma história. Duas histórias. Três. As mulheres da minha vida, acendendo como coordenadas em um mapa secreto.

Havia uma camaradagem não solicitada ali: uma sensação de companheirismo desconfortável. Nós tínhamos todas sido tocadas sem sermos tocadas. Compartilhávamos algo que nunca tínhamos desejado. Parte do terror nascido naquele meu encontro, entendi, vinha disto: era corriqueiro. De certa forma até me senti sortuda. Não gostei de me sentir assim. Mas havia um conforto sinistro no sentimento: "Poderia ter sido pior".

Quando você não anda sozinha à noite, gostaria de poder andar. Você se lembra do tempo em que andava — antes de tomar aquela decisão (repentina ou gradual, consciente ou não) de parar. Você costumava andar a curta distância do ponto de ônibus até sua casa — nunca era confortável, mas era rotineiro — segurando seu molho de chaves como um soco inglês, entre os dedos. Você caminhava a passos largos pelo meio da rua, celular à mão, e daí corria em zigue-zague pelo seu quintal. Você se consome nessas lembranças. É algo sombrio, mas você não consegue deixar de ter saudades daqueles momentos, por mais assustadores que fossem. Eles parecem — comparados com a situação atual — um tipo pouco apreciado de liberdade.

QUINZE ANOS ANTES/ DOIS ANOS DEPOIS/ ATUALMENTE

As notícias me traziam conselhos: coloque um par de sapatos masculinos do lado de fora de sua porta. Não use rabo de cavalo — são muito fáceis de agarrar. Coloque uma placa dizendo CUIDADO COM O CÃO, mesmo que não haja cão algum. Carregue spray de pimenta. Use calças difíceis de tirar.

As instruções vinham do programa da Oprah Winfrey, da *Reader's Digest*, da *Cosmopolitan*: Urine no seu agressor. A submissão às vezes é uma maneira de sobreviver. Se você estiver trancada em um porta-malas, chute as luzes traseiras do carro. Acene com as mãos para chamar a atenção dos outros motoristas.

Minha mãe me contou uma história que ouviu no rádio — uma mulher que ligou secretamente para a emergência e narrou como eram as cercanias enquanto seu captor dirigia. "Para onde você está me levando? Por que estamos passando pelo McDonald's da rua principal?" Eu me imaginei como uma guia turística forçada, apontando a biblioteca local.

As histórias continuavam chegando: trágicas ou heroicas, ou ambas. Reais ou inventadas. A sobrevivência é engenhosa e vendável — em um fim de semana de inverno eu li *O quarto de Jack* e fiquei pensando em planos de fuga teóricos, me lembrando como costumava encher um copo de água fervente no caminho do trabalho para casa, em uma cafeteria, pronta para lançá-lo ao menor sinal de perigo.

Toda e qualquer mídia trazia essas histórias. Histórias e mais histórias e mais histórias. As histórias não eram minha experiência, mas eram primas da minha experiência. Primas violentas. E eu pensava nelas toda vez que ficava com medo, toda vez que perdia a respiração. Eu entrava em seus enredos, como em peças de roupa estragadas.

Quando você não anda sozinha à noite, você é uma covarde. Você não é franca com outras mulheres, mulheres que desembarcam do ônibus em pontos que parecem galáxias sem Sol. Com graça e confiança, elas dão um passo após outro, desaparecendo no breu da noite. Elas acenam para você quando o ônibus parte, até que a única coisa visível sejam as faixas luminosas de suas mochilas. Você tem inveja dessas mulheres. Pensa: "Como?".

Você pensa que elas devem ser destemidas, ou desatentas, mas sabe que isso não é verdade. Ninguém está desatenta. Algumas dessas mulheres já foram atacadas. Algumas contaram suas histórias para você, outras têm histórias que nunca contaram. Ainda assim, elas andam sozinhas, por necessidade ou alguma convicção particular ou o que quer que leve as pessoas a fazerem o que fazem apesar do medo.

Sabendo disso, você se sente uma impostora. Algumas dessas mulheres são sobreviventes de algo que você apenas vislumbrou. Nas festas, mulheres mais corajosas exibem bastões que compraram pela internet. "Eu vou enfiar isso nele", dizem elas. E, apesar de você também ter comprado um tubo de spray de pimenta de uma lojinha clandestina de produtos de espionagem, ter criado um espaço para ele em sua bolsa e ensaiado como usá-lo, você não aguenta ir andando sozinha para casa por ruas escuras — você não é treinada para navegar em espaços sem sol. Então, depois de programas com essas mulheres mais corajosas, você finge que está andando para casa, então entra em um Starbucks e chama um táxi. Ao entrar no carro, sente vergonha de si mesma. São dez da noite. Você não venceu seu medo.

CINCO ANOS DEPOIS

Maio passado, fui a um churrasco na casa de uma amiga e peguei um ônibus para casa. Estava um pouco alta de vinho tinto. Tinha sido uma festa perfeita, mas eu estava correndo contra o tempo. Eram nove da noite de um dia de quase verão — a estação de meu toque de recolher estendido. Mas ainda não era exatamente verão, e o crepúsculo estava se espalhando pelo céu. Quando o pôr do sol cor-de-rosa começou a ficar cinzento, eu estava a seis pontos de casa. Contei as paradas. Meu coração disparou. Eu me sentia correndo contra algo tão sensível à luz quanto vampiros, como se Lestat fosse estar à minha espera se eu chegasse após as nove e meia. Uma vez ouvi que vampiros são metáforas para violência sexual: eles também estão atrás de seu pescoço nu. "Por que eu não me planejei melhor?"

Cheguei em casa a salvo naquela noite. Corri até a porta, enquanto os últimos raios de luz sumiam do céu, e senti como se tivesse enganado o destino, como se minha vida fosse um dos episódios de *Premonição*.

Lembrando disso, agora, me pergunto: "Por que faço isso comigo?".

Tenho algum defeito inerente, que me fez reagir assim? Há essa qualidade drástica em meu medo: deixar que um encontro afete milhares de noites depois dele. Há algo de ingênuo em acreditar que a luz do dia faz alguma diferença. Por que eu acho que a violência usa um relógio de pulso?

Uma amiga recentemente me contou que uma vez foi seguida por uma van estranha enquanto caminhava para casa. A van acelerou quando um carro de polícia passou por ela. "Foi assustador, mas estou bem", insistiu ela. "Ainda acho essa cidade segura, e não vou precisar que alguém me acompanhe até em casa." Ela soou decidida, ainda que um pouco em dúvida. Ela soou irritada e firme.

Eu não sou firme. Por quê? Será porque minha mãe mantém uma faca de pão na gaveta de meias? Será porque, quando meu pai viaja, minha querida e paranoica mãe tranca todas as janelas da casa com ganchos de alpinismo? Eu nasci em uma família que acredita em armadilhas; somos MacGyvers lutando contra o Bicho-Papão.

Talvez o terror seja genético: eu sempre fui ansiosa. Fui pendurada em minha ansiedade por um dos ganchos de alpinismo de minha mãe.

Isso é engraçado? Eu quero que meu medo seja engraçado. Olha só, é engraçado que tenha pensado em usar amaciante de roupas em spray como arma. Mas, se há alguma comédia aqui, é uma comédia sombria. Eu tenho vergonha dela. Tenho vergonha da forma como deixei o medo me transformar.

Houve outro incidente, quatro anos após o primeiro masturbador. Foi em uma praia de nudismo. Eu tinha ido nadar — meu primeiro mergulho de fim de tarde com minhas colegas de residência na universidade. Minha amiga e eu estávamos saindo da água quando vimos um homem se masturbando ali perto. Algumas de nossas colegas ainda estavam na água. O homem estava sentado em uma pedra. Ele parecia tão descontraído, meio entediado com seus movimentos, como se estivesse mexendo comida em uma panela. Ele fingia ler uma revista — parecia ser a *Walrus*.[*] Quem viola mulheres lendo a *Walrus*? Talvez, pensei, ele nem saiba que está se masturbando. Talvez tenha algum problema neurológico, e ache que está coçando o braço suavemente.

Mas ele sabia. Tinha que saber, pois seu rosto estampava um sorrisinho afetado, uma ondulação quase invisível em sua bochecha. Observei, como em um estudo científico. Eu me forcei a encarar seu saco enrugado. Decidi que deixaria algumas variáveis na situação determinarem minha reação. Se ele estava se masturbando para a ideia geral de uma praia de nudismo, em vez de especificamente para mim e minhas amigas, eu não precisaria me preocupar. Se ele estivesse se masturbando pensando em mim e em todas as minhas amigas (isto é, não só em mim), eu não precisaria me preocupar. Mesmo se ele estivesse se masturbando pensando em mim, se nossos olhos não se encontrassem eu não precisaria me preocupar. Essas variáveis de araque me empoderaram. Eu me sequei com a toalha e vesti a bermuda. "Que nojo", disse minha amiga. "Vamos embora." Nossas colegas ainda estavam de bobeira na água, iluminadas por um pôr do sol perfeito, como uma pintura a óleo brega. Eu estava em um dos mais belos *campi* do mundo, e havia um homem se masturbando dois metros à minha esquerda. E eu estava aborrecida, mas não preocupada.

---

[*] Revista mensal canadense de crítica literária, ficção e poesia. *Walrus* significa "morsa". (N. T.)

Como dar conta da discrepância entre o primeiro masturbador e o segundo? Alguém me explique essa matemática. Por que alguns incidentes mudam uma pessoa, e outros, não? Por que alguns incidentes mudam uma pessoa, mas não outras? Imagino um teste:

HIERARQUIA DE TRAUMAS, EDIÇÃO DE MASTURBAÇÃO PÚBLICA
Você estava sozinha quando viu o homem?
O homem se masturbou ou só se exibiu?
Se ele se masturbou, ejaculou?
Ele disse algo obsceno enquanto se masturbava?
Disse algo afável?
O incidente ocorreu próximo à sua casa?
Você alguma vez já foi descrita como "inabalável"?
Você alguma vez já foi descrita como "covarde"?

Quando você não anda sozinha à noite, você está a salvo. Está a salvo, está a salvo, está a salvo. Está a salvo de homens de calça de moletom, todos com as mãos nos pênis. Está a salvo daquele outro homem que uma vez seguiu você até em casa, forçando você a correr e bater desesperadamente na porta da frente. Você está a salvo do agarrador de rabos de cavalo que — há apenas uma semana — passou por você de bicicleta e gritou: "Eu comeria você no almoço!". Você também está a salvo do homem que pediu um "buceta burguer" para você na lanchonete em que trabalhou durante o ensino médio (Por que você ainda se lembra da língua pontuda dele, que ele botou para fora?). Você está a salvo de qualquer homem que algum dia achou que você era comida. De qualquer um que alguma vez achou que você era um recurso, algo menos que um ser humano, disponível para ser roubada.

E, por admitir que acha que está a salvo, você tem que admitir sua cumplicidade com uma lógica defeituosa: *Quando você não anda sozinha à noite, não é estuprada.* Você odeia essa lógica. Essa lógica distorce a culpa e ignora a realidade. Mas ainda assim você precisa acreditar nela, pois essa lógica justifica sua prudência. Essa lógica moldou seu comportamento. Essa lógica é parte do problema, mas você a empunha como uma proteção.

É um tipo perigoso de contradição, uma batalha entre o entendimento e o medo.

Quando você não anda sozinha à noite, você pensa muito sobre contradições.

AINDA CINCO ANOS DEPOIS, E CONTANDO

Estou morando novamente na cidade onde nasci, agora em um outro bairro. Recentemente tomei o trem para visitar meus pais, e passei por aquela velha plataforma. E, como todas as vezes que passo por ali, olhei para os arbustos, meio que esperando ver alguém parado lá. Esperei o vislumbre da pele através das folhas, a percepção de um corpo onde não deveria haver um corpo. A estação tinha perdido toda a familiaridade que um dia tivera para mim: era alguém que eu um dia tinha conhecido, mas com quem a relação tinha esfriado.

Milhares de noites se passaram desde aquela noite. Em algumas delas eu estava em casa. Em outras, eu estava fora, aguardando o momento em que teria que ir embora. Quando eu estaria, novamente, no espaço entre dois lugares supostamente seguros. Fora de casa, em casa. Em perigo, a salvo.

Eu penso naquele espaço intermediário imaginário porque não sei como parar de pensar nele. É uma mentira na qual não consigo deixar de acreditar. Aquela noite na plataforma da estação permanece inexoravelmente recente: é algo do passado, mas está imune à nostalgia.

Onde isso termina? Não sei ao certo. Não sei ao certo se há um ponto de ruptura e, depois dele, a busca de terapia e, por fim, um modo mais saudável de lidar com isso. Eu não sei em que ponto um hábito se torna insustentável. Só sei que já se passaram cinco anos, e eu ainda não ouço mais aquele álbum do Bonnie "Prince" Billy. Eu joguei fora a camiseta preta e eu nunca espero um trem sem me lembrar.

Por que eu não disse não

Elissa Bassist

PORQUE EU ACHAVA QUE AMOR e sexo deviam mesmo doer.

Porque minha autora favorita no ensino médio era Ayn Rand.

Porque as mulheres têm passado por um moedor de carne em busca de Amor Verdadeiro e Sexo Gostoso desde os tempos da escrita cuneiforme. Porque os cavaleiros brancos e héteros dos contos de fadas são muito atraentes, aqueles que exaltam e curam donzelas atormentadas — depois de degradá-las e domá-las —, e porque é fácil se identificar com as mulheres degradadas-exaltadas, atormentadas-curadas, depois que elas se submetem, de corpo e cérebro, aos Grandes Homens.

Porque eu estava preocupada com *estupro de verdade*, e sempre evitei os cruzeiros cheios de bebidas nos feriados patrocinados pelas fraternidades e andar sozinha por becos escuros de vizinhanças estranhas quase sem roupa nas horas mais sinistras da madrugada.

Porque quando nos conhecemos foi como uma cena de comédia romântica: um anti-herói atraente e uma virgem com duas décadas de vida cruzam caminhos no quintal durante uma festa, e, mais tarde — por meios não naturais e inexplicáveis —, se apaixonam, um amor demonstrado por grandes gestos, assolado por conflitos, marcado por diferenças sexuais e reforçado por momentos de escolha.

Porque naquela tarde de uma sexta-feira de outono, no meu segundo ano na universidade, eu o vi se equilibrando no topo de um tubo de concreto, e, quando ele pulou, veio parar perto de mim e ficou olhando os outros convidados da festa tentando inutilmente fazer o mesmo, e eu quase fui à loucura. O feito épico dele, meus óculos de aro de tartaruga. "Você deve surfar ou andar de skate, só pode", falei, para impressioná-lo, mas ele ignorou meu canto da sereia. Porque eu estava pronta para me crucificar por esse garoto, por quem eu esperaria, para todo o sempre, por uma resposta, por um olhar, por uma migalha, para que ele me resgatasse ou me destruísse ou me definisse. Porque, depois de um tempo, ele disse: "Ambos". Que charmoso! Porque eu não conseguia me afastar, apesar de ele já ter ido embora.

Porque nos reencontramos na primavera seguinte, quando eu e uma amiga fomos ao parquinho perto dos dormitórios dos calouros, e os notórios maconheiros que comandavam a estação de rádio da universidade também estavam lá. Porque eu me sentei em um balanço e estava no ar quando ele, o skatista/ surfista que poderia ter sido um modelo/ ator em um comercial de pasta de dente/ vodca, se aproximou de meu balanço e disse "Ei". Como um toque de Deus.

Porque eu fiquei sem ar. Porque ele era de tirar o fôlego.

Porque eu rapidamente descobri seus horários, decorei sua rotina e sabia onde ele estaria e quando ele estaria lá, de modo que eu pudesse estar lá também, vestida para um sacrifício. Porque da vez seguinte em que eu o vi — em outra festa, desta vez cercado por um halo de loiras —, eu fui até ele e recitei a fala que tinha ensaiado. "Lembra de mim? Dos balanços."

Porque ele se lembrava.

Porque da primeira vez que nos beijamos, nos beijamos até o amanhecer, até que saísse fumaça de nossas roupas.

Porque ele e eu nos pegamos de novo, e então de novo, e também de novo, e outra vez de novo, até que uma manhã, me recuperando de tanta pegação com roupas, eu me dei conta, como uma Emma Bovary em uma comédia romântica: "Eu tenho um amante! Um amante! E ele é um DJ sacana com uma prancha de surfe, um fardo de cerveja e uma barriga tanquinho".

Porque eu queria ser sua namorada e porque eu não me contentaria em ser sua garçonete.

Porque quando nosso último ano estava chegando ele me disse que não queria mais fazer sexo sem compromisso com qualquer "piranha anônima descerebrada", que tinha saído dessa, que desprezaria todas as outras garotas por mim.

Porque eu estava louca para iniciar minha vida sexual com ele, para ficar íntima dele. Porque na inauguração sexual da minha cabeça, eu ia ao mesmo tempo descobrir e executar as manobras da sedução suave como prelúdio de algo que lembraria uma luta física — um catálogo de práticas sexuais espirituais (algumas em pé); um desfile de luxúria romântica — daríamos tudo de nós e teríamos tudo um do outro, nos perderíamos naquilo, investigando o corpo um do outro em um questionamento carnal que quase certamente inflamaria uma fúria cega, fervente, crua, atlética, duradoura, demoníaca, transformadora, profissional. Ele me possuiria, e eu me renderia com força, como um presente, e cederia a ele quando atravessasse minha carne, uma paixão incontida, até que em algum momento eu pedisse clemência, meus ossos cansados, arruinada, e eu me jogaria ao lado dele na cama (intacta, se Deus permitisse), nossos membros-feitos--uns-para-os-outros enlaçados sobre os lençóis molhados, e tremendo nós ficaríamos deitados ali, pós-coito, por horas, vazios, desfeitos, nossa fome insaciável saciada.

Porque, resumindo, eu entendi que ia ser uma grande foda.

Porque eu antecipava alguma agonia no início, mas imaginava que ela seria, ao longo do tempo, compensada com muito êxtase, como a primeira cena de sexo em *A nascente*, que eu tinha lido aos dezoito anos, quando percebi um batimento mais ao sul de meu coração quando Howard Roark tomava Dominique Francon à força.

Porque eu era equilibrada e também porque eu lia a *Cosmopolitan*. Porque eu podia abrir qualquer página da última década e encontrar dicas e truques que prometiam que nós todas podíamos ser mais bonitas, era só aprender a chupar melhor. Porque tinha todos aqueles conselhos para se render sexualmente e aceitar o duplo padrão, que o prazer de um homem é fundamental para seu bem-estar, o prazer dela é opcional ou irrelevante. Porque quase sempre o objetivo mais importante era, de forma ágil, acomodar e *sa-tis-fa-zer seu homem*, saciando os *impulsos incontroláveis primais biológicos* dele.

Porque mulheres como eu são entupidas de orientação sobre: o que os homens querem e como podemos dar isso a eles. Porque a fórmula não-tão-fácil da mídia voltada para mulheres vende sexo como fim e meio, empoderamento como desempoderamento, e autoaperfeiçoamento como autodestruição.

Porque eu queria ter, ou ter a fama de ter, um buceta de deusa.

Porque enquanto eu crescia, além de Rand e da *Cosmopolitan*, eu tinha sido exposta quase que exclusivamente a narradores e protagonistas masculinos e me via dentro de uma mente masculina, defendendo seus desejos, me aliando a suas frustrações. Porque eu pensava "Dê sexo ao cara", meus pensamentos indistinguíveis dos dele; "Ele precisa de sexo!", eu me dizia, fundindo obsessões e supondo, como muitas fazem, que sexo insaciável, excepcional, gostoso, era direito divino dele. Porque eu fui doutrinada a ponto de demonizar minha própria resistência, pois ela se punha entre o que ele precisava e como ele queria aquilo. Porque qualquer coisa que se ponha no caminho é, por definição, errada, atrasada e sem graça.

Porque o que era importante para ele se tornou a única coisa importante.

Porque a maior parte de tudo que eu sabia sobre mim mesma, sobre história, sobre o futuro, sobre a Terra, vinha do ponto de vista dele. Porque eu ainda não tinha lido a pesquisadora de cinema Laura Mulvey, que denunciou os roteiros tradicionais do cinema, marcados por uma certa divisão: os homens são o assunto enquanto as mulheres são o espetáculo, algo para se ver, não para se ouvir. Não têm voz nem história, e são definidas nos termos de suas relações com os homens, tão sem independência ou agência, que — mesmo sem a tecnologia do chroma key — elas são desumanizadas.

Porque as mulheres da vida real internalizam tudo isso desde o momento em que ligamos a TV pela primeira vez e aprendemos a ler, e aí fazemos disso nosso filtro, nossa mitologia, filosofia e religião, nosso pensamento latente e nossa base de interação.

Porque somos porosas, suscetíveis a qualquer coisa.

Porque estamos cercadas, 24 horas por dia, sete dias por semana, por textos, imagens e áudios que inflam e distorcem o que entendemos por amor, sexo e gênero com o histriônico e o patológico, o inexplicável e o inatingível, o misógino e o incompleto. Porque primeiro nossos pensamentos são moldados, depois nossas emoções, então nossos comportamentos, e finalmente nossas próprias identidades e visões de mundo.

Porque eu e meu namorado nascemos; crescemos; fomos incorporados ao meio; e porque, não importa o quanto meus pais tenham dito que eu era especial, ninguém é ágil o suficiente para escapar das mandíbulas da mídia. Como disse Rebecca Solnit: "O elefante na sala é a própria sala".

Porque estamos todos na mesma armadilha: um homem puxa os cabelos de uma mulher — provavelmente ele viu um ator puxar os cabelos de uma atriz, e a atriz suspirou de prazer —, então ele puxa e ela suspira; talvez ela suspire de prazer, ou de dor, ou porque ela já viu alguma coisa também, ou teve uma tradição enfiada garganta abaixo antes mesmo de descobrir o que desejava; ou porque ela quer ser "normal"; mas um suspiro é um suspiro, e talvez ele então ache que é *kosher* sufocá-la, então ele puxa ou sufoca, e ela suspira, numa tentativa de experimentar a sexualidade e preencher a expectativa, independentemente de ela estar tendo prazer, desde que ela aja como se estivesse tendo prazer. Porque talvez, afinal, ela mesma puxe seu próprio cabelo, para agradá-lo.

Porque audiências assimilam esses roteiros muitas vezes intercambiáveis, cinemáticos e sociais, os princípios que representam e refletem a ideologia dominante, e então os ecoam, em um acordo harmonioso, sem nunca perguntar por que fazem isso.

Porque a mídia colonizou tudo, da dinâmica social até nossos momentos íntimos.

Porque a mídia frequentemente representa o sexo de forma violenta, e a violação como fundamento do erotismo.

Porque há o nosso apetite pelo drama e nossa dessensibilização do dano.

Porque aprendemos como fazer sexo em algum lugar. Porque até nosso desejo pessoal e particular é um produto do meio. Porque nosso comportamento e nossa escolha de palavras eram uma convergência de clichês comerciais sobre como as mulheres deveriam se portar e soar em cenários sexuais. Porque eu sabia falar "Sim! Mais forte!" em mil línguas, como gemer em oito oitavas, como me curvar para trás, como pedir aquilo, como pedir pelo amor de Deus por aquilo, mas não como dizer "Não. Para". Porque em vez disso, eu disse a ele — usando palavras como *mais devagar* e *suave* e *calma* — o que eu queria, o que eu tinha aprendido que funciona para as mulheres na disciplina Mulheres e Estudos de Gênero, que na prática não era um frenesi sobrenatural, mas ser beijada e lambida loucamente, com ele de joelhos na minha frente, sua boca em minhas coxas, suas mãos percorrendo meu corpo.

Porque ele conseguia ser carinhoso. Porque eu podia ser seduzida e me sentir segura. Porque tudo podia ser divertido e sensual, e ele podia me levar até o alto com dedos devotados.

Porque tudo que aprendi em Estudos Avançados das Sexualidades Femininas Contemporâneas — que quando uma mulher se excita, o cérebro envia mensagens para a parte de trás da vagina, para que ela se expanda e relaxe, e para o colo do útero, para que ele recue e se erga, para dar espaço para o pênis (ou para o vibrador ou o que lhe der prazer), deixando-a preparada para o sexo, e que essa excitação era como a sede que precedia beber água — parecia tão impossível de aplicar na vida real quanto Chaucer ou geometria diferencial. Porque na aula eu podia matraquear sobre as sete zonas erógenas numa velocidade impressionante (a parte interna das coxas, os bicos dos seios, a nuca, os lábios, as orelhas, a bunda, o clitóris), mas era um caso clássico de falar-é--fácil-quero-ver-foder. Porque nem falar eu conseguia.

Porque mesmo se eu *soubesse*, eu ainda assim não sabia. Porque o intelecto pode deixar escapar o evangelho da intuição. Porque essa é mais uma daquelas pequenas tragédias humanas: saber, mas ainda assim... Porque ainda que eu tivesse estudado gênero e sexualidade na universidade, a cultura já tinha se apossado de nossas psiques e de nossas almas.

Porque apesar de minhas súplicas, e de meus estudos de humanas, e da sua breve delicadeza inicial, ele rapidamente entraria em seu ritmo de linha de produção, rápido e duro e de todas as maneiras que as mulheres estilizadas gritam que querem, e eu estaria debaixo dele, presa, dolorida, mas com esperança, mas me submetendo, mas com esperança, enquanto ele me esmagava e me triturava, e eu não conseguia dizer nada. Porque tudo que eu conseguia fazer era aguentar, olhar fixamente para ele, e pensar na conexão entre mim e algum cara que nem ligava mais para mim.

Porque, quando eu chorava, às vezes ele dizia: "É para eu continuar?", e na minha cabeça eu berrava: "Não! Para!", mas as palavras vinham baixinho e engasgadas, como que rasgadas, e saíam assim: "Continua", e ele continuava. Porque quando a pergunta parece só ter uma resposta possível, você dá aquela resposta, mesmo que não seja o que você quer.

Porque depois a gente se abraçava sob os lençóis quentes e dizia "Eu te amo", e era verdade.

Porque você sabe como pensa nas palavras que deveria ter dito assim que se afasta. Porque sabe como as palavras que eles querem ouvir acabam sendo as únicas palavras que nós sabemos dizer. Porque às vezes parecia que a única palavra que eu sabia era o nome dele.

Porque podia ser que existisse telepatia.

Porque eu queria que ele quisesse parar sem que eu tivesse que pedir, que soubesse sem que alguém dissesse, que lesse o choro como um sinal, que fosse um herói e me resgatasse. Porque eu me conformei para que ele continuasse, que mostrasse seu amor por mim daquela forma.

Porque quando ele disse que me amava pela primeira vez, me olhando fixamente sob o que quase com certeza era a luz pálida do luar, em algum lugar as trombetas soaram, uma nuvem de confete preencheu o ar, pombas gritaram; acima de nós um coro de anjos cantou *Aleluia*, e meu coração ejaculou.

Porque o amor tinha um efeito analgésico, e minha empatia atingiu um patamar em que, se o sexo era bom para ele, então era bom para mim, apesar de algumas vezes parecer que eu não ia sobreviver.

Porque o amor é um templo, uma lei maior, uma psicose, um vício, uma necessidade biológica natural socialmente construída e uma tortura eterna. Porque você sempre machuca quem você ama. Porque eu deveria amar a forma como machuca. Porque "No Ocidente, o culto do amor é um aspecto do culto do sofrimento", escreveu Susan Sontag. Porque em *A nascente*, eu tinha sublinhado isso aqui: Dominique "sentiu uma satisfação sombria na dor — porque aquela dor vinha dele".

Porque em *A revolta de Atlas*, o macho alfa Francisco d'Anconia diz à vice-presidente da empresa ferroviária Dagny Taggart que ela parece feliz em seu novo relacionamento: "Mas, sabe, a quantidade de inferno que você consegue aguentar é a medida do seu amor".

Porque eu acreditava que morreria por ele, então eu também faria tudo que fosse menos que isso por ele. Porque não havia o que eu não fosse capaz de fazer por amor!

Porque dentro do nosso dogma de nada-é-de-graça, o preço de alguma coisa é frequentemente confundido com o seu valor.

Porque eu tinha decidido que aquilo que eu sentia era provavelmente como era o amor.

Porque eu não podia deixar aquele amor morrer.

Porque o amor premia as otimistas e pune aquelas que vocalizam sua fúria.

No início, nós fazíamos sexo apesar da minha dor; meses depois, continuávamos fazendo — porque as mulheres são criadas para a dor, para dar à luz quando dar à luz nos parte ao meio. Porque aprendemos a viver com isso; porque aprendemos a viver para isso. Sontag de novo: "Não é o amor que nós sobrevalorizamos, é o sofrimento". Porque as comédias românticas nos treinam para entender que, se sofremos o suficiente, depois tudo dá certo.

Porque eu queria ser uma boa companheira e não fazer escândalo. Porque eu respirei fundo e aguentei.

Porque quando ele reclamava que sua mão doía quando ele fazia aquilo que eu queria que fizesse, eu estava ocupada dizendo "Não tem importância", e ele não dava importância.

Porque eu não queria arruinar a experiência que ele tinha comigo.

Porque eu não queria fazer sexo ruim. Porque o sexo que parece fugir do controle é chamado de "sexo ruim", "sexo insatisfatório", "sexo lamentável", frases com múltiplos sentidos que corrompem o sentido.

Porque eu sabia que estava sendo julgada com base em quão bem eu dava e quão bem eu recebia.

Porque quando fui à ginecologista, ela me mostrou um instrumento médico que chamou de dilatador vaginal, e quando ela lubrificou e inseriu em mim aquele bastão duro de silicone hospitalar opaco, eu fiquei momentaneamente cega, mas ainda assim levei o menor deles para casa comigo e deixei aquela coisa de um branco leitoso balançar dentro de mim por dez a quinze minutos todas as noites, enquanto assistia a *Uma família da pesada* ou ouvia CDs de folk instrumental suave. Porque o que quer que estivesse errado podia ser resolvido, possivelmente, começando meu último semestre na faculdade com um pênis-fantasma receitado pela médica.

Porque o ginecologista seguinte recomendou mais sexo. Porque meu namorado concordou, usando o parágrafo de a-prática-leva-à-perfeição no capítulo não-é-problema-meu.

Porque parece que, como mulheres livres, educadas e sem religião, somos instadas a fazer muito sexo — sexo ótimo!, qualquer sexo!, sexo como um cara hétero! —, mas não nenhum sexo. Porque ser puritana agora é mais degradante e doente que ser promíscua. Porque eu queria ser uma puta para ele.

Porque, a não ser que as mulheres se tornem melhores na cama, nós implodimos.

Porque eu sempre me lembrava que ele era *Meu Namorado, meu Namorado, Meu namorado*.

Porque eu me questionei e questionei minha sanidade e me perguntei o que estava fazendo de errado nessa situação. Porque, claro, eu temia estar sendo exagerada, excessivamente emotiva, muito sensível, fraca, me fazendo de vítima, sendo alarmista, fazendo tempestade em copo d'água, inventando coisas. Porque gerações de mulheres ouviram que eram irracionais, melodramáticas, neuróticas, histéricas, psicóticas, frágeis e mandonas.

Porque meninas são treinadas desde que saem do útero para serem diplomáticas, solícitas, respeitosas, recatadas, estimulantes, para estarem atentas às necessidades dos outros, para se encolherem e se calarem.

Porque não foi falando por mim que aprendi minha língua materna. Porque eu era fluente em Desculpas, em Pontos de Interrogação, em Risinhos, em Me Curvar, em autossacrifício.

Porque pouco mais que metade da população é regularmente informada de que o que acontece não acontece ou que não é esse problema todo que nós estamos dizendo.

Porque suas mães, irmãs e filhas são rotineiramente julgadas, descartadas, desacreditadas, denegridas, manchadas, desmerecidas, tratadas com condescendência, ridicularizadas, envergonhadas, manipuladas, insultadas, intimidadas, assediadas, ameaçadas, punidas, convidadas a foder, apertadas e desafiadas no que dizem.

Porque, quando uma mulher desafia um homem, os fatos se tornam automaticamente duvidosos, assim como aquela que falou e a permissão para falar daquela que falou.

Porque, como mulheres, nos dizem para nos vermos e nos avaliarmos nos termos em que os homens nos veem e nos avaliam, quer dizer, por nossa sexualidade e nossa gentileza.

Porque foi martelado até se tornar subconsciente e se tornar uma necessidade insuportável: não seja o centro das atenções; coloque suas necessidades em segundo ou último lugar; não ligue para os seus sentimentos, ligue para os sentimentos do outro; sempre que possível, não acredite em suas percepções; revise tudo várias vezes internamente antes de verbalizar — coloque em perspectiva, questione: "Você vai parecer louca? Vão pensar mal de você? Você o está apoiando? Está sendo atenciosa? Justa? Doce?".

Porque um trauma sufocante é apenas sinal de boas maneiras.

Porque quando os outros a diminuem, assumem uma posição de autoridade sobre você, tentam fazer você esquecer seus próprios sentimentos e lhe dizer o que você é; quando não levam você a sério ou não ouvem você em incontáveis interações diárias — aí você talvez aprenda a aceitar isso, esperar por isso, concordar com os críticos, com os que odeiam você, com as pessoas amadas, e encerrar sua participação em completo silêncio.

Porque é tudo feito com a melhor das intenções.

Porque em todo lugar, dos programas de entrevistas tarde da noite na TV às revistas com matérias descoladas e intelectuais, a Hollywood, ao Vale do Silício, a Wall Street, ao Congresso e à atual presidência, as mulheres estão drasticamente pouco representadas ou ausentes, ocultas da imaginação popular e dos corações do público.

Porque apesar de eu ter me questionado, não questionei quem controla a narrativa, o show, a engenharia, ou a fantasia, nem para quem essas coisas são criadas.

Porque mencionar certas coisas, como "patriarcado", faz você ser rotulada de "feminazi", desencorajando a menção ao termo, e tudo que não é mencionado tem um passe, um passe que perdoa aquilo que não é educado mencionar, senão acabamos sendo vistas como reacionárias ou estridentes.

Porque ele me fazia queijo quente às três da manhã, e eu trazia cinco tacos para ele nas terças-feiras da promoção, e, certa vez, quando eu estava doente, ele me trouxe uma única rosa branca, um bagel com manteiga (meu favorito) e um cartão com um buldogue usando uma bolsa de gelo, e dentro do cartão ele escreveu que eu era sua pessoa favorita.

Porque quando eu disse que não queria transar, ele não falou comigo pelo resto da noite. Porque quando eu implorava, ele também implorava (meu pânico, ele sorrindo). Porque eu preferi não brigar ou parecer culpada. Porque eu mentia: "Está tudo bem", eu dizia, desesperada, como se eu pudesse descobrir outra sensação, desfazer a ansiedade com um truque mental e continuar o amando. Porque mentir é só atuar, e atuar é o que somos encorajadas a fazer. Porque, além disso, mesmo se eu dissesse "Não, pare", há aqueles que vão achar que eu queria dizer mesmo "Sim, por favor".

Porque eu não conseguia encontrar nem as palavras erradas; porque as palavras nos escapam, falham, se perdem.

Porque eu acordei uma noite com ele duro e me agarrando por trás, me atravessando — minha vagina, meu coração, meu limite —, e eu disse "Mas o que...?", meio dormindo, "MAS QUE...?", e ele disse, "Não fique brava", enquanto o sêmen quente escorria pelas minhas coxas, cobrindo-as e manchando-as. Porque eu não sabia que nome dar *àquilo*.

Ainda assim, dormi ao lado dele quase todas as noites até a formatura, por vontade própria, porque sim.

Porque! Queijo quente às três da manhã! Tacos! Buldogues com bolsas de gelo!

Porque me lembro de, ao sair da Clínica Estudantil, passar por pôsteres em preto e branco mostrando um grupo de rostos decididos abaixo de uma estatística em uma fonte grande, vermelha e em negrito — "uma em cada quatro universitárias é vítima de violência sexual" — e pensar "Que estatística mais trágica, que não tem absolutamente nada a ver comigo, uma mulher apaixonada".

Porque eu dizia às minhas amigas, nas raras ocasiões em que as via: "Nós estamos brutalmente apaixonados".

Porque o que você chama de arte ou de "arte", ou de distração superficial, ou de caça-cliques está vivo e é assombrado e uma arma ideológica de autodestruição em massa.

Porque eu não perguntei "Que estruturas de poder estão funcionando aqui?" e optei por acreditar que o consentimento é uma ação individual, sem complicações, uma articulação de *sim/ não*.

Porque mesmo depois de ter lido as feministas-ativistas-acadêmicas proeminentes, se meu namorado dissesse que me amava enquanto me machucava, eu consentiria em ser machucada.

Porque mendigos não têm poder de escolha.

Porque você podia dizer que era uma escolha, uma escolha embaralhada por inculcações, humor, engano altruísta, medo, insegurança, risco, armadilhas, o caos do coração e o livre-arbítrio.

Porque eu não queria nem pensar na ideia de que havia algo acontecendo que devia ser contestado e parado.

Porque apesar de demorar um pouco para aprender aqueles conselhos sexuais que valem a pena experimentar, demora mais para entender o que não é bom ou certo.

Porque quem afinal fantasia sobre *sexo ético* ou sobre os *princípios morais que governam o comportamento de um grupo*?

Porque, em vez disso, eu algumas vezes quis que ele me batesse, para então ter uma justificativa irretocável para refrear aquilo tudo, fazê-lo enxergar, dizer o que sentia.

Porque tem coisas que preciso dizer só para entender que não quis dizer aquilo.

Porque meus joelhos ainda ficam bambos perto dele.

Porque eu tinha mais medo de não ser tocada.

Porque "As garotas são mais cruéis consigo mesmas", escreveu Anne Carson no poema "The Glass Essay".

Porque eu não falei, então ele também não falou.

Porque ele não queria ouvir.

Porque então teríamos que discutir aquilo, e se discutíssemos aquilo, então teríamos que discutir todo o resto — cultura do estupro, masculinidade, desigualdade de gênero, feminilidade, patriarcado, cumplicidade —, e quem quer entrar nessa?

Porque mulheres que são feridas ou humilhadas em uma escala menor em plena luz do dia, de forma constante, não são notícia, ou dignas de nota.

Porque, em meio à pandemia, a maioria não tem voz.

Porque minimizar as histórias/pontos de vista/vozes das mulheres e também glorificar — e assim neutralizar — seu sofrimento são não apenas pré-requisitos para a violência sexual contra as mulheres, mas também uma maneira de assegurar que a violência sexual não seja vista como violência sexual e sim como um comportamento totalmente normal e aprovado.

Porque dizer em voz alta não era nem sequer A Solução.

Porque nós nem sequer dissemos "Acabou". Apenas deixamos que a pós-graduação nos afastasse, ou eu deveria dizer que ele me mandou um e-mail, confessando que tinha me traído cinco vezes com quatro mulheres diferentes enquanto estávamos juntos, e que eu fiquei preocupada de estar com sífilis. Porque a vida pode ser assim, impossível de ser explicada por canções tristes.

Porque sua atual esposa diria que ele é um Cara Legal, com bom coração, que nem sequer assiste a comédias românticas ou lê sobre libertarismo.

Porque quando uma terceira ginecologista perguntou quando eu tinha dado à luz, e quando eu empalideci e disse a ela não, pare, de verdade, eu nunca fiquei grávida, e quando ela disse que o colo do meu útero estava retalhado e que parecia o efeito de um parto — mesmo então, quando a dor não era apenas resultado de inexperiência ou drama; quando o reconhecimento foi imposto por uma prova de força (e a prova era de alguma forma necessária), mesmo depois da *Eureka, caralho*, mesmo sob o jugo da verdade, o que havia a dizer? Porque a médica disse a si mesma "Nossa!" e não ofereceu quase nada além da explicação de que os ferimentos continuaram a abrir quanto mais ele fazia sexo comigo, e quando terminou o exame disse: "Você ainda vai sentir uma pressão", mas eu não senti nada, não pelos dois anos seguintes.

Porque eu não tinha certeza de quando tinha passado de "Eu estou fazendo sexo" para "Sexo está sendo feito comigo".

Porque amor e sexo me deixaram como o meu entretenimento dizia e como eu esperava: dilacerada pela paixão.

Porque, no pior dos casos, termina em assassinato.

Ah, porque não foi assim *tão* ruim.

Colaboradoras e colaboradores

Roxane Gay (editora) é autora dos best-sellers do *New York Times Má feminista* e *Fome*, que foi indicado ao National Book Critics Circle Award e recebeu o NBCC Members' Choice Award; do romance *An Untamed State*, finalista do Dayton Peace Prize; e das coleções de contos *Mulheres difíceis e Ayiti*. É colunista do *New York Times* e também escreveu para as revistas *Time* e *Virginia Quarterly Review*, para os jornais *Los Angeles Times, The Nation, The Rumpus* e *Salon*, entre outros. É autora de *World of Wakanda*, lançado pela Marvel, e mora em Los Angeles.

Elissa Bassist edita a coluna "Funny Women" no *The Rumpus* e ensina escrita humorística na New School e na Catapult. Visite elissabassist.com para mais literatura, feminismo, escritos e crítica pessoal.

Nicole Boyce teve trabalhos publicados em veículos como *Awl, Joyland, McSweeney's Internet Tendency, Big Truths*, dentre outros, e foi pré-selecionada para o Peter Hinchcliffe Fiction Award da *New Quarterly*. Boyce estuda Belas-Artes na University of British Columbia, onde trabalha em uma coleção de ensaios pessoais sobre nostalgia.

AMY JO BURNS é autora de *Cinderland*, e seu trabalho já apareceu em veículos como DAME, *Good Housekeeping*, *Jezebel*, *The Rumpus* e *Salon*. Atualmente escreve para a revista *Ploughshares* e está escrevendo um romance.

MICHELLE CHEN é colaboradora do *The Nation* e editora colaboradora das revistas *In These Times* e *Dissent*.

JILL CHRISTMAN é a autora de *Darkroom: A Family Exposure* (vencedora do AWP Award Series na categoria Escrita Criativa de Não Ficção), *Borrowed Babies: Apprenticing for Motherhood* (Shebooks, 2014) e de ensaios em revistas e jornais como *Brevity*, *Fourth Genre*, *Iron Horse Literary Review*, *Literary Mama*, *Oprah*, *River Teeth*, e *Brain, Child*. Faz parte do conselho da Association of Writers and Writing Programs (AWP) e ensina escrita criativa de não ficção no MFA e na Ball State University em Muncie, Indiana, onde mora com o marido, o escritor Mark Neely, e seus dois filhos. Leia mais sobre ela em www.jillchristman.com.

ELISABETH FAIRFIELD STOKES é do Alasca. Seu trabalho tem aparecido em vários jornais norte-americanos e em publicações internacionais, incluindo *New York Times*, *Pacific Standard*, *Salon*, *Reader's Digest* e *Time*. Ela dá aulas no Colby College em Waterville, Maine.

STACEY MAY FOWLES é escritora, jornalista e ensaísta premiada. É colunista do *Globe and Mail*, coeditora do *Best Canadian Sports Writing*, e autora da coleção de ensaios *Perfect Game*. Seu trabalho publicado em veículos como *National Post*, *Elle Canada*, *Deadspin*, *Jezebel*, *Rookie*, *Hazlitt*, *Vice Sports* e *Toronto Life*. Stacey mora em Toronto e está escrevendo um livro de memórias.

ANTHONY FRAME vive em Toledo, Ohio, com a esposa. Ele é o autor de *A Generation of Insomniacs* (Main Street Rag, 2015) e de quatro livros artesanais, incluindo *To Gain the Day* (Red Bird Chapbooks, 2015) e *Where Wind Meets Wing*. Ele é editor da Glass Poetry Press, que publica a Glass Chapbook Series e *Glass: A Journal of Poetry*. Sua poesia foi publicada em *Third Coast, Harpur Palate, Boxcar Poetry Review, Muzzle, The Shallow Ends* e *Verse Daily*, entre outras. Recebeu dois prêmios Individual Excellence Grants do Ohio Arts Council.

AUBREY HIRSCH é autora da uma coletânea de contos, *Why We Never Talk About Sugar*, e do livro artesanal *This Will Be His Legacy*. Suas histórias e ensaios foram publicados em *Third Coast, The Rumpus, American Short Fiction, Hobart* e *New York Times*, entre outras. Atualmente leciona no programa de escrita criativa no Oberlin College.

LYZ LENZ já teve seus escritos publicados no *Washington Post* e no *New York Times*, e em várias publicações como *Marie Claire, Pacific Standard, BuzzFeed* e *LA Review of Books*. Fez mestrado na Lesley University e mora em Iowa. Você pode segui-la no Twitter: @lyzl

VANESSA MÁRTIR é escritora, educadora e mãe, e mora em Nova York. Está terminando seu livro de memórias *A Dim Capacity for Wings* e conta mais sobre sua jornada no blog vanessamartir.blog. Vanessa foi cinco vezes bolsista da VONA/ Voices e duas vezes da Tin House. Também é criadora do Writing Our Lives Workshop, no qual ajuda escritores que trabalham nas próprias memórias e em ensaios pessoais. O trabalho de Mártir foi publicado em *Butter, SmokeLong Quarterly, Poets & Writers, Kweli Journal, As/Us Journal*, entre outros.

So MAYER é poeta e crítica de cinema. Seus livros mais recentes são as coletâneas de poesia *(O)* e *kaolin, or How Does a Girl Like You Get to Be a Girl Like You?* e *Political Animals: The New Feminist Cinema*. É colaboradora da *Sight & Sound*, da revista *The F-Word* (Reino Unido), *Women & Hollywood*, VIDA e da revista *Literal*, e membro dos coletivos de cinema feministas Club des Femmes e Raising Films. "Floccinaucinihilipilificação" faz parte de um projeto mais longo que envolve linguagem, identidade e memoria, *Disturbing Words*, disponível em tinyletter.com/sophiemayer.

AJ MCKENNA teve seu trabalho publicado em *Bustle, Vada, Gadgette, Clarissa Explains Fuck All*, e *So So Gay*, publicação em que ela era editora assistente. Como performer, ela se apresentou em todo o Reino Unido; seu monólogo *Howl of the Bantee* foi descrito como "empoderador e fundamental" pelo Stand Up Tragedy. Seu filme de poesia, *Letter to a Minnesota Prison*, foi exibido no Southbank Centre em 2014 e também internacionalmente.

LISA MECHAM escreve um pouco de tudo, e seu trabalho apareceu no *Day One* da Amazon, na *Mid-American Review* e no BOAAT, entre outras publicações. Apesar de seu coração estar no Meio-Oeste norte-americano, Lisa mora em Los Angeles com suas duas filhas, onde está terminando um livro sobre doenças mentais nos subúrbios.

ZOË MEDEIROS formou-se na Bennington College com bacharelado em literatura e escrita. Morou em nove estados e trabalhou com educação, seguros, ferramentas e pesca. Hoje em dia vive no noroeste do estado de Washington com seu cão marrom e trabalha em um romance para jovens adultos.

LYNN MELNICK é autora da coletânea de poemas *If I Should Say I Have Hope* e coeditora da antologia *Please Excuse This Poem: 100 New Poets for the Next Generation* (Viking, 2015). Ensina poesia na 92nd Street Y em Nova York e é membro do Conselho Executivo da VIDA: Women in Literary Arts.

SAMHITA MUKHOPADHYAY é escritora, editora e palestrante. É a diretora editorial sênior de cultura e identidades no Mic e ex-editora executiva do premiado blog Feministing.com. É autora do livro *Outdated: Why Dating Is Ruining Your Love Life* e coeditora da antologia *Nasty Women: Feminism, Resistance, and Revolution in Trump's America*. Seu trabalho já apareceu na *Al Jazeera*, no *The Guardian* e nas revistas *NY Magazine, Medium, Talking Points Memo* e *Jezebel*.

Queer e com ascendência cubano-americana, MIRIAM ZOILA PÉREZ vive em Washington, D.C., tem um trabalho diversificado, e seus escritos vão de artigos sobre raça, saúde e gênero para veículos como *Colorlines, Talking Points Memo, Rewire* e *Fusion*, até ensaios pessoais para antologias como

Persistence: All Ways Butch and Femme, Click: When We Knew We Were Feminists e *Yes Means Yes: Visions of Female Sexual Power and a World Without Rape*. Em 2012, Pérez publicou de forma independente *The Radical Doula Guide,* uma cartilha política que vendeu mais de 2.500 cópias. Em 2016, deu uma palestra no TED sobre o impacto do racismo na saúde materna, que já foi assistida por mais de 700 mil pessoas.

LIZ ROSEMA escreveu a série de desenhos animados *Butch Stories for the Toast*. Você pode encontrá-la no Twitter, onde fala principalmente sobre Legos.

NORA SALEM é escritora e professora de inglês para estrangeiros no Brooklyn, Nova York.

CLAIRE SCHWARTZ é doutoranda em Estudos Afro-Americanos, Estudos Americanos e Estudos de Mulheres, Gênero e Sexualidade na Universidade de Yale. Sua poesia foi incluída em *Apogee, Cream City Review,* PMS: *poemmemoirstory* e *Prairie Schooner,* e seus ensaios, resenhas e entrevistas foram publicados em veículos como *Electric Literature, Georgia Review, Virginia Quarterly Review* e em outros lugares.

V. L. SEEK é advogada e dramaturga cujo trabalho se concentra em povos tradicionalmente desalojados e violência contra a mulher. Foi premiada em 2012 com o Maryland State Arts Council's Individual Artist Grant for Playwriting. Luta para combater o patriarcado, o colonialismo e outras forças opressoras por meio de sua prosa e de artigos jurídicos. Atualmente mora em Boulder, Colorado.

ALLY SHEEDY é atriz, escritora, diretora e professora. Já apareceu em mais de sessenta filmes e projetos de TV, incluindo *Jogos de guerra, Clube dos cinco, O primeiro ano do resto de nossas vidas, Short Circuit: O incrível robô, High Art — Retratos sublimes,* e o papel recorrente de Yang na série *Psych*. Seu filme indie *Irmã* foi lançado na Netflix em 2017. Ela adaptou o livro *Turning 15 on the Road to Freedom,* de Lynda Blackmon Lowery, para os palcos, e a peça fez uma turnê pelos Estados Unidos em 2017 e 2018. Ally publicou dois livros e vários ensaios. É artista residente em uma escola de ensino médio de Nova York e lecionou teatro na Bard College.

EMMA SMITH-STEVENS é autora do romance *The Australian*. Seus contos e ensaios foram publicados em *Subtropics, Conjunctions, Wigleaf, Joyland*, e em outros lugares. Ela está atualmente trabalhando em um livro de memórias.

MEREDITH TALUSAN é escritora e jornalista, cujo trabalho já apareceu em várias publicações, como *The Guardian, The Atlantic, The Nation*, WIRED, VICE, *BuzzFeed, Mic, The New Inquiry*, entre outras. Meredith foi premiada pela GLAAD e pela Society for Professional Journalists, e colaborou em várias obras, incluindo *Nasty Women: Feminism, Resistance, and Revolution in Trump's America*. Ela mora em Nova York.

BRANDON TAYLOR é editor associado da *Recommended Reading* da *Electric Literature* e um dos redatores da equipe da *Literary Hub*. Foi bolsista da Lambda Literary, Kimbilio Fiction e da Tin House Summer Writers' Workshop. Suas histórias e ensaios apareceram em veículos como *Gulf Coast, Joyland, Necessary Fiction, Little Fiction, Catapult*, dentre outros. Atualmente frequenta o Iowa Writers' Workshop, e seu romance de estreia será publicado em breve.

SHARISSE TRACEY teve seu trabalho publicado na *Los Angeles Review* e on-line no *New York Times, Ebony, Babble, Essence, Yahoo, Salon*, DAME, *Elle* e no *Washington Post*. Ela é esposa de militar, mãe de quatro filhos, educadora e escritora. A família de Sharisse mora atualmente em Nova York, onde ela trabalha em seu livro de memórias.

GABRIELLE UNION atua na série *Being Mary Jane*, da Black Entertainment Television, e recebeu um NAACP Image Award, em 2014, na categoria "Atriz destaque em filme para televisão, minissérie ou especial" por sua atuação. Apareceu em muitos filmes, incluindo *Auge da fama, Crimes na madrugada, Um Natal quase perfeito, Bad Boys II, Alguém para Eva,*

As apimentadas, Esse jogo é para dois, Além dos limites, Contra o tempo, Dez coisas que eu odeio em você e *Ela é demais*. É autora do livro *We're Going to Need More Wine: Stories That Are Funny, Complicated, and True*. Nativa de Nebraska, Union atualmente divide seu tempo entre Miami e Chicago com sua família.

xTx é escritora e vive no sul da Califórnia. Seu trabalho foi publicado em veículos como *Collagist*, PANK, *Hobart, The Rumpus, Chicago Review, SmokeLong Quarterly* e *Wigleaf*. *Normally Special*, uma coletânea de contos, está disponível na Tiny Hardcore Press. Outra coletânea de sua autoria, *Today I Am a Book*, está disponível na Civil Coping Mechanisms (http://copingmechanisms.net/today-i-am-a-book-by-xtx/). E em seu blog, www.notimetosayit.blogspot.com, ela não diz muita coisa.

"Apenas a solitária", de Lisa Mecham, foi publicado originalmente em *Big Truths*.

"Espectador", de Brandon Taylor, foi publicado originalmente na *Catapult*.

"Limpar de vez a mancha", de Gabrielle Union, foi publicado originalmente no *Los Angeles Times*.

Agradecimentos

Obrigada, em primeiríssimo lugar, às trinta pessoas que contribuíram com ensaios para esta antologia. É um privilégio poder compartilhar seu trabalho com o mundo. Serei para sempre uma admiradora de sua eloquência e coragem em oferecer aos leitores uma parte de si mesmos enquanto falam sobre o que significa viver em um mundo vergonhosamente distorcido pela cultura do estupro.

Esta antologia não teria se tornado realidade sem o apoio editorial de Megan Carpentier. Ela trouxe *insights* brilhantes e sua empatia para esses ensaios e sua ajuda foi inestimável para este livro.

Também quero agradecer à minha assistente, Melissa Moorer, por me ajudar a selecionar as centenas de textos recebidos e por me apoiar incondicionalmente. Ela tem um olho de águia e um coração lindo. Quero agradecer também à minha agente, minha editora, Emily Griffin, e Maya Ziv, que originalmente compraram este livro. Aos suspeitos de sempre, também sou grata, vocês sabem quem são. Por último, mas não menos importante, quero agradecer a Tracy Gonzalez, minha melhor amiga, aquela que sempre me encoraja a assumir novos desafios, me apoia, sem se importar com o tamanho deles, e é a pessoa mais engraçada e inteligente que conheço.

ESTE LIVRO, COMPOSTO NA FONTE FAIRFIELD, FOI IMPRESSO
EM PAPEL PÓLEN SOFT 70G/M², NA EDIGRÁFICA.
RIO DE JANEIRO, FEVEREIRO DE 2021.